Ralph Dawirs · Gunther Moll
Endlich in der Pubertät!

Ralph Dawirs · Gunther Moll

Endlich in der Pubertät!

Vom Sinn der wilden Jahre

www.beltz.de

1. Auflage

© 2008 Beltz Verlag · Weinheim und Basel
Umschlaggestaltung: Büro Hamburg, Anja Grimm
Titelabbildung: © Chris Mueller, Getty Images
Illustration: © Thomas Kappes
Druck und Bindung: Druck Partner Rübelmann, Hemsbach
Printed in Germany

ISBN 978-3-407-85874-0

Inhalt

Lukas   8

Laura   10

Die Kolumne   15
   Mit Frank Luhmer durchs Jahr – Teil 1
   Die zweite Geburt   15

Dämonen   20

Pickelsystematik   25
   Mit Frank Luhmer durchs Jahr – Teil 2
   Von Knappen und Burgfräulein   36

Der Deal   41

Die Lules   49
   Mit Frank Luhmer durchs Jahr – Teil 3
   Klagen und Wehgeschrei   55

Das Halbfinale   63

Unterm Tulpenbaum   67
   Mit Frank Luhmer durchs Jahr – Teil 4
   Struktur des pubertären Aufbruchs   69

Das Referat   74

Der Bärentöter   76
   Mit Frank Luhmer durchs Jahr – Teil 5
   Der Schöpfungsplan   80

Gedankensprünge   85

Jagdszenen   87
   Mit Frank Luhmer durchs Jahr – Teil 6
   Entwicklung als Gestaltungswille   88

Orientierung   94

Der Plan   99

Mit Frank Luhmer durchs Jahr – Teil 7
Übung macht den Meister   103

Jogi   110

Die Rettung   117

Mit Frank Luhmer durchs Jahr – Teil 8
Es war einmal in Afrika   123

Tomatenberge   133

Alexander ist weg   136

Mit Frank Luhmer durchs Jahr – Teil 9
Am Ende der Evolution   141

Die Bürgschaft   149

Das Praktikum   161

Mit Frank Luhmer durchs Jahr – Teil 10
Eine geniale Strategie   172

Am Mühlbach   179

Unter Nonnen   187

Mit Frank Luhmer durchs Jahr – Teil 11
Kreatives Chaos   195

Lauras Zimmer   200

Der Sensenmann   213

Mit Frank Luhmer durchs Jahr – Teil 12
Das elfte Gebot   220

Bernis letzter Auftritt   230

Das Tulu   235

Anmerkungen   240

Glossar   241

I am not afraid to keep on living
I am not afraid to walk this world alone

My Chemical Romance (Famous Last Words)

Lukas

Umbringen will ich mich schon lange nicht mehr. Das war so eine Phase. Schon lange her. Hab immer gerne auf meinem Bett gelegen und mir vorgestellt, ich könnte fliegen. Wie ein Vogel, nur mit meinen Armen. Flattern, wie ein Kolibri. Viel lieber noch: schweben, wie ein Albatros. Nietzsche hats mir vorgemacht und ich hab mich in seinem Gedicht gesehen:

> *O Wunder! Fliegt er noch?*
> *Er steigt empor und seine Flügel ruhn!*
> *Was hebt und trägt ihn doch?*
> *Was ist ihm Ziel und Zug und Zügel nun?*

Ihr müsst verzeihen, die Schule. Da bringen sie uns so was bei. Ich war der Vogel Albatros. Selten mit den Füßen am Boden. Viel öfter da oben. Alles unter mir lassen, so oft und so weit, wie immer ich wollte. Diese Sehnsucht! Fliegen, ohne Ziel. Ganz hoch, unsichtbar für die da unten, schwerelos:

> *Gleich Stern und Ewigkeit*
> *Lebt er in Höhn jetzt, die das Leben flieht.*

Aber die Wirklichkeit war unerbittlich. Ständig war sie im Weg und störte meine Flüge. Sie wurde immer aufdringlicher. Ließ mir immer weniger Raum für meine Fluchten. Ich stürzte ab, haltlos. Dann kamen die Schmerzen. Diese Schmerzen, es nicht wirklich zu können. Die Träume reichten nicht mehr zum Fliegen. Und ich war so schwach und einsam. Es war die Zeit, als alles begann, anders zu werden. Ich fühlte mich betrogen und verletzt.

Keine Ahnung, was es war. Aber irgendwas geschah mit mir. Ich wurde nicht gefragt. Es war wie ein Rausschmiss. Wie damals bei meiner Geburt. Da hat mich auch niemand gefragt. Natürlich wäre ich lieber geblieben. Aber es half nichts. Hinausgeworfen ins grelle Licht. Etwas geht immer verloren.

Es war die Zeit, als mir die Kindheit abhanden kam. Und ich wusste nicht, was kommen sollte.

In meiner Angst floh ich als Albatros, bis ich merkte, dass ich gar nicht fliegen konnte. Es tat so weh. Und niemand hat es bemerkt. Meine Eltern waren immer die Letzten, die was gecheckt haben.

Nein, umbringen will ich mich schon lange nicht mehr. Der Gedanke ist hässlich und weg, von mir geflogen mit dem Albatros.

Seitdem stören mich die Bilder. Überall stehen oder hängen sie herum, schön im Rahmen, versteht sich. Auf vielen dieser Bilder meine Schwester Lena und ein fremdes Kind. Zum Beispiel im Wohnzimmer auf dem Büchertisch, dieses Kind auf dem Schlitten, mit Fäustlingen und schrecklich peinlicher Mütze. Originalton meiner Mutter: »Ein richtiger Wonneproppen, unser Lukas, in diesem Winter.« Ich sehe nicht mehr hin. Ist mir fremd, dieses Kind. Damit hab ich nichts mehr zu tun.

Ich glaube, Eltern sind immer zu spät dran. Zu lange Abstände zwischen den Updates. Sind nie auf dem Laufenden, arbeiten immer mit alten Daten und überholten Programmen. Aber heute weiß ich, Eltern sind auch nur Menschen. Und ich lasse ihnen ihre Träume. Ich sehe halt bloß nicht mehr hin. Ich hab jetzt meine eigenen Bilder. Neue Bilder. Nicht nur im Kopf, sondern auch im Rahmen. Mein Lieblingsbild steht direkt neben meinem Bett. Auf dem Nachttisch in Höhe meines Kopfkissens. So kann ich sie immer schon gleich sehen, wenn ich morgens wach werde. Und sie ist das Letzte, was ich sehe, bevor ich abends das Licht ausmache. Sie ist ein Jahr jünger als ich und geht in die 9 a: Laura! Nein, umbringen will ich mich schon lange nicht mehr.

Laura

»Laura, sag mal, wo warst du denn heute Morgen? Hab dich in der Schule vermisst!«

»Ich hatte doch diesen Termin beim Arzt. Hab ich dir doch erzählt!«

»Ach ja, stimmt. Und, wie ist's gelaufen?«

»Das war eigentlich ganz witzig. Ich war mit meinem Vater da.«

»Brauchtest wohl jemanden zum Händchenhalten.«

So was Blödes! Manchmal sage ich Sachen, die ich besser nicht sagen sollte. Aber dann ist es auch schon raus. Verdammter Mist! Könnte mir auf die Zunge beißen. Mein Gehirn scheint nach dem Motto zu arbeiten: »Woher soll ich wissen, was ich denke, bevor ich höre, was ich sage?« Total bescheuert!

»Manchmal bist du ganz schön blöd, Lukas. Darum geht es doch gar nicht. Solange ich noch keine achtzehn bin, kann ich doch diesen Wisch noch nicht unterschreiben. Wegen der OP. Das musste mein Vater machen.«

»Sorry, sollte ein Scherz sein. War bei meiner Blinddarmoperation doch genauso.«

»Eben.«

»Und, wie ist es dann gelaufen? Wann kriegst du die Dinger endlich raus?«

»Keine Ahnung. Gleich zu Anfang hat uns der Doc ewig zugetextet. Es gibt da wohl irgendein Problem mit meinen Blutwerten. Nichts Aufregendes. Hat irgendwas mit der Gerinnung zu tun. Das wollen die erst noch mal untersuchen. Da machen die 'ne richtige Wissenschaft draus. Mein Vater fand das alles natürlich hochinteressant. Sein Lieblingsspruch ist: Da haben wir mal wieder was gelernt.«

»Kommt mir bekannt vor.«

»Mich hat's ehrlich gesagt eher genervt. Ständig dieses ›Haben Sie auch alles verstanden?‹ und ›Sie können mich jederzeit fragen, wenn etwas unklar ist‹. Ich hab nur gedacht, hoffentlich ist sein Text bald zu Ende und die nervigen Mandeln können raus.«

»Muss ja ein richtiger Arsch sein.«

»Nee, überhaupt nicht. Eigentlich ist er ganz nett. Nur interessieren mich die ganzen Einzelheiten nicht. Der soll bloß seinen Job machen und mich nicht volllabern.«

Scheiße, schon wieder was Falsches gesagt. Verstehe einer die Mädels.

»Mein Vater hat ewig nachgefragt. Das hat das ganze Palaver natürlich nicht gerade abgekürzt. Aber das ist okay. Er macht sich halt Gedanken und möchte alles richtig machen.«

»Und, was ist dabei rausgekommen?«

»Erst mal gar nichts. Ich musste dann noch zu so einem Test. Dafür haben sie mir Blut abgenommen. Mein Vater musste übrigens auch dran glauben.«

»Wie? Was hat denn das Blut von deinem Vater mit deinen Mandeln zu tun?«

»Weiß ich auch nicht so genau. Die haben immer von irgend so einem Faktor geredet. Keine Ahnung. Der soll wohl vererbt werden. Und da wollen sie halt schauen, ob mein Vater den an mich weitergegeben hat. Glaubt er aber nicht.«

»Und wozu soll das gut sein?«

»Keine Ahnung.«

»Ja, und dann?«

»Dann hab ich 'ne Infusion gekriegt. Das dauerte ewig. Vielleicht so fünfundvierzig Minuten. Und dann war erst mal eine Stunde Pause, bis sie wieder Blut abgenommen haben.«

»Versteh ich nicht.«

»Soweit ich das verstanden habe, können die jetzt sehen, ob ich auf ein bestimmtes Medikament reagiere, das diesen blöden Faktor vor meiner OP irgendwie richtig einstellt oder so.«

»Da hätte ich aber gar keinen Bock drauf.«

»Ich auch nicht. Hab's mir nicht ausgesucht. Aber mein Vater meinte, ich soll mir mal keine Sorgen machen. Das ist halt nötig, damit Nachblutungen vermieden werden. Mir wäre allerdings lieber gewesen, sie hätten die Dinger da gleich rausgenommen und fertig.«

»Und wie war das mit der Blutabnahme? Hat das nicht weh getan?«

»Nee, überhaupt nicht. Fand ich echt toll. Verstehe gar nicht, wie man da in Ohnmacht fallen kann. Da könnte ich stundenlang zusehen. Wie da so das Blut rausläuft. Ich hab immer gedacht, die machen das mit 'ner Spritze. Stimmt aber gar nicht.«

»Sondern?«

»Erst schon mal die Schwester. Die war die Größte. So von der Figur her: Hammerwerferin oder Testesserin bei McKotz. Als die sich auf den Hocker vor meinen Stuhl setzte, war der schon mal ganz unter ihr verschwunden. So fett war die. Ich hab gedacht, wenn die wieder aufsteht, ist der Hocker weg.«

»Ach du heilige Scheiße! Ich wäre geflüchtet.«

»Nee, überhaupt nicht. Die war zwar fürchterlich fett, aber auch fürchterlich nett. Wie die mit der Nadel umging. Hab überhaupt nichts gespürt. Hat sofort die Vene getroffen. Ganz toll.«

»Also doch 'ne Spritze.«

»Error! Eben nicht. An der Nadel hing so ein langer, feiner Schlauch. Den fand ich zu toll. Hab mir gleich überlegt, was man damit so alles anstellen könnte. Hab sie dann gefragt, ob ich den nachher mitnehmen könnte. Mein Vater hat natürlich die Augen verdreht.«

»Und, durftest du?«

»Das ginge nicht, hat sie gemeint. Aus hygienischen Gründen oder so. Egal, die Schwester hat mir auf jeden Fall gut gefallen, viel besser als der Arzt. Die hat nicht viel geredet. Nur so viel, wie gerade nötig war. Sie war ständig mit ihren Händen beschäftigt. Da eine Flasche oder einen Beutel genommen, hier eine Nadel mit Schlauch aus einer Plastiktüte gefummelt. Schlauch an die Flasche und dann die Nadel in irgendeinen Arm. Da saß jeder Handgriff. Das hat die schon öfter gemacht. Das hat mir gut gefallen.«

»Wie, in irgendeinen Arm? Du hast doch nur zwei ...«

»Ich war ja nicht die Einzige in diesem Raum, du HONK. Da saßen noch 'ne Menge anderer Leute. Alle auf 'nem Stuhl, so 'ner Art Frisörstuhl. Wie ich eben. Und da sprang die Schwester, so fett, wie sie war, von einem zum anderen und legte denen irgendwelche Infusionen an.«

»Und der Hocker? War der wieder da, als sie aufgestanden ist?«

»Sehr witzig! Nein, im Ernst, ich könnte mir gut vorstellen, so was auch mal zu machen. Vielleicht mach ich ja mein Sozialpraktikum im Krankenhaus. Mal sehen.«

»Könnte ich nicht. Nichts für mich. All die todkranken Leute. Ich weiß nicht.«

»Wieso? Kann ich gar nicht verstehen. Möchte dich sehen, wenn du mal im Krankenhaus liegst, und keiner ist da, der sich um dich kümmert. Neben mir hat so eine ältere Dame gesessen. Die hat mich ständig so komisch angelächelt. Das war mir peinlich. Ihr war nämlich die Perücke verrutscht. Und so sah sie ziemlich dämlich aus. Bei der liefen drei Plastikschläuche gleichzeitig irgendwo rein. Später hat mir mein Vater dann gesagt, dass sie sicher eine Krebspatientin gewesen ist.«

»Das ist ja gruselig.«

»Wieso? Fand ich gar nicht. Ich fand mich nur selber dämlich. Egal, schau mal, was ich hier habe.«

»Eh, echt stark. Ich dachte, du durftest die nicht mitnehmen.«

»Die sind ja auch noch ungebraucht. Hab die Verpackung noch gar nicht aufgemacht.«

»Hast du wohl mitgehen lassen?«

»Natürlich nicht. Die hat sie mir am Schluss einfach so mitgegeben und nur gelacht.«

»Und was hast du damit vor?«

»Keine Ahnung. Zuerst hab ich daran gedacht, von Frankie etwas Blut abzuzapfen. Mein Vater fand nicht, dass das eine gute Idee ist. Hat was von Tierversuch gemurmelt.«

»Da wird uns schon was einfallen.«

Die Kolumne

Das ist ja vielleicht ein Ding. Papa schreibt eine Kolumne für die Zeitung. Zum Thema Pubertät. Sieh einer an! Hier stehts: »Mit Frank Luhmer durchs Jahr! Professor Frank Luhmer, der bekannte Publizist und Wissenschaftsjournalist, Autor zahlreicher Bücher und langjähriger Leiter der Wissenschaftsredaktion unserer Zeitung, lädt Sie zu einer Lesereise durch das neue Jahr ein ...« Heute ist der erste Teil abgedruckt worden. Natürlich im Feuilleton. Wo auch sonst? Das sieht ihm ähnlich. Na, toll! Hoffentlich liest das niemand, den ich kenne. Ziemlich peinlich. Mal sehen, was er schreibt. Draußen ist's eh saukalt. Und am Tulu gibts auch nichts mehr zu tun. Na, dann lass mal hören, Papa.

Mit Frank Luhmer durchs Jahr – Teil 1

6. Januar

DIE ZWEITE GEBURT

Die Pubertät ist eine Periode einer grundlegenden emotionalen Umorientierung. In dieser Entwicklungsphase findet eine Loslösung von den Eltern statt. Gleichzeitig sucht der Pubertist nach neuen Bindungen außerhalb der Eltern-Kind-Beziehung. Aus dem Kind wird ein Erwachsener auf dem Weg in die Selbstständigkeit – ein notwendiger und zugleich hochriskanter Vorgang.

Die Notwendigkeit dieses Prozesses liegt auf der Hand. Mit dem Eintritt in die Geschlechtsreife muss es dem Pubertisten gelingen, sein natürliches Bedürfnis nach geschlechtlicher Liebe auf Personen außerhalb der Familie zu projizieren.

Ach was!

Das ist ein nicht ganz einfaches Unterfangen. In dieser Phase kann alles Mögliche schiefgehen. Zugleich aber hat der Pubertist gar keine Wahl. Da muss er durch. Ob er will oder nicht. Er wird ein weiteres Mal, wie schon bei seiner Geburt, gewissermaßen hinausgeworfen. Kann er hoffen, erneut aufgefangen zu werden, wie von den Handschuhträgern, damals bei der ersten Zwangsräumung?

Wie, Zwangsräumung? Wie ist denn der Papa drauf?

Wenn uns also die Pubertät als Entwicklungsphase so wenig überraschen sollte wie die Geburt, muss die erste Frage lauten: Verfügt die Gesellschaft eigentlich über ein Konzept, wie man diese Pubertisten empfangen und aufnehmen soll?

Schon lange vor der Geburt bereiten sich die Eltern ja auch auf den Tag X vor. Keine halbwegs vernünftige Mutter – und kein halbwegs vernünftiger Vater – kommen mit ihrem Neugeborenen aus der Klinik und fragen sich erst dann, wo das Baby denn jetzt wohl hinsoll. Niemand zieht erst jetzt los, um ein Kinderbett zu kaufen. Niemand denkt erst jetzt darüber nach, wo es denn wohl am besten aufzustellen sei. Natürlich nicht. Alle würden über ein solches Verhalten, eine so schlechte Vorbereitung, nur den Kopf schütteln. Selbstverständlich ist alles längst vorbereitet. Das Kinderzimmer ist für den Empfang zu Hause festlich geschmückt. Im günstigsten Fall der Anlass für eine erste große Familienfeier mit dem Neuen im Bunde, mit Omas und Opas, Onkeln und Tanten, Freunden und Nachbarn. Eine richtige Willkommensparty eben: »Hey, wir haben auf dich gewartet! Endlich bist du da! Endlich kann es mit uns losgehen. Sieh, es ist alles vorbereitet. Lasst es uns versuchen. Ein Prosit auf das neue Familienmitglied. Du musst uns nichts beweisen. Wir geben dir unsere ganze Liebe. Ganz umsonst. Auf ein schönes Leben!«

Oh Mann, ich kann mir Papa auf meiner Welcome-Party damals richtig vorstellen. Da hat er sicherlich seine berühmte Schatzkiste mit der geheimnisvollen Aufschrift »USQUEBAUGH« weit geöffnet. »Ich segne dich mit den Wassern des Lebens«, wird er gerufen haben, bevor alle, die dieses heilige Wasser zu schätzen wussten, mit seinem Single Malt anstießen.

Wie haben wir uns aber auf den Tag, besser gesagt das Jahr X+11/12 vorbereitet? Wissen wir überhaupt, was da auf uns zukommt? Ich behaupte, nein. Und das ist ein großer Fehler. Gestern noch der kleine, süße Fratz mit Seidenlocken. Am nächsten Tag ein echter Kotzbrocken, ein wahres Monster, das Ausdünstungen absondert, die mich an meine ersten Ferien auf dem Bauernhof erinnern. Weg die Seidenlocken. Nichts ist geblieben von dem süßen Fratz, nichts als Bilder wie aus längst vergangener Zeit. Man fragt sich, hab ich das alles nur geträumt? Wer in aller Welt ist dieses Monster? Wo ist mein Kind? Den meisten von uns wird das so gehen. Was fangen wir jetzt mit denen an? Wo sollen die jetzt hin? Wo ist ihr Platz? Sind wir, ist die Gesellschaft darauf vorbereitet? Oder lassen wir uns von dieser wild gewordenen Horde einfach überrollen?

Sonst gehts noch, hallo!

Die Frage ist, haben wir überhaupt ein Konzept für das, was da in unseren Kindern geschieht, und dafür, was dies für die Entwicklung der Gesellschaft, unserer Lebensgemeinschaft insgesamt bedeutet? Wie nehmen wir hier Verantwortung wahr? Oder geht uns Alte das alles gar nichts mehr an, wie manche dieser kleinen Monster behaupten?

So, so, ein Monster bin ich also in deinen Augen. Da müssen wir mal ernsthaft drüber reden, denke ich.

Natürlich wissen wir, dass unsere Kinder nicht wirklich plötzlich zu Monstern werden. Es ist wohl eher unser Erschrecken darüber, dass es nun so weit ist. Sie sind ja dieselben Individuen wie gestern, nur dass sie sich jetzt in einem anderen Aggregatzustand befinden. Einem für uns Eltern zunächst einmal sehr befremdlichen. Nicht wenige sind mit der Situation überfordert. Und ich wage zu behaupten, dass die meisten nicht wissen, worum es bei der Pubertät überhaupt geht.

Da bin ich aber mal gespannt!

Die Pubertät wird in der öffentlichen und privaten Wahrnehmung im Allgemeinen als eine Krise begriffen. In erster Linie wird diese Phase als Konflikt zwischen Eltern und Jugendlichen erlebt. Vor allem erlitten. Und zwar von beiden Seiten. Die Wechselbäder zwischen Festhalten und Loslassen, zwischen Verlustängsten und Neugierde sind schmerzhafte Prozesse. Sicher, aber wozu dient das alles?

Auch die Geburt ist voller Risiken und für die Mutter in der Regel mit sehr viel Schmerz verbunden. Doch wie groß ist das Glück, wenn dann das Baby auf dem Bauch der Mutter liegt, die Mutter ihr Kind sieht und fühlt. Das erste Saugen. Alle Mühen, alle Schmerzen sind vergessen. Der Mantel der Liebe legt sich über Mutter und Kind wie ein Schutzschild. Aber wo ist die Erfüllung, was ist der Lohn für all die Schmerzen in den Zeiten der Pubertät? Auf welches Glück können wir hoffen?

Anders gefragt, was soll denn bei dem Projekt Pubertät günstigstenfalls herauskommen? Was erwarten wir? Dreht sich alles nur um Sexualität? Ist den Ratgebern zu trauen, die behaupten: »Zeigt Verständnis. Denn eines ist sicher, es geht vorbei.«? So viel Tamtam um nichts? Denn das mit der Sexualität hätte man biologisch gesehen viel unaufgeregter regeln können. Worum geht es also eigentlich bei der Pubertät? Man kann auch fragen: Was ist der biologische Zweck der Pubertät?

Das ruft nach einem Experiment. Was würde geschehen, wenn der Pubertist zum Pubertieren aus dem Haus gegeben wird? Wenn die Kinder also, am besten noch vor Eintreten in die Pubertät, in eine andere Obhut gegeben werden als die der Eltern?

Viele mit der Pubertät verbundene Probleme gäbe es gar nicht. Auf jeden Fall fielen schon einmal alle Spannungen zwischen Eltern und Pubertisten weg. Aus Sicht der Eltern wäre das Problem verschwunden, noch ehe es aufgetaucht ist.

Ein unzulässiges Experiment, meinen Sie? Moralisch völlig verwerflich? Sagen wir, es entspricht nicht dem modernen Zeitgeist. Aber was heißt das schon, biologisch betrachtet? Dem biologischen Zweck ist der Zeitgeist zunächst einmal völlig schnuppe. Ein Blick in die Vergangenheit zeigt, dass es schon einmal genau so oder so ähnlich abgelaufen ist. Und zwar im Mittelalter. *FL*

Dämonen

War ein scheiß Tag heute. Ich versuch's noch mal als Albatros. Aber es gelingt mir nicht mehr. Die Gravitation. Bin halt nicht zum Fliegen geboren. Werde wohl den Rest meines Lebens auf der Erde verbringen müssen.

Es ist dunkel. Der Mond wirft den Schatten des Tulpenbaums vor meinem Fenster an die Zimmerwand. Die Äste tanzen an der Wand auf und ab. Die dicken Knospen sind gut zu erkennen. Ob ein Albatros in diesem Baum landen kann? Ob er in diesem Jahr wieder so schön blühen wird, mein Tulpenbaum?

Von unten höre ich Stimmen. Meine Eltern haben Besuch. Freunde. Was die sich da zusammenreden. Ganz schön laut. Bei mir heißt es immer gleich: »Lukas, mach doch bitte die Musik leiser.« Und getrunken wird natürlich auch nicht. Schon wegen der Vorbildfunktion, versteht sich. Was da unten abläuft, ist selbstverständlich eine Weinprobe. Das ist natürlich was ganz anderes. Das ist Kultur. Da werden Erfahrungen ausgetauscht. Und Flaschen natürlich. Heute haben die Freunde welche aus Italien mitgebracht. »Müsst ihr unbedingt probieren«, haben sie gesagt. Trinken bildet. Bei nächster Gelegenheit werden dann meine Eltern ihre Neuentdeckungen zu ihnen tragen. Zum Gedankenaustausch. Hab schon verstanden. Kultur. Heute Abend scheint der Kulturaustausch mal wieder besonders intensiv zu sein.

Ob ich wohl mit Berni über Wein rede, wenn ich fünfzig bin? Fünfzig. Was gibt's da wohl noch zu reden?

Das Gemurmel, das da von unten zu mir hochsteigt, hat irgendwas Beruhigendes. Ich erkenne die einzelnen Stimmen, ohne zu verstehen, was sie sagen. Es ist so ein Gefühl von Kontinuität, von Sicherheit. Die Stimmen sind so vertraut. Sie waren schon da, als ich geboren wurde. Es geht gar nicht um Worte. Die können ganz schön nerven. Es geht um den Klang. Wie würde ich diesen Klang der vertrauten Stimmen vermissen.

Es war nicht immer so, dass mir das Gemurmel von da unten hier oben so wohltat. Da gab es Ängste, den Versuch, einzelne Wörter zu verstehen. Worüber streiten sie? Was ist, wenn sie sich trennen? Was, wenn plötzlich einer von beiden weg wäre? Ich würde am Morgen aufwachen und Papa wäre fort.

Ich bin hier oben gelegen, hab geschwitzt und gefroren unter meiner Decke. Die Vorstellung hat bei mir Entsetzen ausgelöst. Es war die Zeit meiner ersten Flugversuche. Der Albatros war noch klein und unerfahren im Fliegen.

Was, wenn Mama morgen tot ist? Unvorstellbar. Das Gesicht klatschnass. Der Schweiß läuft über den Hals ins Kopfkissen. Die Waden schmerzen vor Anspannung. Muskelkater und Krämpfe am nächsten Morgen. Für Papa wäre es wohl nicht so schlimm, hab ich damals gedacht. Eine neue Frau zu finden wäre ja wohl nicht so schwer. Aber eine neue Mutter? Unmöglich. Ich hab mir nicht vorstellen können, ohne sie zu atmen. Der Gedanke an den Verlust schnürte mich derart zu, dass ich keine Luft mehr bekam. Ich lag da, wie gelähmt. In meinen kindlichen Gebeten bettelte ich um Erlösung.

Diese Angst ist nun vorbei. Wie hab ich sie gehasst. Ja ich hab diese Ängste abgrundtief gehasst. Und ich hab sie ganz alleine vertrieben. Es gibt sie noch, aber sie lassen mich jetzt in Ruhe. Sie können mir nichts mehr anhaben.

Inzwischen weiß ich, dass ich auch ohne Mama und Papa atmen kann. Natürlich hab ich sie noch lieb. Aber irgendwas ist weg. Ich kann nicht sagen, was es ist. Ich schäme mich fast ein bisschen. Aber Papas und auch Mamas Umarmungen sind mir heute eher unangenehm. Ich würde es ihnen niemals sagen, aber eigentlich fühle ich mich ganz unwohl dabei. Ganz anders bei Laura. Eh klar, oder?

Aber irgendwas ist zerbrochen, was mich jetzt freier atmen lässt. Es war vielleicht so vor drei oder vier Jahren. So genau weiß ich das nicht mehr. Die Angst packte mich ganz unvermittelt. Es war Nacht und ich lag in meinem Bett. So wie jetzt. Und starrte zur Decke. Es war stockfinster. Kein Mond. Allein in der Nacht und um mich herum die Angst. Das ganze Zimmer war voll davon. Ich wollte zurück in den Schoß meiner Mutter. Wollte in die Arme von Mama und Papa. Wollte mich bei ihnen vor dieser Angst verkriechen. Mich sicher fühlen in ihrer Nähe.

Nicht allein sein. Ich sprang aus dem Bett, flüchtete aus meinem Zimmer und hatte schon die Klinke der Tür zum Schlafzimmer meiner Eltern in der Hand. Aber ich blieb stehen wie erstarrt. Ich weiß noch, wie ich meinen Vater durch die geschlossene Tür schnarchen hörte. Ich weiß nicht, ob es das war, aber irgendwas hielt mich davon ab, in das Zimmer zu stürmen und mich im Bett meiner Eltern zu verkriechen. Ich war blockiert, stand da mit der Hand an der Klinke, wie angewurzelt. Es trieb mich hinein und gleichzeitig hielt mich irgendwas zurück. Es war schrecklich. Ein Kampf. Obwohl die Angst in mir so entsetzlich war, war das andere, was mich zurückhielt, doch genauso stark.

Ich wusste, dass ich mich schämen müsste, wenn ich jetzt da reinginge. Ich hatte Angst abgewiesen, vielleicht ausgelacht oder nicht ernst genommen zu werden. Und dann wieder allein in mein Bett zu müssen. Allein mit all den vielen bösen Geistern in meinem Zimmer. Und es war doch noch so lange bis zum Morgen. Ja, am Morgen, da würde alles wieder gut sein, das wusste ich ganz genau. In der Schule, bei meinen Freunden. Die Sonne würde scheinen. Selbst wenn es regnete, egal. Doch jetzt war es stockfinster, und ich hatte nicht den Mut, das Licht anzumachen. Denn dann müsste ich es auch wieder ausmachen.

Was sagte ich bloß, wenn sie jetzt wach würden. Ich bekäme ganz bestimmt kein einziges Wort heraus. War einfach zu blöd, die ganze Situation. Ich hätte schreien können: MAMA! PAPA!

Aber ich konnte nicht. Etwas schnürte mir die Kehle zu. Ich glaubte zu platzen. Mich umfingen unendliche Trostlosigkeit und Verlassenheit.

Da waren sie, die mein Leben waren. Und hier stand ich, vielleicht vier Meter von ihnen entfernt. Getrennt nur durch eine Tür. Ich brauchte sie bloß zu öffnen. Die Hand lag schon, ich weiß nicht, wie lange, auf der Klinke. Und doch schien eine meterdicke Mauer zwischen uns zu liegen. Ich kam nicht durch.

Es war in dem Moment vorbei, als ich die Klinke losließ. Ganz langsam, wie versuchsweise, nahm ich meine Hand zurück. Der Druck ließ sofort spürbar nach. Es war wie Fieber. Ich hatte es überwunden. Was immer es war, ich hatte den Kampf gewonnen. So kam es mir jedenfalls vor. Die Angst war weg, verflogen. Und ich war stolz auf mich. Ich spürte meine Kräfte wieder. Und das Tollste war, die Tür war noch immer zu. Ich war erleichtert und froh, sie nicht geöffnet zu haben.

Hoffentlich haben sie nichts gemerkt, hab ich gedacht. Wäre mir doch mächtig peinlich gewesen, das Ganze. Ich hörte jetzt wieder meinen Vater schnarchen. Erleichterung. Ich nahm mir fest vor, die Erlebnisse dieser Nacht für mich zu behalten. Das sollte mein ganz persönlicher und sehr intimer Triumph sein. Die bösen Geister waren mit einem Mal weg, der Druck von der Brust verschwunden. Ich konnte wieder frei und tief atmen.

Ich ging zurück in mein Bett. Es war so stockfinster wie zuvor. Ich aber war erleichtert, fühlte mich frei. Es ging also auch so. Ich dachte an den nächsten Tag und freute mich auf die erste Stunde. Da hatten wir Geschichte.

Nichts würde mehr so sein wie früher. In dieser Nacht hatte ich meine Kindheit begraben. Ganz allein. Ich wusste, dass ich mir selbst helfen konnte. Und doch, die Sehnsucht blieb. Sie war nicht gestorben. Nur trieb sie mich seit jener Nacht in alle möglichen Richtungen, bloß niemals mehr an die Schlafzimmertür meiner Eltern.

Zum Glück ist die Tür zugeblieben. Mama und Papa hatten ihren Schlaf verdient. Wie oft hab ich ihnen schon ihren Schlaf geraubt, früher, als ich noch ein Kind war. Was hätten sie auch tun können. Ihre Umarmungen hatten die Kraft verloren, den Zauber eingebüßt, meine Dämonen zu besiegen. Das musste ich jetzt selbst machen. Und ich wusste, dass ich es konnte, bevor ich einschlief.

Hin und wieder kommen sie noch und umschwirren mein Bett, wenn es Nacht ist. Aber ich zeige ihnen die Zähne. Sie können mich nicht mehr ängstigen. Wir haben ein Abkommen getroffen: Ich höre ihnen zu und sie lassen mich dafür in Ruhe.

Pickelsystematik

Berni hat sein breites Grinsen drauf, als er bei mir reinplatzt.

»Hi, Lukas. Deine Mutter hat mich reingelassen. Hat gesagt, ich soll einfach raufgehen.«

»Hi, ...«

»Was machst denn du da?«

»Pickelquetschen, siehst du doch!« Tatsächlich hat er mich gerade vor meinem Spiegel erwischt.

»Wir wollten doch jetzt unser Referat für Freitag vorbereiten.«

»Gleich, Berni. Bin sofort fertig.«

Berni plumpst auf meine Couch und schnappt sich den neuen »Kicker«. »Sag einfach Bescheid, wenn du so weit bist«, kommt's hinter der Zeitung hervor.

Alles total vergeblich. Diese Scheißmittel nützen doch überhaupt nichts. In der Werbung sieht das natürlich ganz anders aus. Toll! Da würden die meine Fresse erst gar nicht zeigen. Dabei gibt's noch viel schlimmere. Stefans zum Beispiel. Die arme Sau. Da helfen auch keine lateinischen Sprüche. Was soll's. Die Devise heißt quetschen und knallen lassen. Zum Glück hab ich keine auf der Brust oder auf dem Rücken. Stefan verbrutzelt die immer mit der UV-Lampe. Wird bald aussehen wie ein Zombie. Aber eigentlich ist das doch alles für'n Arsch. Die anderen haben doch auch welche.

Eine echte Pickel-Clique. Schon verdächtig, wenn jemand keine hat. Mit so einem kann doch was nicht stimmen, oder? Hey, das war ein guter Schuss!

»Mann, war der gut. Du, Berni, wenn ich keine Pickel hätte, würde ich mir welche aufmalen.«

»Ja nee, is klar. Oder bei eBay bestellen.«

»Hey, das ist die Idee. Lass uns gleich mal sehen, was so alles im Angebot ist.«

»Lukas, du spinnst. Wir müssen das Referat vorbereiten.«

»Gleich.«

»Hast du gewusst, dass Ballack zu Real geht?«

»Ist mir egal. Wenn er zum Kleeblatt käme, ja dann ...«

»Blödmann!«

Heute Morgen stand ich vor dem Spiegel, so wie jetzt. Mein erster Gedanke war: Mann, siehst du mal wieder scheiße aus. Gleich Viertel nach sieben. Zum Ausdrücken ist jetzt keine Zeit mehr. So eine Scheiße. Ich merkte, wie der Frust kam. Der Tag stand schon auf der Kippe. Deshalb muss ich jetzt hier nacharbeiten. Hab oft Träume wegen der Scheißpickel.

»Hab ich dir schon meinen letzten Traum erzählt?«

»Nee, lass hören.«

»Also, ich hocke in der Klasse. Deutsch bei Frau Kümmerlein.«

»Oh, Mann!«

»Ja, ja, hör zu. Also, plötzlich steht sie vor mir. Kommt mit ihrem Gesicht ganz nah zu mir herunter. Sie fistelt irgendwas von Goethe. Sie bestand darauf, dass der Zauberlehrling nicht von Mozart sei. Nein, der Zauberlehrling spiele auch nicht auf der Flöte. Du kennst sie ja. Die Klasse hat sich weggeworfen.«

»Na klar. Die sieht ja auch noch so aus, wie sie heißt. Und weiter?«

»Sie also mit ihrem Gesicht ganz dicht vor mir. Konnte jede Pore bei ihr sehen. Ich konnte sie sogar riechen. Musst du dir vorstellen, im Traum riechen. Dachte noch, ich könnte den Traum ja auch ändern, ihm eine andere Wendung geben. Du weißt schon.«

»Nee, weiß ich nicht.«

»Auch egal. Sie lief leicht rot an, unsere Frau Kümmerlein. Ich tat so, als dächte ich angestrengt nach. Legte meine Stirn in Falten. Das wars. Der Mörderpickel auf meiner Stirn platzte mit einem Knall. Die Frau Kümmerlein war voll angeeitert. Hab sie genau zwischen die Augen getroffen.«

»Ekelhaft!«

»Genau zwischen die Augen. Musst du dir mal vorstellen. Mann, hat die blöd geguckt. Ihr Gesicht so dicht vor meinem, mit dem Volltreffer zwischen den Augen.«

Mir laufen die Tränen.

»Jetzt komm mal wieder runter. So witzig ist das auch wieder nicht.«

»Das sagst du.«

»Und weiter?«

»Nichts weiter. Bin dann ziemlich gut gelaunt aufwacht. Bis, ja bis ich in den Spiegel gesehen habe. So ein Scheiß. Da war ein Mörderpickel mitten auf der Stirn.«

»Kümmerlich! Bist du jetzt endlich so weit?«

»Gleich.«

Pickel und Rasieren. Ein eigenes Thema. Drum herum oder darüber hinweg? Grundsatzfrage. Das wäre doch mal ein Vorschlag für Frau Kümmerlein. Dialektischer Aufsatz. Man stelle sich die Gesichter der Mädels vor. Auf den Pickel zu – dir werde ich's zeigen! –, Druck verstärken und ratsch. Scheiße, ist das viel Blut! Ich rasiere mich ja nass. Ist irgendwie total cool. Soll in meinem Fall ja auch viel hygienischer sein, sagt man. Ich stelle mir vor, mit dem Trockenrasierer einmal so richtig über das Erdbeerbeet auf meiner linken Wange: Ratzfatz, rein mit dem ganzen Siff ins Scherengehäuse. Lecker! Da leben sie dann weiter, all die Geköpften, wachsen und mutieren. Und warten auf die nächste Rasur, um dann heimtückisch über mich herzufallen. Counterstrike! Herrlich!

Für gewöhnlich nehme ich mir viel Zeit. Badezimmer zu. »Mach auf, ich muss auch mal rein.« Lena. Immer das gleiche. »Geht jetzt nicht!« Das war's dann für heute, Schwesterherz. Dann lasse ich es erst mal so richtig Winter werden. Tiefverschneite Erdbeerfelder. Mit dem ganzen Schaum im Gesicht sehe ich aus wie ein echter Piratenweihnachtsmann. Ganz wichtig: niemals vorher quetschen! Das wäre nur der halbe Spaß. Manchmal lugt so ein kleiner Scheißkerl aus der ganzen Schneelandschaft heraus. Wie die ersten Krokusse im Februar. Dann weiß ich, heute wird's wieder ein echter Spaß.

Schon als ganz kleiner Bub hab ich gegen Krokusse gekämpft. Aber das ist eine andere Geschichte. Ich erzähl sie lieber nicht Berni. Der findet sie ganz bestimmt doof. In der Geschichte geht's ja auch um richtige Krokusse. Genauer gesagt, um Omas Krokusse.

Oma liebt ihre Krokusse sehr. Opa muss immer fein säuberlich drum herum mit dem Rasenmäher, sonst gibt's gehörig Saures von Oma. Das hat Opa immer gerne vermieden und mäht also jedes Mal fein säuberlich drum herum. Das sieht dann natürlich ziemlich blöd aus. Vielleicht hat er mir ja leidgetan, der Opa. So ein früher kindlicher Reflex gegen zu viel Frauenpower. Wer weiß.

Auf jeden Fall, es war mal wieder Februar, und Oma war mächtig stolz auf ihre ersten, noch nicht aufgeblühten Krokusse, die da fein säuberlich im Kreis durch den Schnee brachen. Irgendwie muss mich das in diesem Jahr gestört haben. Ich hab sie dann hübsch der Reihe nach und hochkonzentriert mit meiner kleinen Schneeschaufel wieder zurück in die Erde genagelt. Dabei hab ich irgendwas wie »Viel zu früh« gemurmelt.

Ich kann mich noch sehr gut daran erinnern, wie schwer es der Oma fiel, mich an diesem Tag so lieb zu haben, wie ich es bis dahin von ihr gewohnt war. Opa wirkte dagegen irgendwie gelöst und heiter. Wenn Oma gerade nicht im Zimmer war, hat er mir immer wieder aufmunternd auf die Schulter und sich selbst dabei auf die Schenkel geklopft.

Da sind sie also wieder, die scheiß Krokusse. Na wartet, euch werd ich's zeigen. Opa hätte seine Freude daran. Wenn dann das

Blut über den restlichen Schnee auf meinem Gesicht läuft, sich damit vermischt und seine Farbe verändert, denke ich an Erdbeertörtchen mit Sahne. Mhmm …, mir läuft das Wasser im Mund zusammen. Wann hatten wir eigentlich die letzten? Muss unbedingt gleich Mama fragen.

Wenn ich Papas Narben im Gesicht sehe, weiß ich, dass er auch seinen Spaß gehabt haben muss. Von ihm kommt übrigens der Tipp mit dem Klopapier. Der geht so: zuerst ein ganz kleines Stückchen abreißen, nur etwa halb so groß wie eine Fingerkuppe. Ganz wichtig: nicht das aktuelle erste Blatt von der Rolle nehmen! Besonders dann nicht, wenn Schwesterherz gerade vorher hier drin ihr Unwesen getrieben hat. Damit man nicht ihre Fingerabdrücke erwischt. Dann den kleinen Fitzel oben auf den sterbenden Pickel platzieren. Gegebenenfalls wiederholen. Und dann unbedingt drauflassen. So lange, bis alles schön getrocknet und geronnen ist. Auf keinen Fall zu früh wieder abnehmen. Dann fängt die ganze Sauerei nämlich sofort wieder zu bluten an. Also etwas Geduld bitte. Es funktioniert garantiert. Sollte man aber nicht vor der Schule machen.

Und dann kommt der große Regen. Wasser drauf und alles ist weg. Schön erfrischend das Ganze. Ein Blick in den Spiegel. Jetzt liegt das Schlachtfeld offen da. Volltreffer! Ich sehe aus, als hätte mir jemand mit der Schrotflinte direkt ins Gesicht geschossen. Toll! Wenigstens fällt jetzt meine etwas zu große Nase nicht mehr so auf. Niemand wird sie heute beachten. Alle werden nur auf die Schroteinschüsse starren, diese Arschlöcher. Das verspricht ja ein toller Tag zu werden. Wenigstens sind die scheiß Bartstoppeln weg.

»Bist du jetzt vielleicht mal endlich so weit?«

»Gleich. Kennst du den?«

»Kenn ich nicht.«

»Treffen sich zwei Pickel. Sagt der eine: ›Wo ist denn dein Kumpel?‹ Sagt der andere: ›Abgekratzt.‹«

»Echt toll. Können wir jetzt?«

»Gleich, Berni. Man sollte eine Systematik der Pickel schreiben. Was meinst du? ›Die Pickelsystematik‹ von Lukas Luhmer und Bernhard Klotzek.«

»Was?«

»Zwei große Gruppen sind mit Sicherheit die Unterirdischen und die Aufstrebenden.«

»Jetzt ist er ganz durchgeknallt. Hast wohl schon ein Weizen gefrühstückt, Alter?«

»Nein, im Ernst. Es müssten natürlich auch ökologische Aspekte berücksichtigt werden. Vor allem die Standortfrage ist interessant. Während sich zum Beispiel die Unterirdischen ganz gerne hinter dem Ohr verstecken, tummeln sich die Aufstrebenden ziemlich auffällig auf der Stirn.«

»Na gut. Und was ist mit den Mitessern?«

»Gut, dass du die erwähnst, Berni. Die sind mir doch die Liebsten. Wenn du die richtig erwischst, kommen sie als ewig lange Weißwürste herausgequollen, direkt auf den Fingernagel. Aber nur, wenn du's geschickt anstellst.«

»Lukas, du bist eine alte Sau.«

»Als wenn man so eine ganz kleine Zahnpastatube ausdrückt. Stell dir mal vor, eine ganze Tube, so mit einem Swutsch über die Waschbeckenkante gezogen.«

»Aber dann sind sie noch relativ frisch.«

»Genau! Respekt, ich erkenne den Fachmann. Willkommen, Herr Kollege. Aber es gibt natürlich auch die alten, die Vergessenen.«

»Hä?«

»Da kannst du richtige Experimente machen. Du beobachtest einfach mal einen frischen. Rührst ihn nicht an, verstehst du? Wenn er dann altert und er es sich nicht doch noch überlegt, als Vulkanausbruch zu enden, dann bildet er irgendwann eine Kuppe und einen ziemlich harten Pfropfen aus. Allerdings verfügt ein solcher Pfropfen über ganz schlechte Flugeigenschaften, ...«

»Lukas spinnt!«

»… weil die Entzündung weg ist. Kein Antrieb mehr, verstehst du? Kein Überdruck für die Beschleunigung. Die alten sind also irgendwie langweilig. Kannst du vergessen.«

»Also gut, können wir …«

»Gleich. Erst mal zurück zu den Aktiven.«

»Ich fasse es nicht.«

»Moment noch, Berni. Die Aufstrebenden sind ja das Tagesgeschäft. Die gibt's in allen Stadien. Bloß nicht zu früh drücken, sage ich dir. Dann werden sie zu leuchtenden Monstern. Da musst du schon warten, bis die weiße Kuppe zu sehen ist. Nun entwickeln sie sich aber unterschiedlich schnell. Das ist das Risiko. Morgens noch zu früh zum Drücken und dann in der dritten Stunde, zum Beispiel Geschichte bei Gattermann, schon unfreiwillig explodiert. Das sieht dann natürlich ganz schön scheiße aus. Die sitzen nicht selten in der Unterlippe, zumindest bei mir. Schmerzhafte kleine Monster, sage ich dir.«

»Was du nicht sagst. Das hier musst du lesen. Die Bayern saufen ganz schön ab. Der Kaiser sitzt in der Fußball-Weltregierung und das Bodenpersonal steht bloß blöd auf dem Platz rum.«

»Was redest du denn da? Hörst du mir überhaupt zu? Berni, einen solchen Vortrag hörst du nicht jeden Tag. Also, pass auf!«

«Hab ich dir schon erzählt, dass Ballack zu Real geht?«

»Ja, hast du, er geht aber zu Chelsea.«

»Und Beckham für zweihundertfünfzig Millionen Dollar nach Hollywood?«

»Was, der hässliche Vogel geht zum Film?«

»Lukas, du hast keine Ahnung vom Fußball. Los Angeles Galaxy!«

»Aber Berni, das ist mir doch scheißegal. Wir haben wichtigere Themen.«

»Zum Beispiel?«

»Na, unsere Pickelsystematik.«

»Deine Pickelsystematik, Lukas, nicht unsere ...«

»Schon gut.«

»Ich dachte, wir wollten ...«

»Später, Berni. Also, dann gibt es noch die, die dich verhöhnen. Du siehst sie, kannst sie aber nicht packen. Kaum hast du angesetzt, weichen sie auch schon nach unten aus, diese Feiglinge. Oder du denkst, sie sind weg, und schwups, am nächsten Morgen sind sie wieder da. Genau an derselben Stelle. Immer und immer wieder. Zu denen kannst du eine echte Beziehung aufbauen. Ich gebe ihnen manchmal Namen, weißt du?«

»Was?«

»Einer heißt Larry. Der ist unberechenbar, sag ich dir. Wohnt bei mir in der linken Wangenfalte, so auf halber Strecke zwischen Nasenflügel und Mundwinkel. Sieh her! Genau hier ...«

»Du nervst.«

»... das ist sein Revier. Mal ist er da und dann ist er wieder weg. Aber du weißt genau, er kommt wieder, der Scheißkerl. Meist, wenn du ihn gerade überhaupt nicht gebrauchen kannst. Zum Beispiel am Samstagnachmittag. Morgens war noch alles wie ausgestorben. Sein Revier sauber. Mittags dann schon so eine Ahnung, ein kleines Jucken, nichts Großes. Dann am Nachmittag die ersten untrüglichen Anzeichen. Er ist zurück. Larry is back in town! Na super. Natürlich ist es zum Drücken noch zu früh. Er will also mitfeiern, heute Abend bei Laura im Keller. Toll! Ich schwöre, den Sonntag überlebt der nicht. Und wenn ich ihn diesmal mit der heißen Nadel umbringen muss.«

»Lukas, du musst unbedingt zum Theater, oder zum Arzt.«

»Und dann die Knaller, die Raketen. Das sind ganz ohne Zweifel die besten. Dafür lohnt sich der ganze Scheiß wirklich. Du musst gut auf deine Nägel achten. Bloß nicht abknabbern oder abbrechen. Das wäre ärgerlich. Dann kriegst du sie nicht richtig zu fassen. Es ist das richtige Zusammenspiel von Druck- und Zugbewegung, was die Knaller zu echten Katapulten macht.«

Meine Mutter beschwert sich ständig, dass ich die Knaller immer am Spiegel kleben lasse. Sie macht sie aber nicht weg. Sei meine Sache, sagt sie. Ich finde es jedes Mal schade, sie sofort wieder wegzumachen. Ich betrachte sie beim anschließenden Zähneputzen immer noch genüsslich. Da weißt du, dass du schon mal was geleistet hast für den Tag. Echte Erfolgserlebnisse sind das. Und dann vergesse ich sie halt regelmäßig. Lieblingskommentar von Papa: »Riesensauerei!« Er müsste es eigentlich besser wissen.

»Ganz anders die Unterirdischen ...«

»Lukas, jetzt reicht es aber!«

»... die sind echt link. Ich hatte mal einen von denen als Untermieter hinter meinem rechten Ohr. Du weißt schon, hinter dem Ohrläppchen. Da ist das richtige Mikroklima für die, glaub ich. Die Burschen haben ganz andere Ansprüche ans Klima als die Stirnfuzzis.«

»Genau, das sind die Trüffel unter den Pickeln!«

»Hörst ja doch zu. Trüffel, das ist gut. Die können so richtig unangenehm werden. Richtige Dinger. Diese Wärme und das Pochen in der Endphase. Dafür sieht man sie nicht so ohne Weiteres. Bei denen hast du überhaupt keine Chance. Am besten, du lässt sie in Ruhe und wartest einfach ab. Irgendwann kommen sie von ganz alleine zum Vorschein. Es geschieht meist unverhofft. Du merkst es erst, wenn dir die warme Sauce am Hals herunterläuft. Eine echte Sauerei mit recht viel Blut zum Nachtisch. Und nicht ganz schmerzlos. Und dann gibt es noch die Spezialisten ...«

»Lukas, unser Referat.«

»... dazu gehören zum Beispiel die Lippenpickel und die Nasenpickel. Die Lippenpickel machen keinen Spaß. Die werden nie so richtig groß, tun aber höllisch weh. Echte Ekelpickel.«

»Mir kommen gleich die Tränen.«

»Die Nasenpickel sind eine eigene kleine Gruppe. Hochspezialisierte Biester mit ganz spezifischen Standortansprüchen. Echte Spezialisten eben. Die Höhlenkrebse unter den Pickeln.«

»Ich hatte mal einen von den Biestern in der Nasenhöhle.«

»Genau. Hinterhältige Sache. Du bemerkst sie erst, wenn es zu spät ist. Du hast keine Ahnung, dass einer von ihnen eingezogen ist. Ganz gefährlich wird's dann beim kontemplativen Popeln, wie neulich bei der Mathe-Ex. Ich hatte gerade genüsslich mit dem Nagel des kleinen Fingers der linken Hand angesetzt, während ich mit der rechten versuchte, den Beweis zu Ende zu führen, um so einen vermeintlichen dicken Brummer von der äußeren Naseninnenwand abzuschaben. Und schon war's passiert. Er war gar kein Brummer, sondern ein Höhlenkrebs. Der hat natürlich sofort mächtig zugebissen. Scheiße, hat das weh getan. Die Tränen sind mir gekommen. Konnte gar nichts dagegen tun. Der bescheuerte Münzmann kam sofort angelaufen ...«

»Das Münzmännchen! Und was hat er gesagt?«

»Der Trottel dachte wohl, ich verzweifelte gerade an seinen bescheuerten Aufgaben. Dabei waren die ganz einfach. Aber zu spät. Ein, zwei Tränen waren schon auf meine Arbeitsblätter gefallen. Tinte! Gesamterscheinung im Arsch, hab ich gleich gedacht. Das blöde Grinsen von dem Münzmännchen hättest du sehen müssen. Er dachte bestimmt, typisch Lukas, mal wieder schlecht vorbereitet. Ich wünschte ihm gleich mehrere von den Höhlenkrebsen an den Hals oder besser in die Nase. Half nichts. Der Schmerz hielt gnadenlos an und lenkte mich natürlich ab. Die Zeit verging, die Kontemplation war im Arsch. Solche Kollateralschäden von Innenwandpickeln können beträchtlich sein. Sollte man nicht unterschätzen. Das kann schon mal eine Notenabweichung nach unten bedeuten. Aber er hat seinen Gegenspieler ...«

»Jetzt reicht es aber wirklich, Lukas. Ich muss gleich wieder weg und wir haben noch nicht einmal mit unserem Referat angefangen.«

»Ist ja gut, bin gleich fertig. Also, der Gegenspieler von dem

Höhlenkrebs ist das Edelweiß unter den Pickeln. Klein und an sich zunächst unauffällig, ist er doch ein echter Gipfelstürmer ...«

»Du bis ja völlig durchgeknallt ...«

»Wir kennen ihn alle, genau auf der Nasenspitze, in luftiger Höhe. Er ist der eitelste unter den Pickeln. Er ist zwar nur klein, aber er schafft es dennoch immer wieder, die Aufmerksamkeit aller auf sich zu ziehen. Er liebt es, im Rampenlicht zu stehen. Da kriegt man echten Sozialneid. Alle kennen ihn, alle sehen ihn. Als Wirtstier denkst du, warum schielen dich eigentlich plötzlich alle so blöd an? Bis du merkst, sie sehen gar nicht dir, sondern ihm in die Augen. Er ist wie ein Magnet, ein echter Superstar.«

»Deutschland sucht den Superpickel. Da solltest du auftreten.«

»Gar nicht daran zu denken, ihn vor seiner Zeit loszuwerden. Er ist ortsfest. Jeden Versuch, ihn zu beseitigen, bestraft er sofort mit einer gewaltigen Schwellung und Rötung seiner Wirtsnase, also meiner, was seine Attraktivität und meinen Unterhaltungswert für die anderen Blödmänner nur noch steigert. Ihm kann man nicht entkommen. Der gewinnt immer. Der strahlt auch noch durch fingerdick aufgetragene Schminke hindurch.«

»Endlich. Ich bin beeindruckt.«

Nun gut, man kann auf dem Standpunkt stehen: Du siehst sie gar nicht. Des Kaisers neue Kleider. Wenn ich nicht in den blöden Spiegel sehe, sind sie ja auch tatsächlich unsichtbar. Aber so funktioniert das leider nicht. Bin ja noch nicht ganz verblödet. Ich weiß ja ganz genau, sie sind da. Und zwar immer. Und jeder Depp kann sie sehen, kann beobachten, wie sie wachsen, wie sie leuchten, wie sie sterben, wie sie ausbluten und verdorren. Und ich kann nichts dagegen tun. Außer, ich nehme das alles nicht so wichtig. Scheißpickel!

»So, wie sehe ich aus?«

»Ist schon okay.«

»Eh scheißegal. Los, wir gehen.«

»Wie, wir gehen?«

»Guck mal auf die Uhr. Ich muss jetzt zum Fußball.«

»Und unser Referat?«

»Hat Zeit bis morgen.«

»Lukas, ich krieg die Krise.«

Mit Frank Luhmer durchs Jahr – Teil 2

3. Februar

VON KNAPPEN UND BURGFRÄULEIN

Im Mittelalter, besonders in der Zeit des Hochmittelalters, war es üblich, dass die Jungen mit sieben Jahren das elterliche Haus verließen. Damit war die Kindheit beendet. Und die Jungen galten von da an in vielerlei Hinsicht als Erwachsene. Kamen die Jungen aus einem Adelsgeschlecht, traten sie üblicherweise (wahrscheinlich selten freiwillig) an einem fremden Hof einen Dienst als Page an. Hier erhielten sie eine umfangreiche sportliche und militärische Ausbildung und wurden nach erfolgreichem Abschluss mit vierzehn Jahren zum Knappen ernannt.
Als solche dienten sie nun über Jahre hinweg einem erfahrenen Ritter. Wenn sie diesen mühevollen Dienst überlebten, konnten sie mit einundzwanzig Jahren selbst zum Ritter geschlagen werden. Eher unsportliche Zeitgenossen mussten in den geistlichen Stand eintreten.

Jungen aus dem Bürgertum, im Besonderen der Städte des Hochmittelalters, wurden mit sieben Jahren in die Lehre gegeben. Dazu verließen auch diese Jungen ihre Eltern, um fortan im Hause des Meisters zu wohnen und zu arbeiten. Die Lehrzeit dauerte etwa sechs Jahre und schloss im günstigsten Fall mit dem Gesellenstück ab.

Dann folgten die Wanderjahre des Gesellen, die den dreizehn-/vierzehnjährigen Buben aus der Stadt hinaus in die Fremde führten. Nach Jahren kehrte er zurück, um sich um eine Meisterstelle zu bemühen. Der Meisterbrief war dann auch die einzige Möglichkeit, um zu heiraten und einen eigenen Hausstand zu gründen.

Wie auch immer es den Knaben damals ergangen sein mag, eines war ganz sicher, die Eltern hatten mit der Pubertät ihrer Kinder nichts zu tun. Da gab es überhaupt keinen Stress. Die Kindheit war mit sieben Jahren vorbei. Der Rest war Integration in eine relativ starre Gesellschaftsstruktur, die wenig bis keine Rücksicht auf individuelle Bedürfnisse und Befindlichkeiten der jugendlichen Helden kannte.

Aus Sicht des Adels und der Zünfte war die Zeit der Pubertät die Zeit der Eingliederung in das bestehende Gesellschaftssystem. Das Projekt Pubertät war keine Privatsache, sondern eher eine gesamtgesellschaftliche Aufgabe, eine Aufgabe, die nicht in erster Linie auf Veränderung abzielte.

Die Pubertäten verliefen in diesem Modell insofern entspannter, als von Liebe zunächst keine Rede sein kann. Der Mantel der Liebe, der sich noch mit der Geburt auch über den mittelalterlichen Knaben gelegt haben mag, wurde jäh weggerissen. Mit sieben Jahren fand sich der Knabe dann ungefragt seiner Mutter und seinem Vater entrissen und einem strengen Meister ausgeliefert, der über alle Mittel und Rechte der Züchtigung verfügte und von dem nicht zu erwarten war, dass er sich in die verletzliche Gefühlswelt eines aufstrebenden Pubertisten hineinzuversetzen versuchte.

Wie mag es nun unserem Pubertisten im Mittelalter ergangen sein? Wie sahen seine persönlichen Spielräume für eine Neuorientierung, für seine Persönlichkeitsentwicklung wohl aus? Tatsächlich hatte er keine allzu große Auswahl, wenn er als angesehenes Mitglied dieser fest gefügten Gesellschaft überleben wollte.

Aber selbst die auf Bewahrung ausgerichteten Strukturen des Mittelalters trugen schon den Keim der Moderne in sich: die Lehr- und Wanderjahre.

Wenn man das Alter der Jungen berücksichtigt, so etwa zwischen vierzehn und zwanzig Jahren, dann hatten diese Jahre den Charakter von Initiationsreisen. Diese Lehr- und Wanderjahre umfassten die Zeit des Erwachsenwerdens. Das fand in der Fremde statt. Bewährung in der Fremde und ruhmreiche Rückkehr, wenn man nur überlebte. Diese Vorstellung von Initiation steckt tief in der keltischen Mystik und ist somit auch Teil aller christlichen Strömungen in Europa geworden. Also, hinfort in die Unterwelt, wo es allerlei Abenteuer zu bewältigen gab, und zurück in die Welt als Held. Erwachsen und mit Ruhm beladen kehrte das Kind von einst als starker Held in die Gemeinschaft zurück. Für die Daheimgebliebenen quasi wie durch eine Metamorphose neu geschaffen.

Der Übergang vom Kind zum Mann als Initiation: »Hänschen klein ging allein…« Was für eine elegante Lösung des Problems, könnte man meinen. Viele Eltern von heute würden bestimmt begeistert zugreifen: »Kann man diese Initiationsreisen übers Internet buchen?«, höre ich sie schon fragen. Möglicherweise mit Frühbucherrabatt bei Buchung direkt nach der Geburt. Mit Extrarabatt bei Nachweis eines Krippenplatzes. Man kann es auch so sehen: Vereinbarkeit von Familie und Beruf? Problemlos durch Outsourcen der Pubertät.

Sollen sich doch die anderen mit den kleinen Monstern abplagen. Machen wir's wie die Bären: Zeigt der Filius die ersten untrüglichen Zeichen einer sexuellen Individualität, fliegt er raus. Und geht er nicht freiwillig, so gebrauchen wir Gewalt. Also trottet der Bären-Pubertist davon und wird woanders erwachsen.

Und wo waren die Omas und Opas? Ich bitte Sie! Kinder, die mit sieben Jahren von den Eltern rausgeworfen werden, fragen ihre Eltern nach Oma und Opa, die ihre Eltern selbst, zumindest den Vater, mit sieben Jahren rausgeworfen haben? Wie soll das denn gehen? Außerdem trug die relativ niedrige Lebenserwartung dazu bei, dass meist nur zwei Generationen unter einem Dach lebten. Im Vergleich zu heute gab es nur wenige alte Menschen. Die eigenen Enkel hat man in den seltensten Fällen kennen lernen können.

Hinzu kam die hohe Kindersterblichkeit. Im Durchschnitt starb jedes zweite Kind. Schätzungsweise überlebten nur vierzig von hundert Kindern die ersten Jahre. Man kann sich vorstellen, dass unter solchen Bedingungen Jugendliche in normalen Durchschnittsfamilien gar nicht zu halten waren. Die konnte man sich einfach nicht leisten. Das »Outsourcen« von Jugendzeit war eine Notwendigkeit, die dem Überleben diente. Biologisch formuliert: Von einer Investition in die Jugendzeit hatte die Elterngeneration selbst damals keinen Vorteil mehr. Die Jugendlichen mussten sehen, wo sie blieben. Ihre Entwicklung wurde gewissermaßen zur gesamtgesellschaftlichen Aufgabe. Da fügte man sich ein oder ging zugrunde.

An dieser Stelle möchte ich mich bei den Leserinnen dieser Kolumne entschuldigen. Zu Recht fragen Sie sich vielleicht, was denn Ihre Geschlechtsgenossinnen damals so getrieben haben. Bisher war ja eigentlich nur von den Jungen die Rede. Nun, die Mädchen von damals konnten einem wirklich leidtun. Von Gleichberechtigung keine

Spur. Von einer einzigen Päpstin einmal abgesehen, und selbst das ist nicht ganz sicher, war da nichts mit Lehr- und Wanderjahren und schon gar nichts mit Frau Ritterin. Sie waren im Wesentlichen ans Haus gebunden und wurden einer überaus strengen Überwachung unterzogen.

Man kann auch sagen, sie wurden weggesperrt. Denn für die Familie bestand das einzige Kapital einer Tochter in ihrer Jungfräulichkeit. Die galt es mit Zähnen und Klauen zu verteidigen. Da war nichts mit Disco und gelegentlichen Übernachtungen bei Freundinnen. Vornehmliches Erziehungsziel waren Schweigsamkeit, Demut und Keuschheit.

Muss ziemlich anstrengend gewesen sein. Dazu gab es einen ganzen Haufen von Vorschriften, die ein junges Mädchen beachten musste. Außerdem viel häusliche Arbeit, wohl auch zur Ablenkung von »unkeuschem Gedankengut«, wie man damals dachte. Allerdings wurden viele Mädchen, zumindest in den gehobenen Schichten der Gesellschaft, auch zum Lernen angehalten. Das wichtigste Qualitätsmerkmal einer gut verlaufenen Pubertät bei den Mädchen war ihre Eignung, dem Mann, den sie sich natürlich nicht selbst aussuchte, zu dienen. Nichts wirklich Komplexes also. So etwas wie »Spaß haben«, »mit der Clique abhängen« oder irgendeine Art von Mitspracherecht war nicht vorgesehen.

Somit bestand das Ziel auch bei den weiblichen Pubertisten in erster Linie in einer möglichst optimalen Anpassung an die vorgegebenen festgefügten gesellschaftlichen Strukturen des Mittelalters. Das war für die Mädchen so überlebenswichtig wie für die Buben. Das alles durchgestanden zu haben, eine echte Leistung der Mädchen und Buben von damals, oder? Wahre Helden, könnte man sagen. *FL*

Der Deal

Ich hab mit dem lieben Gott eine Abmachung getroffen. Ich brauche Bedenkzeit. Eine Freistellung. Sonst geht das nicht gut aus mit uns zweien, hab ich gedacht. Auf das Leben zugehen ohne Angst und schlechtes Gewissen.

Ich war lange genug dabei gewesen. Hab den Betrieb von innen miterlebt. Ist bestimmt was dran an der ganzen Geschichte mit Gott und so. Aber ich brauche jetzt Luft zum Atmen. Möchte nicht ständig irgendwas beachten müssen. Raus aus dem ganzen Spiel mit all den Regeln, die ich nicht gemacht habe. Vielleicht werden wir ja auch alle bloß gründlich verarscht. Keine Ahnung. Ich möchte es selbst herausfinden.

Wie wurde ich denn wohl Ministrant mit zehn Jahren? Sicher nicht, weil ich die Bibel auswendig konnte. Wie wird man der Sohn seines Vaters? Es kam über Nacht. Irgendwie war plötzlich alles zu eng. Ich wollte nur noch raus. Wollte mir diesen Gott nicht länger erklären lassen. Entweder finde ich ihn selbst oder eben nicht, hab ich gedacht. Regeln, nichts als Regeln.

Zugegeben, manchmal vermisse ich das eine oder andere schon ein wenig. Ich meine das ganze Drumherum, den Showteil. Alles liebgewonnene Anregungen der Sinne. Oder doch nur Nebelbomben, um mir die Sicht zu verstellen? Es wird sich zeigen.

Manchmal, wenn ich ganz sicher bin, dass mich niemand aus der Clique oder irgendjemand, der mich kennt, sieht, gehe ich noch in die alte Kirche hinein. Aber natürlich nur, wenn gerade keine Messe ist.

Schon der Eintritt. Die große, schwere Holztür. Natürlich im Westen. Zunächst der Vorraum. Man riecht die Jahrhunderte aus den Steinen. Die Mütze herunter und dann durch die nächste Tür.

Genauso schwer. Für einen zwölfjährigen Jungen schon eine körperliche Anstrengung. Ich musste immer aufpassen, dass sie nicht hinter mir zufiel. Das gab jedes Mal einen Mordsdonnerschlag und jede Menge böse Blicke. Das war gar nicht so einfach.

Dann die Stille. Sie trifft mich immer noch unvermittelt. Der Vorraum mit Bedacht als Lärmschleuse konzipiert. Ein Rauschfilter gegen alle akustischen Störungen des Alltags. Stille! Ich versuche, im Flüsterton zu denken. Bloß keine Geräusche machen. Es ist Freitag. Freitags ist Beichte, immer um vierzehn Uhr. Woche für Woche bin ich hingegangen. Freiwillig, wie ich vermute. Denn in so einer Woche konnte ganz ordentlich was zusammenkommen. Die alten Sünden wollte ich auf gar keinen Fall in die nächste Woche schleppen. Womöglich hätte ich die eine oder andere dann vergessen können. Mit fatalen Folgen, wie ich glaubte. Denn eines war klar, ich wollte unbedingt in den Himmel kommen.

Die Hölle war nichts für mich. Da war ich von Anfang an sehr ehrgeizig. An mir sollte es nicht scheitern. Das hatte ich mir fest vorgenommen. Es schien ganz einfach, so wie in der Schule. Wenn ich nur brav alle Regeln beachte, kann nichts schiefgehen, hab ich gedacht.

Die Hand ins Becken. Ein flüchtiges Kreuzzeichen. Ich ging immer durch das südliche Seitenschiff zu meinem Platz in der Bank. Rechts an der Wand unter den Fenstern standen die Beichtstühle. Heilige Orte für mich damals. Eigentlich wie Örtchen. Stätten der Hygiene und Erleichterung.

Hier wurde ich alles los, was mich zu belasten schien. Sie standen an der Wand, dunkel und geheimnisvoll. Hierhin kam ich, um meine Seele vor Gott reinzuwaschen. Besser, reinwaschen zu lassen. Ich zeigte nur, wie schmutzig sie geworden war, in dieser einen Woche. Eine Seelenreinigung. Eine Wäscherei für befleckte Seelen. Das sah ich mit allem gebotenen Ernst ganz praktisch.

Die Fenster darüber sind schmal und hoch. Ich muss den Kopf

ganz in den Nacken legen, um hinaufzusehen. Sie zeigen Motive aus dem Neuen Testament. Sie lassen nur ganz wenig Licht durch ihr buntes Glas. Selbst dann, wenn draußen die Sonne scheint. Auch das Licht muss hier ganz still sein. Unser Pfarrer sagte immer, dass jetzt der Augenblick gekommen sei, um die Stille aufzunehmen und zur Ruhe zu kommen. Seine Ruhe zu finden. Zur Ruhe kommen hieße zu Gott zu kommen.

Ich hockte immer ganz rechts in der Bank, wenn irgend möglich hinter einer der mächtigen Säulen zwischen Mittel- und Seitenschiff. Aber genützt hat es nichts. ER wird mich schon gesehen haben, als ich reingekommen bin. Ich hab mich nie richtig getraut, zu IHM hochzusehen. Sobald ich in der Kirche war, fühlte ich mich beobachtet. Und da war es dann auch schon, mein schlechtes Gewissen. Hat bestimmt geholfen, dass mir immer alle Sünden eingefallen sind.

Ein riesiges Kruzifix, was da oben an der Decke hängt. Es beherrscht den ganzen Kirchenraum. Drei mächtige Ketten halten es im Rundbogen des Chorhauses zwischen Altar und Querschiff. Dort hängt es frei im Raum, über allen Köpfen. Ich hab mich immer gefürchtet vor diesem Jesus da oben. Die Figur ist überlebensgroß. Die Proportionen stimmen alle ganz genau und ihre Haltung am Kreuz wirkt authentisch und lebensecht. Nicht so stilisiert oder idealisiert, wie so oft. Aus ihren Wunden scheint echtes Blut zu fließen.

Als Jungen dachten wir immer, es müsse jeden Augenblick heruntertropfen. So echt kam es uns vor. So, wie er da hing, mit ausgestreckten Armen und leicht eingeknickten Knien und dem nach unten geneigten Kopf, machte er einen völlig lebensechten Eindruck auf mich. Diese lebensnahe Darstellung einer Hinrichtungsszene hat sich in mein kindliches Gehirn tief eingegraben. Immer, wenn ich an die Kreuzigung Jesu dachte, tauchte dieses Bild vor meinem inneren Auge auf. Und dann dieser sanfte, irgendwie gelassene Blick, den er mir zuwirft. Kein Schmerz, kein

Kampf. Was für ein Gegensatz zwischen der vordergründigen Darstellung einer grausamen Hinrichtung und diesem Blick. Wie konnte jemand dem standhalten? Wie konnte ich dem standhalten?

Dieser Blick. Ich hörte, wie er mich ansprach. Ganz ruhig und mild: »Lukas, sieh doch. Für DICH habe ich das alles auf mich genommen. Für DICH gehe ich durch all diese Qualen. Um DICH von all deinen Sünden zu befreien.« Mein Gott, wie konnte ich dem jemals gerecht werden. Das schien mir völlig unmöglich. Unter diesem Kreuz kam ich mir sofort winzig klein und armselig vor. Welche Macht muss jemand haben, der in einer solchen Situation eine solche Ruhe und Gelassenheit ausstrahlt?

Eigentlich empfand ich Angst. Angst, alles zu vermasseln. Keine Eintrittskarte für den Himmel zu bekommen. Und so versuchte ich immer, seinem Blick auszuweichen. Vielleicht bemerkte er mich heute ja nicht. Hinter der Säule fühlte ich mich einigermaßen sicher. Wie in der Schule. Schutz suchen hinter dem Vordermann. Vielleicht sieht mich der Lehrer ja heute nicht. Manchmal schien es zu funktionieren. Aber natürlich nicht immer.

Bei der Beichte ging nämlich alles schön der Reihe nach. Das heißt, man musste sich brav anstellen, beziehungsweise anknien, und rückte dann auf, bis man selbst drankam. Da konnte ich mich nicht lange hinter meiner Säule verstecken.

Ich sprach IHN immer mit »Lieber Gott« an und fürchtete doch seinen Zorn. Davon haben wir viel gehört: »Dies irae[1].« Der Tag des Zorns wird kommen. ER wird kommen, um sich zu rächen. Auch an mir. Davon war ich fest überzeugt. ER beobachtet mich. Wo immer ich bin, was immer ich tue. Es gibt keine Fluchten. Nichts entgeht IHM. Nichts bleibt ungesühnt:

Und ein Buch wird aufgeschlagen,
Treu ist darin eingetragen
Jede Schuld aus Erdentagen.[2]

Da gab es nur die eine Hoffnung. Davon hing alles ab: Vergebung. Die Beichte war also ein absolutes Muss für mich. Es schien mir ein gutes Geschäft zu sein. Ich bereute bußfertig meine Sünden oder was ich dafür hielt, und schon war das Konto wieder ausgeglichen. »Ego te absolvo³«, und Schluss! So glaubte ich mich sicher vor seinem heiligen Zorn.

»Ego te absolvo!« Das war's. Das war Musik in meinen Ohren. Nun noch schnell die auferlegten Bußgebete. Da hab ich natürlich niemals geschummelt. Sonst hätte das Ganze ja nicht funktioniert. Das war mein Deal.

Aber dann schnell wieder raus. Ich musste mich beherrschen, nicht zu laufen. Denn das durften wir in der Kirche auf gar keinen Fall. Alles hatte hier Zeit. Unendlich viel Zeit. Erst die erste schwere Tür. Bloß nicht zuknallen lassen. Dann die zweite Tür. Mit beiden Händen dagegengestemmt. Nun aber ganz schnell raus, ins helle Licht.

Endlich draußen. Wieder frei und ganz leicht. Ich hoffte dann immer, in der nächsten Woche gerade nur so viel Scheiße zu bauen, dass ich dafür nicht in die Hölle käme. Denn eines war sicher, am nächsten Freitag war wieder Beichte.

Und dann das. Es war wieder Freitag: »Ego te absolvo.« Nichts, das schlechte Gewissen war immer noch da!

Trübsal und Angst über alle Seelen der Menschen,
die da Böses tun, ... [Römer 2,9]

Was war das? Es hatte nicht mehr funktioniert. Der Deal war geplatzt. Ich wollte aber nicht in Angst leben. Wollte frei sein, Fehler machen dürfen. Wer sagt mir, was böse ist? Was ist mit meinen Gelüsten. Ja, ich habe Gelüste, verdammt noch mal. Ich bin neugierig. Ich platze vor Neugierde. Will alles erkunden, ausprobieren. Will Neues entdecken. Was ist erlaubt? Was ist verboten?

Dient dem Herrn mit Furcht und freut euch mit Zittern.
[Psalm 2,11]

Nein, nein, nein! Ich musste weg. Weg, nur weg!

Wo ist die Liebe? Ich wollte so sehr lieben und geliebt werden. Ich! Eine neue Liebe. Eine Liebe, die anders ist als die zu Mama und Papa oder zu Lena. Der Kuss von Mama ist anders als der Kuss von Laura, ganz anders. Warum? Das möchte ich unbedingt herausfinden. Es gibt so vieles, was ich erleben möchte, so vieles, was ich noch nicht weiß. Da zieht es mich hin.

Keine Regeln mehr. Diese Sehnsucht nach der Welt da draußen, von der fast nichts hier eindringt. Frei sein. Was ist falsch daran? Muss ich wirklich Gottes Zorn fürchten, wenn ich das alles in mir empfinde?

Denn der Herr wird durchs Feuer richten und durch sein Schwert alles Fleisch, und der Getöteten des Herrn wird viel sein. [Jesaja 66,16]

Kann ich auf Erbarmen hoffen?

Du aber, HERR, Gott, bist barmherzig und gnädig, geduldig und von großer Güte und Treue. [Psalm 86,15]

Wie groß darf meine Schuld am Ende sein? Ist mit der Beichte wirklich alles erledigt? Was, wenn das gar nicht funktioniert? Was, wenn alles bloß ein großer Betrug ist? Als Kind glaubst du ja alles. Das machte mich ganz nervös. Dieses Hin und Her nahm mir allen Mut. Ich war ganz durcheinander. Fühlte mich betrogen und hintergangen. Ich wurde das Gefühl nicht los, über den Tisch gezogen, gelinkt, verarscht worden zu sein.

Vielleicht hatte es ja auch mit unserer Auschwitz-Fahrt im letzten Jahr zu tun. Ich ging schon in die zehnte Klasse. Der Unterricht, die Theorie, ist eine Sache, die Realität eine andere. Es war ein Schock. Ich meine, ich war da. Da, wo sie die Hölle gesehen haben. Die Hölle auf Erden, Kinder und Jugendliche in meinem Alter. Ich sah meine ganze Clique da durchgehen und stellte mir vor, es wäre damals gewesen.

... und Angst der Hölle hatte mich getroffen. [Psalm 116,3]

Und dann dieser Raum mit den abgeschnittenen Haaren der vergasten Opfer. Ich erkannte noch die Spangen und Schleifen, die sie trugen, als ihre Mörder sie hierherbrachten. Kinderzöpfe. Und dann dieses Gedicht von Tadeusz Rozewicz vom kleinen Zopf:

In großen kisten
ballt sich trockenes haar
der vergasten
darunter ein kleiner grauer zopf
mäuseschwänzchen mit schleife
an dem in der schule
die frechen buben zupften

Ich dachte an meine Schwester Lena. Was haben sie getan? Was haben wir getan? Worin lag ihre Schuld? Was ist unsere Schuld? Was ist meine Schuld? Tag des Zorns. Ich glaube, ich habe in Auschwitz in die Hölle gesehen.

Das mit der Beichte funktioniert auf jeden Fall nicht mehr. Und ich machte einen neuen Deal mit Gott. Ich versprach, IHN zu suchen. Im Leben. Und ER sollte mich so lange mit seinem Zorn verschonen. Keine Ahnung, ob er sich darauf eingelassen hat. Aber das Risiko muss ich eingehen.

Seitdem bin ich nicht mehr hingegangen. Keine Beichte, keine wöchentlichen Seelenreinigungen mehr. Hatte allerdings auch nicht mehr das Gefühl, sonderlich schmutzig zu sein. Ich sah das jetzt nicht mehr so verkniffen. Manche Flecken werden wohl bleiben, andere vielleicht mit der Zeit von ganz alleine blasser werden und schließlich ganz verschwinden. Man wird sehen.

Die Lules

Ich bin immer gerne zu Oma & Opa Lule gefahren. Hab mich immer schon Tage vorher darauf gefreut.

Wenn wir Oma & Opa »Lule« sagen, dann meinen wir natürlich Papas Eltern, nicht Mamas. So haben wir sie schon genannt, bevor der andere Opa gestorben ist. Das war so vor zehn Jahren. Lena und ich waren da noch ganz klein. Kamen gerade in die Schule. Seitdem ist die Sache eindeutig. Auf der einen Seite die Oma und auf der anderen Seite eben Oma & Opa Lule.

Wenn also zum Beispiel Lena sagt: »Du, Oma hat angerufen«, dann ist klar, dass nicht die Oma von Oma & Opa Lule angerufen hat, sondern eben nur einfach Oma. Das ist ein großer Unterschied. Das liegt wohl daran, dass sich Oma & Opa Lule schon immer viel um uns gekümmert haben. Die zwei sind eine Institution. Die gehören zu meinem Leben wie der Tulpenbaum vor meinem Fenster. Die waren immer da. Die sind einfach lieb.

Das ist bei Oma ganz anders. Oma ist schwierig. Und schwierige Omas kommen bei Kindern nicht so gut an. Vielleicht kennt ihr sie noch von meinem ersten Geburtstag her[*]. Da hab ich sie noch Oma eins genannt, weil sie ja Mamas Mama ist und es auch noch den Opa eins gab. War ja damals alles noch ziemlich neu für mich. Auf jeden Fall kommen wir jetzt schon seit einer Ewigkeit mit den Bezeichnungen Oma und Oma & Opa aus.

Oma & Opa sind irgendwie immer einer Meinung. Hab die Beiden nie streiten gehört. Wir fahren sie oft besuchen und telefonieren mindestens einmal pro Woche miteinander. Oma & Opa

---

[*] Gunther Moll, Ralph Dawirs, Svenja Niescken: »Hallo, hier spricht mein Gehirn«. Eine Entdeckungsreise von der Zeugung bis zum Schulanfang. Weinheim: Beltz 2007

sind immer sehr interessiert und neugierig, was wir so treiben und wie's uns geht. Außerdem sind die zwei unsere, also Lenas und meine, beste Nebeneinnahmenquelle. Wir haben jede Menge gemeinsam unternommen. Kann man gar nicht alles aufzählen. »So viel habt ihr mit mir nie gemacht«, hat Papa schon mal gemault. »Das kann man gar nicht vergleichen«, hat Opa nur gelacht, »du bist ja schließlich auch nicht unser Enkelkind.«

»Da kommen ja unsere Lules!«, hat Opa immer schon gerufen, wenn wir auf ihr Haus zuliefen. Papa und Mama waren noch nicht ganz aus dem Auto gestiegen, da saßen wir schon auf Opas Beinen, und Oma war sofort unterwegs, um den Kuchen zu holen. Oma hat immer mindestens drei Torten und noch einen Kuchen gebacken, wenn wir zu Besuch kamen.

Es kam natürlich schon mal vor, dass wir einen geplanten Besuch absagen mussten, weil irgendjemand von uns krank geworden war oder aus sonst einem Grund. Dann seufzte Oma ins Telefon: »Kinder, wer isst mir jetzt bloß den ganzen Kuchen?« Papa murmelte dann irgendwas wie »Einfrieren«. Aber da hörte Oma gar nicht hin. Was Söhne schon wissen, wird sie gedacht haben. Wenn wir kamen, dann gab's selbstverständlich nur frischen Kuchen. Selbstgemachten, keinen gekauften. Gekaufter Kuchen war ein Schimpfwort. »Schmeckt wie gekauft« war gleichbedeutend mit »zum Kotzen«. Allerdings hab ich Oma auch schon mal zu Mama sagen hören: »Dafür lohnt es sich doch gar nicht, selbst zu backen.« Das hat sie früher nie gesagt. Hat wohl damit zu tun, dass sie in letzter Zeit nicht mehr so lange in der Küche stehen kann, wie sie sagt.

»Jetzt mach dir doch nicht die ganze Mühe für die paar Stücke, die wir essen«, hat Mama gemeint. Anfangs hat Oma sich noch entrüstet: »Lass mich nur machen, meine Lules kriegen nur das Beste.« Und in letzter Zeit also: »Schmeckt doch wie selbstgebacken, oder?« Dabei sah sie auf ihre Hände, die jetzt immer öfter ganz leicht zitterten. Dann tat mir Oma leid und ich nahm sie fest in den Arm und hab gesagt: »Wirklich lecker, Oma, aber dein Selbstgebackener ist unschlagbar.« Dann bekam Oma ganz feuchte Augen und der Opa sah mich mit leicht zur Seite geneigtem Kopf an. Opa ist der einzige Mensch, den ich kenne, der gleichzeitig mit dem Mund lachen und mit den Augen weinen kann. Irgendwie erinnert er mich immer an meinen Tulpenbaum. Ich kann's kaum erwarten, dass er wieder blüht.

Die Lules, das sind wir, also Lena und ich. Niemand weiß heute mehr so ganz genau, wer zuerst darauf gekommen ist. Ist ja auch egal. »Lu« steht für Lukas und »Le« für Lena, zusammen also Lule. Seitdem waren meine Schwester und ich für Oma & Opa die Lules und wir nannten Oma & Opa nur noch Oma Lules und Opa Lule oder eben Oma & Opa Lule. Sie waren immer zur Stelle, wenn wir mal Hilfe brauchten.

Ganz schlimm muss es gewesen sein, als Mama damals ins Krankenhaus musste. Mehr als sechs Wochen, in so 'ne Spezialklinik. Irgendwas war mit ihren Halswirbeln nicht in Ordnung. Lena und ich waren noch ganz klein und gingen in den Kindergarten. Ich glaub, ich war so fünf und Lena drei Jahre alt. Da war der Papa schwer im Stress. Ich kann mich nur ganz schwach erinnern. Aber Mama und Papa haben noch lange davon erzählt.

Mama war ganz weit weg und wir konnten sie nicht besuchen. Sollten wir wohl auch nicht. Das war schlimm. Aber ich glaube, Papa machte einen ganz guten Job mit uns. Trotzdem konnte er sich damals nicht sechs Wochen lang den ganzen Tag um uns kümmern. Hatte wohl selbst ziemlich viel um die Ohren. Damals hat er noch für eine Redaktion gearbeitet und war viel unterwegs. Da haben sich Oma & Opa sofort angeboten. Wir könnten doch zu ihnen kommen, also Lena und ich. Und der Papa würde uns alle dann immer am Wochenende besuchen. Das war für Oma & Opa überhaupt keine Frage.

Heute glaub ich, dass sich die beiden richtig darauf gefreut haben, dass Mama mal ausgefallen war und wir nun ganz allein ihnen gehörten. Es war alles irgendwie selbstverständlich. Und so haben wir es dann gemacht. Mama muss sehr beruhigt gewesen sein und konnte sich in der Schweiz, oder wo die Klinik auch immer war, ganz auf ihre Halswirbel konzentrieren, ohne sich ständig um uns alle Sorgen machen zu müssen. Lena und ich haben uns von Anfang an bei Oma & Opa pudelwohl gefühlt. Papa kam regelmäßig an den Wochenenden. Am Freitagabend haben wir dann immer alle auf ihn gewartet. Und es muss wohl jedes Mal viele Tränen gegeben haben, wenn er am Sonntagnachmittag wieder fortfahren musste. Das waren sechs lange Wochen.

Ich glaub, damals ist Lule entstanden. So was hält ein Leben lang. Mama und Papa erzählen noch oft, welche Hilfe das damals gewesen war. Auch Oma & Opa erinnern sich noch gut an diese Zeit. Wie dankbar sie sind, dass sie uns so lange haben durften. »Viel zu selten«, sagt Oma dann immer. Das mit der Hilfe erwähnen die zwei nie. Das wollen die gar nicht hören. Für Oma & Opa Lule war das nur selbstverständlich.

Wenn ich mich richtig erinnere, dann waren wir in dieser Zeit ein einziges Mal bei Oma Eins. Opa Eins lebte damals noch. An den kann ich mich kaum erinnern. Es war wohl an einem Samstag. Es gab Kaffee und Kuchen. Der war auf jeden Fall gekauft. Wir waren in dem Garten, in dem man als Kind vieles nicht durfte. Das weiß ich noch ganz genau. Alles war viel größer als bei Oma & Opa Lule, das Haus und der Garten. Aber es war ja nur ein Besuch. Wir mussten dann auch schon bald wieder fahren. Oma und Opa Eins hatten immer viel zu tun und eine ziemlich genaue Vorstellung davon, wie ihr Tag verlaufen sollte.

Oma Eins hat viel von Florian erzählt, ihrem »erstgeborenen Enkel«, wie sie ständig betonte. »Denkt nur, Florian ist jetzt schon im zweiten Jahr auf dem Gymnasium. Nur die besten Noten. Und wie der Junge Trompete spielt ...«

Ich hatte natürlich keine Ahnung, was das bedeutete, Gymnasium. Ich hätte wahrscheinlich was über meinen bescheuerten Kindergarten erzählen können. Der war nämlich zu meiner großen Freude damals gerade abgebrannt. Und darüber, dass die unfreundlichen Weiber, denen wir da ausgeliefert waren, damit drohten, ihn bald wieder zu eröffnen. Allerdings schien Oma Eins daran nicht sonderlich interessiert gewesen zu sein.

»... war Florian der Jahrgangsbeste in ...«, hörte ich sie von weitem.

Die Stimme von Oma Eins war überall im Garten zu hören, so groß er auch war.

»Lukas! Pass mit dem Ball auf. Die Geranien sind frisch gepflanzt.« Ich wusste überhaupt nicht, was Geranien waren. Ergab überhaupt keinen Sinn für mich.

»Wo hat er bloß den Ball her?«, hörte ich Oma Eins fragen. »Muss wohl wieder einer herübergeflogen sein. So was Ungezogenes wie die ist mir noch nicht untergekommen, Frank. Da sind doch in dem Haus gegenüber neue Leute eingezogen. Glaubst du vielleicht, dass die sich mal bei uns vorgestellt haben? Bis heute noch nicht. Ich weiß nicht, wie viele Kinder die haben. Mehr als vier bestimmt. Immer wie aus dem Ei gepellt. Wie die das machen, weiß ich nicht. Sie hab ich wohl mal von weitem gesehen. Glaubst du, die hat mich gegrüßt? Ihn hab ich bis jetzt überhaupt noch nicht zu Gesicht bekommen. Wer weiß, vielleicht will die da alleine mit ihren Blagen leben. Rotzfrech sind die, sage ich dir. Bei schönem Wetter ging hier die Klingel ununterbrochen. Ihnen sei ihr Ball in unseren Garten geflogen. Ob sie ihn wiederholen dürften. Einmal hab ich den Ball geholt und ihn den Rotzlöffeln wiedergegeben. Aber glaubst du, dass dann Ruhe war? Nichts. Wieder lag da ein Ball in unserem Garten. Ich hab dann erst gar nicht mehr aufgemacht und den Ball einbehalten. Wer nicht hören will, muss eben fühlen. Ich glaub, ich hab jetzt schon drei oder vier von den Bällen im Keller liegen. Den da muss ich wohl übersehen haben. Unmöglich, diese Leute. Man stellt sich doch wenigstens vor, wenn man irgendwo hinzieht, oder? Ja, wer sind wir denn!«

Ich glaube, wir waren alle froh, als es dann auch schon wieder zurück zu Oma & Opa Lule ging. Besuche können ziemlich anstrengend sein. Beim Wegfahren sah ich durch das Rückfenster. Opa Eins hatte sich gerade umgedreht und ging ins Haus zurück. Er hatte sich schon umgezogen. Sah ganz nach Golfhose aus. Und er sah auf die Uhr.

Opa Lule winkt immer und sieht uns noch nach, bis wir ganz um die Straßenecke verschwunden sind. Ganz feuchte Augen hat er jedes Mal, wenn wir wieder wegfahren. Er will uns noch sehen, solange es ihm möglich ist.

Die Eltern von Mama und Papa wohnen eigentlich gar nicht weit voneinander entfernt. Nicht ganz eine Stunde mit dem Auto. »Ein Katzensprung«, wie Oma Eins immer sagt. Besucht hat sie uns in der Zeit nicht.

Noch bevor das Haus von Oma und Opa Eins verschwunden war, hab ich mich wieder umgedreht und nach vorne gesehen. Bald sind wir wieder zu Hause bei Oma & Opa Lule, hab ich gedacht. Dann würden wir es uns so richtig gemütlich machen, wir fünf. Papa musste ja erst am nächsten Tag wieder weg. Es fehlte nur noch die Mama, dann wären wir komplett gewesen. Wir haben sie bestimmt gleich angerufen, als wir wieder bei Oma & Opa waren. So oder so ähnlich werde ich das wohl empfunden haben damals. Ich wüsste aus heutiger Sicht nicht, wie es anders hätte sein können.

Ja, mit Oma Eins ist alles irgendwie schwierig. Ich glaub, Mama war lange ziemlich traurig deswegen. Sie hat nie vor uns darüber gesprochen. Aber wir haben es natürlich ganz deutlich gespürt. Irgendwie fehlte die Wärme. Ich könnte mich nie so an Oma Eins kuscheln wie an Oma Lule oder Opa Lule. Kann mich auch gar nicht dran erinnern.

Oma Eins hat ja vor allem ihre anderen Enkel, von denen sie viel spricht. Die sind auch schon älter als Lena und ich. Die sind von Mamas älterer Schwester, Tante Juliane. Das ist ja eigentlich völlig egal. Weiß gar nicht, wieso ich das alles erzähle. Die sehen wir doch eh nicht so oft. Ich weiß nur, dass Mama deswegen manchmal extrem genervt ist. Egal, ich wollte ja eigentlich von Oma & Opa Lule erzählen.

Die wohnen ja nicht gerade in unserer Nähe. Da kann man nicht mal eben so hin. Genauer gesagt, sind's so an die fünfhundert Kilometer. Aber diesmal geht's bei mir einfach nicht. Ich würde ja gerne mitfahren, aber genau an diesem Wochenende hab ich Karten. Und ich will unbedingt mit Berni zu diesem Spiel. Ich werd Oma & Opa anrufen. Die verstehen das bestimmt. Und dann ist doch danach noch die Party bei Stefan. Also wirklich, diesmal geht's nicht. Da kann ich beim besten Willen nicht mit. Ich muss das Papa schonend beibringen. Ich mach's am besten sofort. Vielleicht sitzt er ja unten in seinem Arbeitszimmer.

Mit Frank Luhmer durchs Jahr – Teil 3

3. März

KLAGEN UND WEHGESCHREI

Was treiben die Helden von einst in den ersten Jahren des einundzwanzigsten Jahrhunderts? Welche Aufgaben warten auf den Pubertisten von heute?

Zunächst gilt es, alle Eltern, Großeltern, Lehrer und sonstige Menschen, die ihre Pubertät allesamt weit hinter sich gelassen und in der Regel alles, was damit für sie selbst verbunden war, erfolgreich vergessen und verdrängt haben, zu beruhigen.

Nein, die Pubertät ist nicht eigens zu dem Zweck vorgesehen, die Älteren und Erwachsenen zu ärgern. Die Pubertät ist keine biologisch implementierte Respektlosigkeit der Nachkommen gegenüber ihren Erzeugern. Auch wenn das viele so empfinden mögen. Es geht bei der Pubertät nämlich gar nicht um die Alten. Worum es geht, ist die Zukunft der Jungen.

Die Eltern sind überhaupt nicht die Zielgruppe der Pubertisten. Im Gegenteil. Und doch scheint die Welt der Eltern dieser Monster zwischen elf und achtzehn Jahren ein einziges Jammertal zu sein. Überall Klagen und Wehgeschrei, Kampfgetöse und der Lärm einstürzender Weltbilder.

Die Pubertisten fallen in die Familien ein wie einst die Türken in Wien. Die Eltern verschlingen Elternratgeber aus Papier auf der Suche nach Weisheit. Sie beginnen zu verstehen, dass sie gerade einer Naturkatastrophe ausgesetzt sind, und versuchen, zu retten, was zu retten ist. Bis sie begreifen, dass jeder Widerstand zwecklos ist, dass es nichts zu retten gibt, ist der Sturm auch schon über sie hinweggefegt und hat eine Spur der Verwüstung und Verwirrung hinterlassen. In der Regel hat man nichts begriffen und macht sich ans Aufräumen. Vieles aus alten Tagen ist zerbrochen oder für immer verloren. Einiges hat sich bewahrt. Aber alles ist anders.

Gut, die Sonne scheint wieder, doch das Kind von einst ist fort. Für immer verschwunden. Wehmut und Trauer haben sich eingenistet. Die junge Frau, der junge Mann, irgendwie fremd. Es bleiben die Erinnerungen. Ein Bild des Jammers. Und im Hintergrund sieht man den Pubertisten davonbrausen, aufrecht der Sonne entgegen.

Solche Kollisionen finden ständig statt und wären doch ganz einfach zu vermeiden. Wir bräuchten nur ein klein wenig zur Seite zu treten, damit der Pubertist besser an uns vorbeikommt. Eigentlich will er uns ja gar nicht anrempeln. Nur stehen wir halt ständig im Weg rum.

Vordergründig geht es bei der Pubertät natürlich um Sexualität. Heerscharen von Müttern und Vätern geraten in Panik. Was da nicht alles passieren kann. Natürlich kommt alles ganz unverhofft und plötzlich. Und dann diese Gespräche mit all den lästigen Einzelheiten. Nicht schon wieder, denkt so manche Mama und dabei an ihre eigene Mutter. Oder so mancher Papa, und denkt an seinen Vater.

Der Papa denkt an Flucht, die Mama überlegt sich Vorträge über Hygiene von Mädchen in diesen Tagen, nachdem sie die ersten blutverschmierten Slips unter der Matratze gefunden hat.

»Halt, stopp! Liebe Eltern, jetzt beruhigt euch erst einmal«, möchte man ihnen zurufen. »Wenn ihr euch nur ein bisschen konzentriert, kommt ihr bestimmt von ganz alleine drauf: Das mit der Geschlechtsreife war doch zu erwarten, oder?«

Spätestens jetzt sollte eigentlich etwas Ruhe in die heimische Szene zurückgekehrt sein. Schließlich ist nichts natürlicher als der Eintritt der Geschlechtsreife. Bei anderen Säugetieren, und nicht nur bei denen, wird ja schließlich auch nicht so ein Bohei darum gemacht.

Vielleicht hat der eine oder andere von Ihnen ja noch die immer etwas schlendernde Stimme des unvergessenen und oft parodierten Tierfreundes und TV-Professors Bernhard Grzimek im Ohr, wie er in einer seiner Sendungen angemerkt haben könnte: »… und bei Eintritt in die Geschlechtsreife wird der putzige kleine Nager sogleich paarungsbereit.« Das ist von erfrischender Klarheit und verweist zu Recht auf die biologische Notwendigkeit der Fortpflanzung. Dazu bedarf es selbstverständlich einer funktionierenden Sexualität mit allem Drum und Dran.

Auch wenn es jede Art etwas anders angehen lässt, es läuft doch immer auf das Gleiche hinaus. Am Ende aller noch so bizarren Bemühungen steht der Nachwuchs, die nächste Generation, vor der Tür. Und auch wenn's beim Sohn oder der Tochter dafür im Rahmen unserer kulturell geprägten Erwartungshaltung noch viel zu früh zu sein scheint, ist es doch jetzt schon biologisch möglich und vorgesehen.

Dabei fällt die Sexualität natürlich nicht so einfach vom Himmel. Während die Geschlechtsreife im Normalfall kommt wie das Amen in der Kirche, ist das mit dem Sexualverhalten schon nicht so einfach. Da spielen zahlreiche Faktoren eine Rolle. Und vor allem muss sich so ein komplexes Verhalten erst einmal entwickeln. Dabei sollte natürlich behutsam geübt werden. Das ist wie beim Laufenlernen. Da fällt man auch schon mal auf die Nase. Wichtig ist, dass man wieder hochkommt.

Die richtigen Tipps zur rechten Zeit sollten natürlich nicht fehlen. Was für ein Stress! Und was für ein Markt für nützliche und weniger nützliche Ratgeber. Dort können sich Mamas und Papas, wenn sie es denn nötig haben, vielfältigst bedienen. Meist dient das der Auffrischung eigener Wissenslücken, die sie sich dann von ihren hauseigenen Pubertisten abfragen lassen können.

Alles überhaupt kein Grund zur Panik. Im Gegenteil. Sein Sie ruhig stolz auf Ihre Tochter oder Ihren Sohn, dass sie es bis hierhin geschafft haben. Das ist keine Selbstverständlichkeit.

Was spricht eigentlich dagegen, den Eintritt in die Geschlechtsreife angemessen zu feiern? Also nur zu, heraus mit der ersten Regelblutung und dem ersten Samenerguss aus dem Schummerlicht der schamhaften Betroffenheit. Warum nehmen Sie Ihr Kind nicht einfach in den Arm und sagen: »Toll, endlich ist es so weit. Herzlichen Glückwunsch! Willkommen in der Welt der Sexualität!« Auch wenn Sie sich als Eltern selbst erst wieder erinnern müssen, vielleicht bei einem Wochenende im Wellness-Hotel zu zweit, ganz ohne Ihre Praktikanten, vermitteln Sie Sexualität als das, was es auch ist, als Ausdruck von intensiver und vitaler Lebensfreude.

So wichtig der Eintritt der Geschlechtsreife und der Beginn der Entwicklung eines Sexualverhaltens für uns Menschen auch sein mögen, die Pubertät ist mehr als das. Mit der Geburt wird der Familie ein Kind geschenkt, mit der Pubertät wird der Gesellschaft ein Erwachsener geschenkt.

Nun wird in der menschlichen Entwicklung das Kind nicht quasi über Nacht auf erwachsen umgestellt. Es findet keine Metamorphose statt. Hier verpuppt sich keine Raupe, um nach einer bestimmten Zeit einer mysteriösen Verwandlung um als geschlechtsreifer Schmetterling zu schlüpfen.

Es ist ein langer Prozess, der den Eintritt der Geschlechtsreife umfasst und im Wesentlichen eine emotionale Umorientierung vollzieht. Dabei finden umfangreiche Veränderungen im Gehirn statt. Wesentliche Teile dieses Prozesses werden vom Gehirn selbst gesteuert. Die Pubertät ist die Zeit der emotionalen Lösung von den Eltern und zugleich die Zeit des Aufbruchs und der Suche nach neuen Bindungen außerhalb der Familie. Dies ist ein ungemein komplexes Geschehen, an das sich gleichermaßen Chancen und Risiken anbinden.

Will man die Pubertät verstehen, muss man ihren Zweck ergründen. Anders gefragt, was ist die biologische Funktion von Pubertät in der individuellen Entwicklung der Menschen? Was ist der Nutzen der Pubertät? Ist Pubertät nur eine »Unzulänglichkeit«, eine lästige Begleiterscheinung der Ausbildung der Geschlechtsreife? Was geht während der Pubertät in den Jugendlichen vor? Was sind die Veranlassungen und Bedingungen für die gravierenden Veränderungen? Wie nehmen die Erwachsenen, im Besonderen die Eltern, ihre Kinder in der Veränderung wahr? Sind wir irgendwie vorbereitet? Empfinden wir die Pubertät unserer Kinder als Krise oder als eine hoffnungsfrohe Zeit des Aufbruchs ins Erwachsenendasein? Eine Zeit des Abschieds und des Schmerzes oder eine Zeit der Ankunft und der Freude? Wenn die Pubertät schon nicht zu vermeiden ist, was soll denn dann dabei herauskommen? Welche Rolle kommt den Erwachsenen und Eltern bei der Pubertät ihrer Kinder zu? Sind sie bloße Statisten des Geschehens, Auslaufmodelle an der Schwelle einer neuen Zeit, oder sind sie weiterhin Gestalter und Partner für die Pubertisten? Gibt es eine Verantwortung der Alten? Wenn ja, wo beginnt sie und wo endet sie?

Der Status eines Menschen im Aggregatzustand der Pubertät in der modernen Gesellschaft ist in der Regel der eines Schülers. Der moderne Pubertist besucht zwangsweise eine Lehranstalt. Hier beschäftigt er sich vornehmlich mit der Aneignung von kulturellem Wissen. Ist das die natürliche Rolle des Pubertisten? Welche Bedeutung hat der kulturell bedingte Ausschluss des Pubertisten von den echten Gestaltungsprozessen in der Gesellschaft?

Biologisch gesehen, markiert der Eintritt der Geschlechtsreife also den Übergang von der Kindheit ins Erwachsenendasein. Unabhängig von kulturellen Bedingungen besteht nun die Möglichkeit zur Fortpflanzung und der Begründung einer nächsten Generation. Wie wir wissen, vollzieht sich das nicht über Nacht und fällt schon gar nicht vom Himmel. Dahinter steht ein relativ langer und bisweilen schmerzhafter Entwicklungsprozess, der eine emotionale Umorientierung des Kindes umfasst.

Um im biologischen Sinne erfolgreich zu sein, muss es jedem Menschen gelingen, jetzt ein Sexualverhalten zu entwickeln, das geeignet ist, die eingetretene Geschlechtsreife zum Zweck der Arterhaltung umzusetzen. Das ist gar nicht so einfach und passiert nicht auf Knopfdruck, sondern in einem mehr oder weniger langen Anpassungsprozess. Die Phase dieses Lernprozesses wird als Pubertät oder auch Jugendzeit bezeichnet. Biologisch gesehen, sind Jugendliche reproduktionsfähige und -willige Jungerwachsene, die nach Macht und Anerkennung streben. Damit treten sie aus der Deckung und dem Schutz ihrer Kindheit heraus, mitten hinein in die Arena der Erwachsenen.

Dieser Prozess der Umorientierung ist natürlicherweise an eine graduelle Lösung von den Eltern und den Versuch einer neuen Bindung an mögliche Sexualpartner gekoppelt. Im biologischen Sinne dient diese Umorientierung der Arterhaltung. Die Pubertät ist also der von Generation zu Generation immer wieder erforderliche Versuch eines Aufbruchs in die eigene Verantwortung. Die Zeit der Pubertät markiert die Schnittstelle des Generationenwechsels. Die jeweils nächste Generation löst die bestehende ab und tritt in ihre Fußstapfen.

Für die Erhaltung der Art und eine erfolgreiche Anpassung an sich ändernde Umweltbedingungen ist die babysittende Großmutter zunächst nicht vorgesehen. Ein Nebeneinander der Generationen ist keine eigentliche biologische Notwendigkeit. Die Schnittstelle des Generationenwechsels ist ursprünglich die Phase der Initiation der Individuen. Die Alten treten ab und die Jungen übernehmen das Ruder.

Diese Schnittstelle kann man nun aus verschiedenen Perspektiven betrachten. (1) Eine Perspektive ist sicherlich die des Pubertisten selbst. Wie empfindet er, was muss er leisten? (2) Eine andere Perspektive ist die der Alten. Wie sehen sie die Neu-Erwachsenen? Wie reagieren die Erwachsenen auf die neue Generation? (3) Schließlich gibt es die funktionale Perspektive. Hier steht die biologische Relevanz dieses Übergangs von Kind zum Erwachsenen im Vordergrund der Betrachtung. Fragen an die Biologie der Pubertät betreffen dabei Aspekte der Entwicklung selbst. *FL*

Das Halbfinale

Scheiße! Wäre ich doch beinahe glatt die Treppe runtergeflogen. Ist ja schon gut, bin mal wieder sockfuß unterwegs. Hoffentlich hat's keiner gehört. Dann wäre wieder ein Anschiss fällig.

»Hast du mal wieder keine Hausschuhe an, Lukas?«

Scheiße! Mama kriegt auch wirklich alles mit.

»Wie oft predige ich nun schon, dass du nicht ohne Hausschuhe die Treppen runterlaufen sollst. Irgendwann wirst du dir noch die Knochen brechen.«

»Nichts passiert, Mama. Hab's vergessen. Soll nicht wieder vorkommen. Ist Papa da?«

»Eben war er noch im Arbeitszimmer.«

Na, dann wollen wir mal.

»Hallo, keiner zu Hause?«

Hier ist er nicht.

»Mama, weißt du nicht, wo Papa ist? Im Arbeitszimmer ist er jedenfalls nicht.«

»Dann wird er wohl mal kurz weggefahren sein, Lukas. Kommt bestimmt bald zurück. Und schrei nicht immer so durchs ganze Haus. Komm zu mir in die Küche, wenn du was zu sagen hast.«

Das war jetzt kein lautes Rufen oder wie? Ich leg ihm einfach einen Zettel hin. Nanu, was haben wir denn hier? Der ganze Schreibtisch übersät mit Papieren. Ist wohl das Manuskript für sein neues Buch. Mal sehen. Obwohl, das liebt er ja gar nicht, der Papa. Nur einen klitzekleinen Blick, vielleicht? »Wir sind Helden.« So, so. Wen meint er denn damit?

»Lukas!«

»Ja, ich bin hier im Arbeitszimmer.«

»Papa hat angerufen. Muss jeden Moment wieder zurückkommen.«

»Gut, ich warte.«

»Wir sind Helden«, ist das eine neue Kolumne oder ein neues Buch? Sorry, Papa, aber ich muss einfach mal ganz kurz reinschauen. »Wir sind Helden« von Frank Luhmer. Vielleicht sollte ich auch Schriftsteller werden: ... von Lukas Luhmer! Das würde doch noch viel besser klingen, oder? Papa schreibt grundsätzlich alles mit der Hand, genauer gesagt mit Bleistift auf Papier. Kommt direkt hinter Meißeln auf Granit. Am PC könne er nicht denken, sagt er. Tun die meisten ja auch nicht. Kaum zu entziffern, diese Klaue.

Oh, Scheiße! Ich glaub, Papa ist im Anmarsch. Ich werd mich lieber schnell verdrücken. Er muss mich ja nicht gerade hier bei seinen Papieren sehen.

»Hallo, bin wieder da!«

Das machen wir alle so, wenn wir ins Haus kommen. Saublöde Angewohnheit. Saublöde Angewohnheiten nennt man auch Tradition. Jeder, der ins Haus kommt, ruft dasselbe. Hat den Nachteil, dass sich alle die, die schon im Haus sind, melden müssen.

»Hi, Papa!«

»Na, Lukas. Alles in Ordnung?«

»Klar, was soll sein?«

»Nichts natürlich. Ich dachte nur. Du kommst aus meinem Arbeitszimmer und guckst so versonnen. Hast du was auf dem Herzen?«

»Nö, überhaupt nicht.«

»Ich hätte jetzt Zeit. Wir können reden, wenn du willst.«

»Es ist nichts. Ich war auf dem Weg nach oben. Muss noch Hausaufgaben machen.«

»Wie du meinst, Lukas.«

Und er verschwand in sein Arbeitszimmer, während ich schon die Treppe hochsauste. Sockfuß, Scheiße. Hoffentlich merkt er nicht, dass ich auf seinem Schreibtisch herumgeschnüffelt habe.

Was mach ich bloß? Vielleicht sollte ich meine Karte doch verkaufen? Das wäre überhaupt kein Problem. Könnte ich bestimmt mit Gewinn loswerden. Die Leute würden sich drum reißen. Klar. Aber ich hab's doch Berni fest versprochen. Total peinlich. Nein, nein, unmöglich, das geht nicht. Das ist doch alles fest verplant. Berni wäre total stinkig. Könnte ich verstehen. Scheiße, scheiße! Ich ruf erst mal Opa an, glaub ich. Ich muss zu diesem Spiel, das steht fest. Oder doch erst zu Papa?

»Hmm ... ja?«

»Hi, Papa. Ich bin's noch mal.«

»Na, komm rein. Nun sag schon, was ist los?«

»Es ist – äh – ich meine, es geht ums Wochenende.«

»Was für'n Wochenende?«

»Nicht dieses, das nächste.«

»Am nächsten Wochenende fahren wir zu Opas Geburtstag, das weißt du doch.«

»Eben. Das ist ja das Problem.«

»Wie, du hast ein Problem damit, zu wissen, dass wir dann alle zu Opa ...«

»Papa, sehr witzig. Das Problem ist, dass an dem Samstag Pokalhalbfinale ist und ich Karten habe und mit Berni zu dem Spiel gehen will.«

»Ach, sieh an, das Halbfinale. Ich verstehe. Aber du weißt doch, dass Opa immer am selben Tag im Jahr Geburtstag hat, oder?«

»Papa, bitte. Was mach ich denn jetzt? Da hab ich doch nicht dran gedacht. Und jetzt haben wir die Karten, Berni und ich. Natürlich würde ich auch gerne mit zu Opa. Papa, was soll ich denn jetzt bloß tun? Nun sag doch mal. Und dann ist da auch noch die Party nach dem Spiel. Bei Stefan. Ich hatte schon überlegt, dass ich vielleicht nach dem Spiel mit dem Zug nachkomme. Ich bin ja schon mal mit dem Zug zu Oma & Opa gefahren.«

»Wann geht denn das Spiel los?«

»Um vier Uhr ist Anpfiff.«

»Lukas, überleg mal, wann du dann frühestens bei Oma & Opa wärst.«

»Ich weiß ja. Und am Sonntag wollten wir ja schon alle wieder zurückfahren. Ist mir schon klar, dass das nicht geht. Was mach ich denn jetzt?«

»Das ist deine Entscheidung, Lukas. Beides geht nicht. Du musst dich entscheiden: Opa oder das Spiel. So einfach ist das.«

»Papa, das ist nicht einfach. Das ist total schwer. Ich war doch bis jetzt immer auf Opas Geburtstag.«

»Pokalhalbfinale, sagst du?«

»Ja doch. Leverkusen! Hier bei uns. Das ist der Knaller. Da muss ich hin, Papa.«

»Dann ist die Sache doch klar.«

»Und Opa?«

»Tja, Lukas, da musst du durch. Beides geht definitiv nicht. Stell dir vor, du sitzt bei Opa und ärgerst dich ständig über das verpasste Spiel. Sei ehrlich zu dir selbst. Da gibt's nur eins.«

»Und das wäre?«

»Du musst Opa anrufen.«

»Das hatte ich auch vor. Wollte zuerst mit dir reden. Ich hab nur Angst, dass Opa dann traurig ist.«

»Lukas, du kennst doch den Opa. Ruf ihn an.«

»Okay. Danke, Papa!«

»Schon gut. Aber wir müssen das noch mit Mama gemeinsam besprechen.«

»Ich weiß, ich weiß. Die Fenster zumachen, die Haustür ordentlich abschließen. Ich mach das schon. Ich würde dann bei Stefan übernachten. Ginge das?«

»Jetzt sprich erst mal mit Opa. Den Rest klären wir dann mit Mama zusammen, okay?«

»Ich bin schon weg.«

Unterm Tulpenbaum

Opa ist der Größte. Er hat nur gelacht: »Natürlich werde ich dich vermissen. Was denkst du denn, mein Junge. Ich hab dich doch lieb, Lukas. Aber du gehst natürlich zu dem Spiel, ist doch klar. Wir können alles nachholen. Am liebsten käme ich ja mit ins Stadion. Mensch, Lukas, Leverkusen im Halbfinale, was gibt's denn da zu überlegen. Und dann noch mit deinem Kumpel. Ich bitte dich, mach dir bloß keine Gedanken. Du weißt doch, dass wir immer zusammen sind.«

Vor meinem Fenster ist alles weiß und rosa. Ein Meer aus Blüten vor strahlend blauem Himmel. Papa bildet sich ein, dass der Himmel über Bayern anders ist als anderswo. Vielleicht hat er recht, obwohl er manchmal mächtig übertreibt. Aber jetzt möchte ich es beinahe glauben. Ich höre noch Opas Stimme, sehe sein Lächeln, sein immer etwas zur Seite geneigtes Gesicht vor mir. Und alles verschmilzt mit diesem Meer aus Weiß und Rosa vor stahlblauem Himmel.

Unter der Last der vielen Blüten sind die Äste ganz nah an mein Fenster gekommen, so dass sie es fast berühren. Die Blüten sind riesig, größer als meine Hand. Dabei sieht keine so aus wie die andere. Jede scheint zu tun, was ihr gefällt. Ein wildes Durcheinander. Manche sind schon ganz aufgegangen, andere noch fast vollständig geschlossen und sehen aus wie Flamingoschnäbel oder ganze Flamingoköpfe. In einer Woche, vielleicht zwei, wird alles schon wieder vorbei sein. Fünfzig Wochen Vorbereitung für dieses kurze Schauspiel. Was für ein Aufwand. Schon Wochen vorher, in der Zeit vor Ostern, gehen bei uns die Spekulationen los: »Wird er in diesem Jahr vor Ostern blühen?«, »Hoffentlich gibt's keinen Frost mehr.«

Im letzten Jahr hatten wir noch spät Frost. Eine einzige Nacht hat gereicht, und alle Blüten waren dahin. Sie wurden braun und hässlich an einem Tag. Es war alles vergebens. Doch der Baum hat nicht aufgegeben, hat einfach weitergemacht, nur nach vorn gesehen. Und jetzt, ein Jahr nach dieser Niederlage, dieser Triumph. Wie ein wahrer Held steht er da und lässt sich in der Sonne feiern. So hat er all die vielen Jahre seines Lebens durchgehalten. Hat einfach immer weitergemacht, sich nicht kleinkriegen lassen. Im Gegenteil, er ist mächtig und stolz geworden. Er reicht jetzt fast bis zum Giebel unseres Hauses. Er ist alt und schön. Auf ihn ist Verlass, solange er lebt. Und gibt es auch mal einen Rückschlag, wie im letzten Jahr, denkt er sich wohl: »Was soll's, wartet nur ab. Ihr werdet schon sehen. Bis zum nächsten Jahr.« Mein absoluter Lieblingsbaum. Ich würde ihn sehr vermissen.

Ich hab Opa versprochen, ihm das Halbzeitergebnis direkt aus dem Stadion durchzugeben. Natürlich muss er wissen, wie's dann steht. Papa hatte nichts anderes erwartet: »Ich hab dir ja gesagt, du kennst doch Opa.« Ja, der Opa. Ich kann mir gar nicht vorstellen, dass es Oma & Opa einmal nicht mehr geben wird. Als der andere Opa, also Opa Eins, starb, war ich noch viel zu klein. Aber jetzt: Oma & Opa Lule gehören einfach dazu, so wie mein Tulpenbaum. Uups! Was sehe ich da? Die ersten Blütenblätter fallen schon ab. Ein kleiner Windzug hat genügt. Da fällt mir ein, ich hab noch gar kein Geschenk für Opa. Muss ich unbedingt morgen besorgen. Das kann ja Lena dann für mich mitnehmen.

Scheiße, hab ich mich jetzt erschrocken. Wer hat denn das blöde Telefon so laut gestellt? Verdammt, wäre doch fast mit dem Stuhl umgekippt. Ah, Berni. »Hi, Berni! Nein, geht klar. Am nächsten Samstag um zwei bei dir. Genau. Man sieht sich.«

Ich muss unbedingt heute noch Laura fragen, ob sie zu Stefans Party darf. Wird bestimmt lustig. Läuft doch! Ich glaub, ich leg mich jetzt mal ein bisschen unter meinen Baum und warte, ob mich ein Blütenblatt trifft.

7. April

STRUKTUR DES PUBERTÄREN AUFBRUCHS

Auch wenn die Pubertät von jedem einzelnen Jugendlichen anders und auf ganz individuelle Art erlebt wird, kann man doch von einer typischen Struktur des pubertären Aufbruchs sprechen.

Diese Struktur beschreibt einen Vorgang, der in seinem Kern dramatisch ist. Durchaus vergleichbar mit der Geburt, wird der Mensch in seiner Entwicklung erneut hinausgeworfen, ohne dass er gefragt wird. Unverhofft heißt es, alles stehen und liegen zu lassen, die Zeit der Kindheit ist beendet. Unwiederbringlich vorbei. Wo die Reise hingehen wird, bleibt unklar.

Zum Zeitpunkt der Geburt verfügt der Säugling noch über keine funktionierenden Systeme für Gefühle und Gedächtnis. Der Säugling befindet sich in einem Zustand emotionaler Vollnarkose. Er hat nichts zu befürchten, weil er noch über keine funktionierenden Angstsysteme verfügt. Der Säugling ist allerdings ebenso wenig in der Lage, so etwas wie Freude zu empfinden. Noch ist sein Gehirn nicht imstande, solche emotionalen Qualitäten zu strukturieren. Damit könnte er auch noch gar nichts anfangen.

Nach der Geburt gelten andere Spielregeln. Seine ganze emotionale Kompetenz, sein riesiges Repertoire an motorischen und kognitiven Problemlösungsstrategien hat sich der Pubertist in den zurückliegenden elf bis zwölf Jahren seit der Geburt hart erarbeiten müssen. Wie viele Hürden galt es nicht zu überwinden, wie viele Gefahren zu bestehen?

Geschlagene sechs Jahre hat er benötigt, um seine Feinmotorik durch fleißiges Üben so zu entwickeln, dass er sich rechtzeitig zur Einschulung endlich die Schuhe ohne fremde Hilfe zubinden konnte. Es hat Jahre gedauert, bis er in der Lage war, eigene Gefühle zu empfinden und auszudrücken sowie die Gefühle und Stimmungen der anderen wahrzunehmen und richtig zu deuten. Noch länger hat's gebraucht, um mit den eigenen Gefühlen umgehen zu lernen, sie einigermaßen in den Griff zu bekommen.

Das sind ganz wesentliche Voraussetzungen für eine gute soziale Kompetenz. Alles hart erarbeitete Grundlagen für seine Fitness im bevorstehenden Überlebenskampf der sozialen Gemeinschaft. In diesem großen Spiel gibt es echte Verlierer und Pechvögel, aber eben auch die Gewinner, die mit den besseren oder optimalen Startbedingungen.

All diese Fähigkeiten konnten dann in den ersten vier bis fünf Schuljahren noch verfeinert werden. Klar zeichnet sich jetzt die Persönlichkeit des Kindes ab. Was für eine Wegstrecke! Zwölf Jahre mühevoller Auf- und Umbauarbeiten in den komplexen Netzwerken des Gehirns. Und dann das! Urplötzlich bricht ein wahres Gewitter los. Blitzeinschläge im Stirnhirn. Sorgsam geknüpfte Netze brechen wieder auseinander. Was für eine Unruhe, was für ein Getöse im Oberstübchen des Kindes. Jetzt ist er Pubertist. War denn alles vergebens? Wo ist das Lockenköpfchen geblieben?

Das Besondere dieses Einschnittes ist, dass dieser Rauswurf aus dem Kinderzimmer des Lebens ohne Vorwarnung und bei vollem Bewusstsein geschieht. Keine wohltuende frühkindliche Amnesie umhüllt und schützt die

Wahrnehmung. Keine emotionale Vollnarkose blendet die Gefühlswelt aus. Alles wird vom Pubertisten hellwach erlebt.

Man stelle sich eine Schmetterlingsraupe vor, die die umwälzenden Vorgänge ihrer eigenen Metamorphose bei vollem Bewusstsein erlebt. Herausgerissen aus dem gemütlichen Raupendasein auf dem Kopfsalat, eingesperrt in die Puppe. Dann radikaler Umbau und Wiedergeburt als völlig anderes Wesen. Nun mit Flügeln, schön zwar, aber zum Fliegen verdammt und sogleich umflattert von einem Schwarm zudringlicher Männchen. Wenn das nicht dramatisch ist.

Sehnsucht
Was zieht mir das Herz so?
Was zieht mich hinaus?
Und windet und schraubt mich
Aus Zimmern und Haus?
Wie dort sich die Wolken
Um Felsen verziehn!
Da möchte ich hinüber,
Da möchte ich wohl hin!
J. W. Goethe

Was mutet die Entwicklung unseren Kindern zu? Die plötzlich auftretenden äußeren körperlichen Veränderungen führen zu Verunsicherungen. Der Verlust der vertrauten Kindheit. Was geschieht hier mit mir? Was wird bloß werden?

Trauer und Angst werden zu Weggefährten. Das Wegbrechen emotionaler Bindungen an die geliebten Eltern wird als Wechselbad erlebt. Scham mischt sich mit Wut. Warum versteht mich denn niemand? Sie lieben mich nicht mehr! Ich mag mich ja selbst nicht mehr leiden. So leicht verletzbar. Der Boden unter den Füßen scheint zu schwanken, manchmal ganz wegzubrechen. Tiefe Einsamkeit. Die Tür bleibt zu und wird nun fest verriegelt. Die Mutter klopft und hämmert. Das Bett wird zum liebsten Ort. Kissen auf dem Kopf. Das Pochen an der Tür klingt ferner. Träume werden zu Fluchten.

Zu Trauer und Angst gesellen sich **Sehnsucht und Hoffnung.** Aus den Tiefen der Einsamkeit beginnt die Suche nach neuer Liebe. Vorbilder helfen und lenken ab von der Trauer und den Ängsten. Schwärmerisch flattert der junge Falter von Blüte zu Blüte. Die Sehnsucht nach Liebe verzehrt. Die Ängste verblassen. Die Kindheit erscheint schon weit weg und die Zimmertür bleibt zu. Die Rufe der Mutter verhallen hinter einer Wand von neunzig Dezibel MCR. Wer bin ich? Kein Kind mehr, aber was dann? Auf jeden Fall anders als die Alten. War doch eh alles Betrug, das mit der Kindheit. Hat nicht funktioniert. Selbst ausprobieren, was geht. Na, wie sehe ich aus? Gestern beste Freundin und heute Zicke. Zutiefst verunsichert und doch mutig.

Sehnsüchte und Hoffnungen paaren sich mit **Mut und Entschlossenheit.** Die Neugierde wächst. Geht was schief, scheiß drauf. Neue Wege und ein neuer Look. Viel unterwegs. No risk, no fun! Sich selbst schon fast erkannt. Aber die Maskerade geht weiter. Warum sich offenbaren? Die Clique ist doof, aber ich geh trotzdem hin. Die Noten waren schon mal besser. Dabei kann ich's doch. Camouflage. Mal sehen, was passiert. Mut und Entschlossenheit paaren sich mit **Auflehnung und Risikobereitschaft.**

Aber nicht alles wird dem Feuer übergeben. Die Geige aus Kindertagen wird wiederentdeckt und bewahrt. Der erste Zungenkuss, eine Offenbarung. Erst auf Wolken, mit

und ohne Drogen. Dann am Boden. Gemeinsam neue Wege gehen. Zukunft ist möglich, Ziele werden deutlicher,
die Noten besser. Der Maskenball ist aus. Die Konturen
im Spiegel werden schärfer. Erst erbitterter Kampf um die
Hauptrolle, dann gemeinsames Spiel. Im Stirnhirn geord-
netes Chaos und im Publikum die Eltern. Seht her, ich
kann's. Applaus oder nicht, der Blick geht weit über die
Köpfe.

Die Kindheit ist tot. Keine Trauer mehr. Endlich frei. Es
ist Zeit, aufzubrechen.

Und solang du das nicht hast,
Dieses: Stirb und Werde!
Bist du nur ein trüber Gast
Auf der dunklen Erde.
J. W. Goethe

Blicke treffen sich. Tränen nur aus Liebe, das verspreche
ich dir. *FL*

Das Referat

Mein Gott, was für ein alter Schinken. »Die Feuerzangenbowle«, schwarz-weiß. Mussten wir uns heute in der Schule reinziehen. Mann, waren die früher arm dran. Ich glaub ja nicht, dass das damals sehr lustig gewesen ist. Waren die wirklich so verklemmt? Da hab ich so meine Zweifel. Was hat denn das alles mit heute zu tun? Die lässt sich was einfallen, die Kümmerlein. Thema: »Schule und Autorität im Wandel der Zeit.« So ein Scheiß. Gut fand ich diese Szene:

> »Name?«
> »Johann Pfeiffer.«
> »Mit einem f, oder mit zwei?«
> »Mit drei, Herr Professor!«
> »Mit drei?«
> »Eins vor dem Ei, zwei hinter dem Ei, bitte.«

Das käme auch heute noch gut. Leider heißt bei uns niemand Pfeiffer, schon gar nicht Johann. Gut war auch:

> »Setzen! Ihnen fehlt die sittliche Reife.«

Eigentlich fand ich das noch am besten. Da könnte man was draus machen. Die sittliche Reife von der Frau Kümmerlein möchte ich auf jeden Fall nicht haben. »Ihr braucht Orientierung«, hat sie gemeint. Orientierung? Mal sehen, was mein Lexikon sagt: Orgel, Orgie, Orient. Na bitte: Orient = Morgenland, Osten. Richtig, das hatten wir doch mal in Reli. Orientieren hieß da so viel wie »nach Osten ausrichten«. Dann meint die Kümmerlein also, wir sollten uns nach Osten ausrichten? Was gibt's denn da zu sehen? Ein echtes Scheißthema. Sollte mal Pause machen und mir ein paar Tracks von »The Killers« reinziehen. Scheiße, geht jetzt nicht. Ich muss hier irgendwie weiterkommen.

Die blöden Vögel da draußen können einem so was von auf den Sack gehen. Jetzt hab ich schon das Fenster zugemacht und ich hör sie immer noch. Scheiß Rumgezwitscher! Der bescheuerte Nachbar lockt die Biester mit Tonnen von Vogelfutter aus der gesamten westlichen Hemisphäre in seinen Garten. Dann hocken die blöden Federmonster zu Tausenden unter meinem Fenster, machen einen Höllenlärm und scheißen alles voll. Muss mal wieder für Ordnung sorgen. Wo hab ich denn bloß meinen Bärentöter? Ach ja, hab ihn so perfekt versteckt, dass ich mich fast selbst nicht erinnert hätte. Da ist er ja.

Der Bärentöter

Damit hat's mal mächtigen Stress gegeben. Möchte lieber nicht dran denken. Ist wohl inzwischen Gras drüber gewachsen. Mama war auf 180. Konnte sich kaum beruhigen. Dabei war alles ganz harmlos. Nichts Besonderes. Ich glaube sogar, Papa war von meinem Bärentöter insgeheim ganz begeistert. Ich kann mich nämlich ganz gut anschleichen und lauschen. »Jetzt sag du auch mal was zu deinem Sohn«, war Mamas Lieblingssatz. Dann bin ich immer Papas Sohn. Männersache. Alles geritzt. Die Idee hat ihn ganz bestimmt beeindruckt. Seine Augen haben ihn verraten. Sagte irgendwas von langweiligen Erbsenpistolen zu seiner Zeit. Geringe Durchschlagskraft oder so was. Bevor er dann seinen pädagogischen Pflichten nachkam und mir einen längeren Vortrag über die Gefahren des Verschießens von Erbsen im Allgemeinen und mit einem Bärentöter im Besonderen hielt. Dabei spürte ich ganz deutlich, wie's ihm in den Fingern juckte, das Teufelsding auszuprobieren.

Auf dem Dachboden bin ich fündig geworden. Da liegt bei uns alles Mögliche herum. Natürlich fein säuberlich in Kisten und Kartons verstaut. Viele alte Spielsachen von Lena und mir. Eher zufällig hab ich da unseren alten Spielzeugstaubsauger wiederentdeckt. Irgend so ein Tanten-Verlegenheits-Weihnachtsgeschenk, das uns ein oder zwei Tage interessiert und meine Eltern genauso lange genervt hat. Gute Miene zum bösen Spiel. Das müssen Eltern können. Das Ding machte einen Höllenlärm, und von außen konnte man beobachten, wie in seinem Inneren so kleine Styroporkügelchen herumwirbelten. Damit lief meine Schwester damals völlig entgeistert durchs ganze Haus und nervte alle mit ihrem »Lena stausaug, Lena stausaug ...«. Weiß ich noch ganz genau. Papa hat versucht, sie mit Süßigkeiten zu bestechen, bloß damit sie das Ding vergisst. Sie lief dann aber mit dem total lauten Nervding weiter durchs Haus. Dabei versuchte sie den Höllenlärm mit »Papa Lolli, Papa Lolli ...« zu überschreien. Es war die Hölle! Einmal rief Tante Irene an, als Lena mal wieder ihre Runden drehte: »Na Lena, hilfst du der Mama brav beim Staubsaugen?« Woraufhin Lena das Höllending ganz dicht an den Hörer hielt, um Tante Irene an ihrer Freude teilhaben zu lassen. Tante Irene hat dann eine ganze Weile nicht mehr angerufen. Dieses Ding hab ich also in einem der Kartons auf dem Dachboden gefunden.

Das Saugrohr war ideal. Ein paar wenige Korrekturen mit Papas kleiner Metallsäge, und die Länge war perfekt. Dann schnell runter in den Keller. Im Putzschrank müsste doch ..., richtig, da sind sie ja auch schon. Gummihandschuhe. Einmal zur Probe an einem Finger gezogen. Klatsch! Die waren richtig. Mit der Schere war ein Finger schnell abgeschnitten. Den Finger hab ich dann über ein Ende des Rohres gezogen. Das hielt. Alles war perfekt. So einfach ging das. Jetzt musste natürlich erst einmal getestet werden.

Munition war kein Problem. Die hatte ich mir schon organisiert. Also nicht wirklich organisiert, sondern ganz offiziell gekauft. Getrocknete Erbsen aus dem Supermarkt. Völlig unverdächtig. Und spottbillig.

Als guter Platz für meine ersten Schießübungen erwies sich das Fenster in meinem Zimmer. Mein erster Schuss war eine Offenbarung. Die Reichweite war enorm. Der Schuss ging voll in die Vogelkolonie in dem Baum gegenüber. Diese vollgefressenen Biester. Es war ein Mordsgeschrei und Geflatter. Und dann waren sie auch schon weg. Bevor ich nachladen konnte. Ein paar Blätter flogen herum. Mehr war gar nicht passiert. Aber es war endlich Ruhe im Revier. Ich hab dann noch ein paar Blätter durchlöchert, um meine Technik zu verfeinern. Übung ist alles, sagen die Alten doch immer. Wo sie recht haben, da haben sie recht. Das ging richtig ab. War einfach genial. Hab gar nicht gemerkt, wie viele von den Erbsen ich schon verschossen hatte. Auf jeden Fall war die Fünfhundert-Gramm-Tüte schon fast halbleer.

Ich wollte gerade aufhören, um Munition zu sparen. So üppig war mein Taschengeld nun auch wieder nicht. Da hab ich ihn gesehen. Tatsächlich hatte ich ihn zuerst gehört. Ich musste mich schon etwas aus dem Fenster lehnen, um ihn zu sehen. Die Entfernung betrug so etwa vierzig bis fünfzig Meter. Der Mann machte sich an dem Fallrohr der Garage des gegenüberliegenden Hauses zu schaffen. Er schien da irgendwas zu reparieren. Sah ganz nach einem Handwerker aus. Ich schwöre, dass ich nicht auf ihn gezielt habe. Wenn da eine Katze gewesen wäre, ja dann. Aber auf den Mann hab ich nicht gezielt. Ich hab auf das Garagentor gezielt. Vielleicht, um ihn etwas zu necken. Mehr nicht. Es wird daran gelegen haben, dass meine Technik doch noch nicht so ausgereift war. Auf jeden Fall ist wohl nicht ganz auszuschließen, dass er einen Schuss abbekommen hat.

Er kam dann zum Tor und klingelte, wobei er zu meinem Fenster hinaufsah. Ich konnte gerade noch seine finstere Miene erkennen, bevor ich auf Tauschstation gegangen bin. Ich ahnte nichts Gutes. Der Bärentöter war schnell versteckt. Es dauerte nicht lange, bis meine Mutter ins Zimmer kam. Sie war auf 180. Ich brauchte gar nicht hinzusehen. Ich saß selbstvergessen über meinen Hausaufgaben. Die Unschuld in Person. Ich merkte allerdings früh, dass es kein Entrinnen gab, und entschied mich sofort für die Flucht nach vorne. Ich gab alles zu, aber beteuerte meine Unschuld. Den Bärentöter hab ich allerdings nicht rausgerückt.

»Was hast du dir nur dabei gedacht, Lukas?«, hat sich Mama aufgeregt, »man schießt doch nicht auf Menschen ...«

Doch, hab ich gedacht, in den Nachrichten.

»Und man zielt auch nicht auf Menschen«, hat sie noch nachgelegt.

Ich hab gar nicht gewusst, dass sich die Menschen im Irak alle gegenseitig erschießen, ohne zu zielen. Kurz, ich beteuerte meine Unschuld. Nein, meinen Bärentöter wollte ich auf gar keinen Fall herausgeben. Den musste ich doch unbedingt noch Berni vorführen. Verdammt, warum bin ich nicht schon gleich zu ihm hingegangen? Scheiße!

»Ich mach das auch nie wieder, Mama. Ich versprech's. Ehrlich!«

Es half nichts. Es sollte zum Thema werden. Wenn bei uns was zum »Thema« werden sollte, dann wurde es immer schwierig. Das hieß dann, Papa wurde informiert. Schwesterherz saß dabei. Langes Palaver. Nun gut, da würde ich dann wohl durchmüssen. Wäre nicht das erste Mal. Mit einem Wort, Familientradition. Aber meinen Bärentöter wollte ich trotzdem nicht herausgeben. Steckte einfach zu viel Arbeit drin. Und er fühlte sich doch so gut an.

»Dann werden wir das heute Abend alle gemeinsam besprechen. Und es wird auf gar keinen Fall mehr mit dem Ding, was immer es ist, geschossen. Versprichst du mir das?«

Ich versprach. Großes Ehrenwort. Sie kam jetzt so langsam auf 120 runter. Mama kann ganz schön sauer werden. Um Papa machte ich mir keine allzu großen Sorgen. Aber man weiß ja nie. Auf jeden Fall war der Nachmittag irgendwie gelaufen. Letztlich hab ich dann alles gut überstanden. Das war vor einem Jahr oder so. Papa ist an dem Abend dann allerdings wirklich ernst geworden. Ich hab ihm am Ende meinen Bärentöter geben müssen. Ich tat das aber nur, weil er sich so anerkennend über meine technische Kreativität geäußert hatte. Im Übrigen war der Bärentöter schnell nachgebaut. Ein Stück von dem Rohr hatte ich noch und den Gummihandschuh mit den restlichen vier Fingern hatte ich auch nicht weggeworfen. Berni war total beeindruckt!

5. Mai

DER SCHÖPFUNGSPLAN

Um den Zweck der Pubertät zu verstehen und die durch die Pubertisten zu erbringende Leistung richtig einschätzen zu können, muss man sich ein paar Eckpunkte der Gehirnentwicklung ins Gedächtnis rufen.

Die Pubertät ist Chefsache, hier hat das Gehirn das Sagen. Zumindest aus Sicht des Gehirns kommt die Pubertät nicht unverhofft. Vielmehr ist die Pubertät eine an die Entwicklung der Geschlechtsreife und des Sexualverhaltens angebundene besondere Entwicklungsstufe des Gehirns. Um den Zustand des jugendlichen Gehirns in dieser Phase zu verstehen, muss man ganz an den Anfang der Gehirnentwicklung gehen.

Die menschliche Entwicklung ist im tiefsten Sinne individualisiert. Wenn wir uns nachplappern hören, dass jeder Mensch einzigartig sei, so verbirgt sich dahinter der eigentliche Schöpfungsplan, die fortwährende Entstehung und Entwicklung von Individuen, von Personen, in der Abfolge der Generationen. Dabei werden im biologischen Sinne keine Informationen, etwa über den Aufbau und die zahlreichen Funktionen des Gehirns, von einer Generation an die nächste weitergegeben. Es gibt kein solches biologisches Vermächtnis, keine wirkliche Sicherheit und schon gar keinen Anspruch auf ein glückliches Ende. Man kann sagen, in der Abfolge der Generationen wird jeder Mensch neu erschaffen. Die Schöpfung ist insofern nicht abgeschlossen. Biologisch gesehen, liest sich die Genesis dynamischer. Die Schöpfung ist ein anhaltender Prozess.

Der Mensch vermehrt sich nicht einfach. Er pflanzt sich fort. Dabei stellt er keine Kopien von sich in die Welt. Es geht quasi immer wieder von vorne los. In jedem Individuum entsteht die Menschheit gewissermaßen neu. Mit jeder Befruchtung kehrt die Schöpfung an ihren Ursprung zurück. Wenn auch nicht ganz. Denn ein kleines Vermächtnis kann man jeder Tochter, jedem Sohn doch zugestehen. Das ist gewissermaßen sein Baukasten, mit dem er anfangen muss. Dieser Baukasten, manche sagen, diese Gene, steckt den Platz ab, auf dem das Lebensspiel jedes Einzelnen aufgeführt wird. Und auch der ist Veränderungen unterworfen.

Jeder Mensch tritt dann immer wieder aufs Neue, gewissermaßen als Gast, in das kulturelle Vermächtnis aller Menschen ein. Das ist einzig und allein unserem Gehirn zu verdanken. Ohne dieses Gehirn gäbe es keine Kulturevolution. Es sind im Besonderen unsere Gedächtnisfunktionen, die die menschliche Kultur hervorbringen und erfahrbar machen. Die gesamte menschliche Kulturentwicklung erhebt sich als emergente Struktur über Milliarden lebendiger Gehirne. Unablässig verlassen Gehirne diesen Kulturraum, um zu sterben, und neue treten ein. Die Gehirnentwicklung des einzelnen Menschen ist die Eintrittskarte in die menschliche Kulturevolution.

Das wahre Vermächtnis des Menschen ist diese Struktur, die er Kultur nennt. Diese Kultur lebt fort, ausschließlich getragen durch die Kontinuität der Generationen. Gehirne kommen und gehen, aber es sind immer welche da. Auf diese Weise wird die menschliche Kulturevolution gespeist und aufrechterhalten. Der Trick bei der menschlichen Entwicklung besteht nun darin, dass diese Kultur zwar einerseits Ausdruck oder Eigenschaft der gesamten menschlichen Gehirnpopulation ist, andererseits aber auch auf die Entwicklung der sie selbst hervorbringenden und aufrechterhaltenen Gehirne Einfluss nimmt, ja diese wesentlich mitbestimmt. Es gibt somit Schnittstellen für Einflussnahmen auf die Entwicklungsprozesse des Gehirns und der menschlichen Kultur.

Diese Schnittstellen werden durch das erfahrungserwartende Prinzip der menschlichen Gehirnentwicklung geschaffen. Ein Prinzip, das allerdings nicht typisch menschlich, sondern die Grundlage für eine angepasste Entwicklung von Gehirnen im Allgemeinen ist.

Ein anschauliches Beispiel ist die Nachlaufprägung bei nestflüchtenden Vögeln, wie zum Beispiel Enten und Hühnern. Schon kurz nach dem Schlüpfen sind die kleinen Küken in der Lage, Objekten hinterherzulaufen. Unter normalen Umständen ist ein Objekt, das sich unmittelbar nach dem Schlüpfen in der Nähe des Kükens bewegt, die Mutter. Wäre das nicht so, bräuchte man sich über die weitere Entwicklung des Kükens keine weiteren Gedanken mehr zu machen. Aber woher weiß das Küken, wie seine Mutter aussieht, riecht oder sich anhört?

Der Trick besteht darin, dass es dies eben nicht weiß. Von einer ganz bestimmten Norm ausgehend, muss das Küken seine Mutter zunächst kennen lernen. Das tut es innerhalb der ersten Stunden nach dem Schlüpfen. Nach Ablauf dieser nur wenige Stunden dauernden Lernphase ist das Konzept, das sich unser Küken von seiner Mutter erarbeitet hat, ziemlich stabil und im Weiteren eigentlich nicht mehr zu erschüttern. Es wird von jetzt an seine Mutter allen anderen Objekten vorziehen. Das muss das Küken gut können. Es ist eine Frage von Leben und Tod.

Der Grund für die Einrichtung dieser frühen Lernphase

liegt darin, dass kein Küken auf der Welt wissen kann, wie seine Mutter aussieht, bevor es sie nicht gesehen hat. Ein späteres Umlernen ist nicht erforderlich, da eine Fehlprägung, zum Beispiel auf einen Fressfeind, unwahrscheinlich ist. Das heißt also, für das Entenküken muss das sich bewegende Objekt die Mutter sein. Jede andere Situation wäre der sichere Tod des Kükens.

Biologisch stellt sich diese wichtige Schnittstelle für einen Anpassungsprozess im Verhalten des Kükens als eine Phase von Umbauvorgängen im Gehirn des Vogels dar. Genau in dieser Zeit der Nachlaufprägung lassen sich in Bereichen des Vogelgehirns, die mit dem menschlichen Stirnhirn vergleichbar sind, Vorgänge beobachten, die einen Umbau bestimmter Teile von Nervenzellnetzwerken erzwingen. Wie dieser Umbau dann im Einzelnen in all seinen feinen Verschaltungen genau abläuft, wird in dieser Phase durch die Sinneswahrnehmungen des Kükens beeinflusst. Die in dieser sensiblen Phase gemachten Erfahrungen hinterlassen ihren Eindruck in dem Ergebnis dieses erzwungenen Netzwerkumbaus. Das persönliche individuelle Konzept der Mutter ist damit im Gehirn eingeprägt.

Die überlebenswichtige Bindung an die Mutter ist also das Ergebnis eines Lernprozesses. Es gibt keine vorweggenommene Vorstellung von der Mutter. Wie sollte die auch ins Ei gelangen? Was, wenn die tatsächliche Mutter in Aussehen und Erscheinung von dem Bild abwiche? Knapp daneben ist auch vorbei. Der Versuch einer Antizipation wäre ein ganz schwaches Konzept.

Die Pubertät ist auch so eine sensible Phase, die mit einem wahren Feuerwerk von erzwungenen Umbauprozessen im jugendlichen Gehirn eingeläutet wird. Doch was soll das gerade jetzt? Warum wird jetzt so vieles wieder infrage gestellt, was doch schon ganz gut funktioniert hat?

Zum Beispiel die Gefühle. So mit sechs, sieben Jahren waren sie doch schon ziemlich weit entwickelt. Eigentlich war doch die Entwicklung des Gehirns zu diesem Zeitpunkt schon im Wesentlichen abgeschlossen. Die emotionale Kompetenz eines Erstklässlers ist beachtlich. In diesem Alter haben Kinder ihre Gefühle schon ganz gut im Griff und sind im Besonderen in der Lage, die Emotionen bei anderen Menschen richtig einzuschätzen. Eine Fähigkeit, die in den ersten vier, fünf Schuljahren weiter trainiert und verbessert wird.

Und dann, so mit elf, zwölf Jahren, der Einbruch. Mit einem Mal hat der Jugendliche Schwierigkeiten, die Gefühle anderer Menschen richtig wahrzunehmen. Das führt zu einer enormen Verunsicherung. Wie soll ich mich angemessen verhalten, wie soll ich richtig reagieren? Der Jugendliche ist irritiert, fühlt sich selbst missverstanden und unfair behandelt. Alles gerät ins Wanken. Er sucht nach neuem Halt. Warum wird so mühevoll Erarbeitetes so scheinbar leichtsinnig aufgegeben und aufs Spiel gesetzt? Was geschieht da im Gehirn? Wichtig ist die an sich triviale Erkenntnis, dass sich das Gehirn des Menschen nicht irgendwann einmal entwickelt hat, um dann immer wieder eingesetzt zu werden. Das Gehirn wird nicht wie ein Automotor nach einmal entwickelten Konstruktionsplänen hergestellt und eingebaut. Vielmehr entwickelt sich jedes Gehirn in jedem Menschen auf einzigartige Weise neu.

Ein wichtiges Schlüsselereignis ist dabei die Entwicklung des Neuralrohres, die schon drei bis vier Wochen nach der Befruchtung abgeschlossen ist. Aus diesem Neuralrohr, das aus der äußeren Zellschicht des Keims hervorgeht und sich dann in den menschlichen Keim absenkt, entsteht im Weiteren das gesamte Nervensystem mit dem Gehirn. *FL*

Gedankensprünge

Na, ich lass es heute lieber. Ist zu viel Leben im Haus. Scheißvögel. Na wartet, ihr werdet meinen Bärentöter schon noch zu spüren bekommen. So, wo war ich jetzt mit meiner »Orientierung«? Ach ja, Orient, der Osten. Orientierung = Zurechtfinden, Standortbestimmung, Ausgerichtetsein im Raum, inhaltliche Ausrichtung, Einstellung und Informieren. Toll! Blödes Lexikon. Ich ruf mal Berni an. Vielleicht hat er ja schon eine Idee.

»Hallo, hier ist der Lukas … Gut, danke … Ist der Berni da? … Nicht? … Ja, das wäre toll … Ja, ich bin zu Hause zu erreichen … Ja, Ihnen auch. … Tschüss!«
Mist! Wenn man ihn braucht, ist er nicht da. Typisch.

Orientierung? Woran orientiert sich denn Frau Kümmerlich? Auch nach Osten? »Schule und Autorität im Wandel der Zeit«, was für ein Scheißthema. Solche Lehrer, wie die von Pfeiffer könnte man sich heute gar nicht mehr vorstellen. Nicht einen Tag Schule würden die überleben. Mit Bernis Hilfe wären die schon vor der ersten großen Pause fällig. Ich schick ihm besser schnell 'ne Mail, falls seine Mutter mal wieder vergisst, ihm Bescheid zu sagen, dass ich angerufen habe.

Hier eine typische Anrufbenachrichtigung durch meine Mutter aus der Zeit, als wir noch alle an einer einzigen analogen Steinzeitleitung hingen:
»Du Lukas, weißt du, wer angerufen hat?«
»Nee, weiß ich nicht.«
»Dein Freund Berni.«

»Ach, wann denn?«

»Direkt nach dem Essen.«

»Nach welchem?«

»Nach welchem ›Was‹?«

»Mama, nach welchem Essen, meine ich.«

»Nach dem Mittagessen natürlich, Lukas.«

Wir hatten gerade zu Abend gegessen!

So was macht mich krank. Bin ich froh, dass ich jetzt mein eigenes Telefon habe. Da hat sich Papa aber mal durchgesetzt. Das muss man ihm lassen. Respekt. Seit knapp zwei Jahren hab ich mein eigenes Telefon mit 'ner eigenen Telefonnummer. Und natürlich meinen eigenen PC mit Internetzugang. Papa hat sich so eine supergeile Anlage in sein Arbeitszimmer installieren lassen, mit ich weiß nicht wie vielen Nummern, Fax und Router für beliebig viele PCs im Haus. Papa meint, Kommunikation sei wichtig. Da müsse man auf der Höhe der Zeit sein. Beim Telefonieren gab's allerdings eine Kostenbremse. Alles über fünf Euro mussten Lena und ich vom Taschengeld zulegen. Seitdem wir jetzt die Flatrate haben, ist der Stress auch weg. Echt super.

Na toll, Berni scheint immer noch weg zu sein. Vorm PC sitzt er jedenfalls nicht. Die endgeile Erfindung ist Instant-Messaging. Die meisten, die ich kenne, labern über ICQ. Also bei Berni steht: »G2G – BRB«, was so viel heißt, wie: »Musste weg, bin gleich wieder da.« Typisch Berni, nimmt jede Abkürzung, die er kriegen kann. Ich häng mich mal bei ihm rein. Wird sich schon melden, wenn er wieder da ist. Hoffentlich hängt er nicht wieder mit diesen Junkies ab. Ich hab Berni in der letzten Woche zufällig mit einer ganzen Gruppe von diesen Pennern bei der stillgelegten Ziegelei gesehen. Da, wo immer die ekligen Spritzen und Kanülen rumliegen. Bin dann lieber nicht zu ihm rübergefahren. Wie kann man sich bloß mit solchen Typen abgeben? Na ja, seine Sache.

Jagdszenen

Mist, noch kein Stück weiter mit dem blöden Referat. Es ist so ruhig draußen. Ist sicher gerade 'ne Katze unterwegs. Von denen laufen 'ne ganze Menge hier in der Gegend rum. Die verarschen alle unseren Frankie.

Frankie denkt, er sei hier der einzige Checker auf dem Grundstück. Darüber lachen sich die Katzen wahrscheinlich tot. Berni würde schreiben: »ROFL!« Einmal haben wir die braune Katze, die regelmäßig bei uns herumschleicht, total verarscht. Und gleichzeitig Frankie auf 180 gebracht. Wir waren gerade hinter unserem Haus, da, wo Mama die Wäsche aufhängt und das Feuerholz liegt. Ich hab die blöde Katze angelockt. Ein bisschen doof sind die ja doch. Als sie so vor mir saß und gekrault werden wollte, hat Lena blitzschnell einen Wäschekorb über sie gestülpt. Da war die Hölle los. Lena hat sich auf den umgedrehten Wäschekorb mit der Katze drin gesetzt und ich bin schnell los, Frankie holen. Damit der auch mal seinen Spaß hat, dachten wir. Frankie hat sofort, als er die Katze gesehen hat, seine Irokesenfrisur bekommen. Katzen regen ihn immer fürchterlich auf. Dann stehen alle seine Rückenhaare zu Berge. Kurz darauf ist Lena aufgestanden und ab ging die Luzi. Das hatten wir bis dahin noch nicht gesehen. Einen Wäschekorb, der mit einem Affenzahn durch den Garten jagt, und Frankie mit Gebell hinterher. Wir haben uns so was von weggeworfen.

Manchmal ist Lena doch ganz in Ordnung. Man kann echt was mit ihr anstellen. Frankie hat sich ewig nicht beruhigt, der Arme. Er wird immer nur verarscht. Das wäre nichts für Papa gewesen. So was brauchen wir ihm nicht zu erzählen. Der wäre ausgerastet, glaub ich. Von wegen Tierquälerei und so. Da ist der ganz pingelig. Aber ich glaub es hat beiden Spaß gemacht, also Frankie und der bescheuerten Katze. Die war natürlich schnell weg, mit einem Riesensatz über den Zaun. Frankie hatte mal wieder keine Chance. Trotz der guten Vorlage von uns. Aber irgendwie muss die Katze verstanden haben, wer hier der Checker war. Haben sie seitdem ewig nicht mehr gesehen. Muss jetzt einen Riesenbogen um unser Revier machen, schätze ich. Eins zu null für Frankie.

Mit Frank Luhmer durchs Jahr – Teil 6

2. Juni

ENTWICKLUNG ALS GESTALTUNGSWILLE

Durch die Befruchtung in dem Eileiter der Frau entsteht ein neuer Mensch. Die Befruchtung selbst ist ein hochkomplexer Vorgang, durch den die Eizelle gewissermaßen aktiviert wird. Mit dieser Aktivierung beginnt die Embryogenese und damit die persönliche Entwicklung des Menschen. Von diesem Moment an ist der Mensch eine eigenständige Person.

Die Befruchtung ist das notwendige Schlüsselereignis, ohne das unter natürlichen Bedingungen keine Entwicklung eines Menschen und seines Gehirns möglich ist. Der ganze Mensch entwickelt sich mit seinem ganzen Nervensystem aus der einen befruchteten Eizelle. Nicht irgendwie »mit Hilfe« der befruchteten Eizelle.

Nach der Befruchtung fängt die Zygote an, sich zu teilen, wobei die gesamte Zellmasse auf immer kleinere Zellen aufgeteilt wird. Im Laufe dieser Furchungsteilungen entsteht eine Zellkugel, die nicht größer als die ursprüngliche Eizelle ist. Diese Kugel besteht aus zwölf bis sechzehn Zellen, wenn sie am Ende des Eileiters die Gebärmutterhöhle erreicht. Dies geschieht am dritten Tag nach der Befruchtung. Am sechsten Tag nistet sich der Keim, inzwischen zur Blastozyste gereift, in die Uterusschleimhaut ein. Aus einem Teil dieser Blastozyste, dem Embryoblasten, der zu diesem Zeitpunkt noch aus ganz wenigen, vielleicht sechs oder acht Zellen besteht, entwickelt sich dann im weiteren Verlauf der Embryo.

Ein wesentlicher Bestandteil des Embryos ist das schon erwähnte Neuralrohr. Die ursprüngliche Wand des flüssigkeitsgefüllten Hohlraumes dieses Rohres wird durch Stammzellen gebildet. Das sind teilungsfähige Zellen, aus denen alle Nervenzellen hervorgehen. In diesem Neuralrohr entstehen mit einer unglaublichen Dynamik, nahezu explosionsartig, etwa fünfhunderttausend neue Nervenzellen pro Minute. Das sind siebenhundertzwanzig Millionen pro Tag!

Diese Produktion von Nervenzellen hält bis etwa zu der Hälfte der Schwangerschaft an. Dann verfügt der Fötus über ungefähr einhundert Milliarden Nervenzellen.

In dieser Zeit wandern die neuen Zellen an ihre verschiedenen Bestimmungsorte, wo sie sich im Weiteren in unterschiedliche Typen von Nervenzellen ausdifferenzieren. Alle diese einhundert Milliarden Nervenzellen sind Endzellen, das heißt, sie können sich nicht mehr teilen. Zudem ist die Zellproduktion mit etwa fünf Monaten im Wesentlichen abgeschlossen. Es kommen also keine neuen Nervenzellen mehr hinzu.

Und dann geschieht etwas ganz Merkwürdiges. Mit Abschluss der Produktion und Wanderung der Nervenzellen kommt es unvermittelt zu einem dramatischen massenhaften Absterben der in den zurückliegenden Wochen mit so hohem Aufwand erzeugten Nervenzellen. Zwischen der vierundzwanzigsten Schwangerschaftswoche und den ersten vier Wochen nach der Geburt wird dadurch die Anzahl der Nervenzellen im gesamten Nervensystem der Menschen ungefähr halbiert. In manchen Regionen des Gehirns gehen bis zu achtzig Prozent der Zellen verloren.

In diese Zeit des massiven Verlustes von Nervenzellen fällt der Beginn eines anderen wichtigen Entwicklungsprozesses des Gehirns, der Synaptogenese. Die Synaptogenese bezeichnet den Vorgang der wechselseitigen Kontaktaufnahme und Verschaltung von Nervenzellen zu komplexen Netzwerken.

Der Ort der Kontaktaufnahme zwischen den Nervenzellen ist die Synapse. Sie wird aus vorgeschalteten Elementen einer Nervenzelle und nachgeschalteten Elementen einer anderen Nervenzelle gebildet. Synapsen sind komplexe Strukturen und die Orte der Signalübertragung zwischen den Nervenzellen.

Die Synapsen bilden die »Seele« der neuronalen Netzwerke. Hier werden Aktivitätsmuster ganzer Netze realisiert und moduliert. Die Synapsen sind unter anderem auch bevorzugte Ziele von psychopharmakologischen Einflussnahmen auf Netzwerkfunktionen und damit des Verhaltens des Menschen.

Allein in der Großhirnrinde werden in dieser Zeit etwa zehn Milliarden Nervenzellen miteinander verschaltet, wobei jede Nervenzelle durchschnittlich zehn- bis fünfzehntausend Kontakte mit anderen Nervenzellen aufbauen kann. In Spitzenzeiten werden zwei Millionen neue Synapsen pro Sekunde aufgebaut, das sind etwa zehn Milliarden pro Tag. Dieses »explosionsartige« Verschalten von Nervenzellen in der Großhirnrinde beginnt etwa zur Hälfte der Schwangerschaft. In den ersten zwei Jahren nach der Geburt steigt die Synapsendichte im ganzen Gehirn rapide an. Höchste synaptische Dichten werden in unterschiedlichen Regionen des Gehirns zu unterschiedlichen Zeiten erreicht. In sensorischen Rindenfeldern, wie zum Beispiel den Bereichen, in denen unsere Seheindrücke verarbeitet werden, etwa vier Monate nach der Geburt und im Stirnhirn erst etwa vier Jahre nach der Geburt.

Nach einer bestimmten Periode relativer Konstanz beginnt dann die Synapsendichte wieder abzunehmen. In weiten Teilen der Hirnrinde setzt dieser Prozess im Alter von anderthalb bis zwei Jahren ein. Im Stirnhirn beginnt die Abnahme der Synapsendichte etwa im Alter von sieben Jahren. Danach nimmt die Dichte der Synapsen bis zum erwachsenen Gehirn um bis zu fünfzig Prozent ab.

Im ersten Viertel des siebten Schwangerschaftsmonats beginnen sich die ersten Myelinscheiden zu bilden. Dabei handelt es sich um Umhüllungen von Nervenzellaxonen durch Fortsätze bestimmter Gliazellen. Diese Myelinscheiden isolieren die Axone und ermöglichen so höhere Geschwindigkeiten bei der Erregungsweiterleitung. Die neuronalen Netze werden dadurch effektiver und insgesamt stabiler. Dieser Prozess beginnt im Hirnstamm und greift von dort fortschreitend auf die weiter vorne liegenden Regionen über.

Die Myelinbildung dauert bis ins dritte Lebensjahrzehnt an. Obwohl seit etwa der Hälfte der Schwangerschaft im Wesentlichen keine neuen Nervenzellen mehr gebildet werden, ja bis kurz nach der Geburt etwa die Hälfte der Nervenzellen sogar wieder abstirbt, nimmt die Masse des Gehirns doch enorm zu. Diese Zunahme geht auf das Wachstum der einzelnen Nervenzellen zurück, die Platz brauchen, um die vielen Synapsen unterzubringen. Dieses Wachstum hält bis zum zwanzigsten Lebensjahr an. Das Gehirn eines Zwanzigjährigen hat ein etwa achtmal größeres Volumen als zum Zeitpunkt der Geburt. Etwa achtzig Prozent des Nervenzellwachstums in der Großhirnrinde finden nach der Geburt statt.

Das Gehirn eines Neugeborenen wiegt etwa vierhundert Gramm, während das eines Erwachsenen durchschnittlich eintausendvierhundert Gramm auf die Waage bringt. Diese enorme Gewichtszunahme ist in der nachgeburtlichen Entwicklung jedoch nicht gleichmäßig verteilt. Innerhalb des ersten Jahres nach der Geburt verdoppelt sich das Gehirngewicht auf etwa achthundertfünfzig Gramm. Mit drei Jahren wiegt es eintausendeinhundert Gramm. Mit sechs Jahren ist das Endgewicht fast erreicht, und mit fünfzehn Jahren wiegt das jugendliche Gehirn so viel wie das eines Erwachsenen. Dieses anhaltende Wachstum geschieht vor dem Hintergrund einer dramatischen Abnahme der Synapsendichte.

Energetisch gesehen, ist die Entwicklung des Gehirns extrem teuer. Säuglinge benötigen etwa sechzig Prozent des gesamten Stoffwechsels für ihr Gehirn. Beim Erwachsenen sind es immerhin noch zwanzig Prozent.

Dabei wird der Mensch mit nur wenigen grundlegenden Fähigkeiten geboren. Der Säugling ist im Wesentlichen hilflos und zum Überleben voll und ganz von der Mutter beziehungsweise den Erwachsenen abhängig. Alle menschlichen Fertigkeiten und Fähigkeiten müssen erst mühsam erlernt werden. Das ist ein ganz enormer Aufwand, den jedes einzelne Individuum immer wieder aufs Neue betreiben muss. Dieser Aufwand ist mit hohen Investitionen verbunden, die sowohl das Kind als auch im Besonderen die Mutter aufbringen müssen.

Die enge Mutter-Kind-Beziehung und die sich daraus ergebende enge emotionale Bindung zwischen Mutter und Kind bilden eine wesentliche Grundlage für eine erfolgreiche Entwicklung und eine gute Prognose der späteren Fitness des Kindes. Optimale sensorische, motorische, emotionale und schließlich kognitive Kompetenzen erwachsen nur aus optimalen frühen Bindungsstrukturen. Die Zeit der nachgeburtlichen Entwicklung ist somit von grundlegender biologischer Bedeutung. *FL*

Orientierung

Immer noch keine Nachricht von Berni. Vielleicht ruf ich doch mal Stefan an. Der meißelt doch immer so fleißig mit. Obwohl, nee, besser doch nicht. Der labert dann immer so viel. Und dann seine lateinischen Sprüche. Das würde mich jetzt den letzten Nerv kosten. Hab eh schon zu viel Zeit verloren. Wollte mich doch nachher auch noch mit Laura treffen.

»Ihnen fehlt die sittliche Reife« und »Ihr braucht Orientierung« klingt doch irgendwie ähnlich, oder? Liegt aber so ungefähr ein Dreivierteljahrhundert dazwischen.

Scheiße, ich muss mir ein paar Stichpunkte zurechtlegen. Hat man die sittliche Reife, wenn man sich an etwas orientiert? Braucht man dazu Autoritäten? Welche Rolle spielt die Schule? Welche außerschulischen Autoritäten spielen eine Rolle? Ziemlich schwierige Sache. Wenn ich das schon lese: »im Wandel der Zeit«.

Haben es Autoritäten heute schwerer als früher? So was würde ich jetzt gerne mit dir besprechen, mein lieber Berni. Pech für dich. Mach ich eben alleine weiter. Orientierung als innere Haltung. Orientierung nach welchen Werten? Umorientierung als Krise? Ja, so geht's vielleicht. Da kriegt die Kümmerlein die Krise.

Was hat der Fischer noch mal dazu gesagt? Der Fischer wäre sicher gerne Pfarrer geworden. Aber irgendwie hat er wohl nicht aufgepasst. Auf jeden Fall erzählt er viel von seinen vier Kindern. Jetzt ist er Religionslehrer am Gymnasium. Auch kein leichtes Leben. Sein absolutes Lieblingsthema neben seinen vier, vielleicht bald fünf Kindern sind sakrale Bauten. Er geht in diesen reichlich hintergründigen und geheimnisvollen Geschichten immer voll auf. Bei dem Thema hebt der regelrecht ab. Dieses Schwärmen hat was total Anziehendes. Er ist einer der ganz wenigen Lehrer, die uns echt faszinieren können. Das kann er, das hat der Fischer voll drauf. Hätte vielleicht doch Pfarrer werden sollen, man weiß es nicht.

Auf jeden Fall, irgendwann hat er uns erklärt, dass alle Kirchen in Ost-West-Ausrichtung orientiert sind. Da ist es wieder, das Wort: »orientiert«. Ich sehe mal rasch in meinen alten Reli-Heften nach.

Also, in westöstlicher Ausrichtung, mit dem Altar nach Osten. So sollte es sein. Alle mit dem Gesicht nach Osten, das war die Idee. Warum? Wozu sollte das gut sein?

Im Osten geht die Sonne auf. Symbolik also. Das Licht als Symbol für Jesus. Die aufgehende Sonne als Symbol der Wiederkunft des Herrn. Symbol für die innere Ausrichtung der Christenmenschen auf Jesus Christus. Heute versteht das natürlich kein Mensch mehr so ohne Weiteres. Man sagt ja auch: »Ich hab mich nach Süden orientiert.« Im wörtlichen Sinne natürlich ein völliger Käse. »Ich hab mich nach Süden östlich ausgerichtet«, oder wie? Na bitte, da freut sich die Kümmerlein.

Also notieren: Ursprünglich bezeichnet Orientierung die innere Ausrichtung des Christenmenschen auf Jesus Christus. Das findet sich in der Symbolik der körperlichen Ausrichtung im Kirchenbau wieder. Heute ist das so nicht mehr eindeutig. Heute sagt niemand: »Ich bin orientiert«, und Punkt. Also, wenn der Anspruch lautet: »Ihr braucht Orientierung« (Originalton Frau Kümmerlein), dann weiß man zunächst noch nichts über die Himmelsrichtung. Also darüber, wohin die Reise gehen soll. Terroristen haben ja auch eine Orientierung. Das ist gut! Aber, will ich da hin?

Zur »Orientierung« gehören also noch die »Werte«. So, das ist doch schon mal was. Da werde ich mit Berni was draus machen.

Die Symbolik ist ja an sich ohne Wert. Wenn ich also in das Kirchengebäude gehe, mich dadurch nach Osten ausrichte, heißt das ja noch lange nicht, dass ich dann automatisch ein guter Christenmensch bin. Ja, nicht einmal, dass ich überhaupt irgendeinen Glauben habe. Nicht mehr als eine Körperhaltung also. Nur umgekehrt ergibt das Ganze einen Sinn. Symbolik als Hinweis auf eine innere Einstellung, als Bekenntnis. Man zeigt dem anderen, was man denkt. Symbolik als Zeichen einer Gruppenzugehörigkeit. Kommt mir doch irgendwie ganz aktuell vor. Vielleicht doch nicht so ein Scheißthema.

Natürlich kann sich die Symbolik als Hinweis auf die Werte einer Orientierung auch ändern. »Im Wandel der Zeit« also. Na, Kümmerlein, wie bin ich? Ich weiß noch, wie wir den Fischer im Unterricht ganz nervös gemacht haben:

»Also, dann verstehe ich nicht, warum der Priester in der Kirche bei der Messe in eine andere Richtung sieht als die Gemeinde. Ist die Gemeinde anders orientiert als der Priester?«

Wir fanden, Berni hatte den Nagel auf den Kopf getroffen. Daraufhin der Fischer:

»Nun gut, das war ja früher auch anders. Früher heißt hier vor der Liturgiereform in den Sechzigerjahren des letzten Jahrhunderts. Bis dahin zelebrierte der Priester noch mit dem Rücken zur Gemeinde. Alle waren also nach Osten ausgerichtet. Das war der ursprüngliche Gedanke.«

»Und warum ist das jetzt anders? War der Gemeinde im Rücken mit einem Mal nicht mehr zu trauen? Hat sich der Priester von Jesus abgewendet? Warum kehrt er ihm als Einziger den Rücken zu?«

»Unsinn! Fast hätte ich gesagt: Berni, dir fehlt die sittliche Reife. Nun im Ernst. Die Symbolik ist einfach etwas geändert worden. Mit der neuen Symbolik sollte der Glauben unterstrichen werden, dass Jesus Christus bei jeder Feier der Liturgie mitten unter den Gläubigen anwesend ist. Es kam also zu dieser Neuorientierung, weg vom Hochaltar im Osten hin zu dem neuen Volksaltar, um den herum sich die ganze Gemeinde nun versammelte.«

»Verstehe«, kam es wieder von Berni, »dann müssten wir aber auch die Kirchtürme abschaffen.«

»Wieso das denn?«

»Nun ja, sie hatten uns doch erzählt, dass die Kirchtürme dazu da sind, um jedem zu zeigen, wo der liebe Gott wohnt, nämlich im Himmel.«

»Ja und?«

»Ich meine ja nur, wegen der Orientierung.«

»Ja natürlich. Aber was willst du uns denn jetzt damit sagen, Berni?«

»In Geographie hatten wir neulich, dass die Erde eine Kugel ist. Das bedeutet dann doch, dass die Kirchtürme in Australien den lieben Gott in der genau entgegengesetzten Richtung vermuten wie die in Europa.«

»Berni, dir fehlt ganz eindeutig die sittliche Reife. Und überhaupt, wo sollen denn die Glocken hängen?«

Die ganze Klasse lag auf dem Boden. Eine echte Glanznummer von Berni.

Der Fischer ist schon schwer in Ordnung. Aber wir haben Deutsch nicht bei ihm, sondern bei der Kümmerlein. Das ist extremst bescheuert. Wenn die nur nicht so humorlos wäre.

Und überhaupt, der Spruch »Ihnen fehlt die sittliche Reife« greift ja irgendwie weiter als »Ihr braucht Orientierung«. Offensichtlich ist zu Zeiten der Feuerzangenbowle die Orientierung überhaupt nicht in Frage gestellt worden. Während damals nur ein Mangel an sittlicher Reife beklagt wurde (womit man als »Schööler« leben kann), ja nicht einmal das Vorhandensein von Werten in Frage gestellt wurde, scheinen wir heute nach Einschätzung der Kümmerlein noch im Embryonalzustand der Persönlichkeitsentwicklung festzusitzen. Ohne Wertebezug, sittlich unreif, nach Orientierung suchend. Frechheit! Die Kümmerlein wird sich wundern.

Das wird eines unserer besseren Referate. Da muss sich Berni aber dankbar zeigen für meine Vorarbeit hier. Ich glaub, das wird gut. An die Note denke ich dabei weniger. Da hab ich bei der Kümmerlein so oder so keine Chance. Aber die Klasse wird uns für den Spaßfaktor ein »Sehr gut« geben. Das wird der Brüller.

Mist, Berni ist immer noch nicht online. Spielt wohl gerade wieder »Fünf gegen Willi«. Ich fahr die Kiste jetzt erst mal runter und schwing mich aufs Rad. Laura wird schon warten.

Der Plan

Manchmal treffe ich mich mit Laura in der Stadt und wir gammeln einfach rum oder treffen irgendwelche Leute und quatschen. Eines dieser Treffen sollten wir so bald nicht vergessen.

Es war an einem stinknormalen Wochentag. Laura saß an unserem Treffpunkt, dem Brunnen vor dem neuen Rathaus. Wegen des Brunnens haben wir uns da sicher nicht getroffen. Der ist nämlich potthässlich. Da bleibt noch nicht mal das Wasser drin stehen. Der besteht eigentlich nur aus ein paar langweiligen Felsbrocken. Aus dem oberen kommt gelegentlich Wasser heraus, das ganz harmlos an den Steinen herunterläuft. Auf einem der unteren Felsen steht so ein blöder Flamingo aus Metall auf einem Bein und wundert sich über seine nassen Füße oder eben darüber, dass sie nicht nass sind, weil mal wieder kein Wasser kommt. Und das Wasser kommt meist dann nicht, wenn's schön warm ist, wie heute.

Auf einem der Sitzsteine rund um diesen Möchtegernbrunnen saß Laura, den Kopf leicht nach hinten gelegt, das Gesicht zur Sonne. Sie hatte die Ohrstöpsel drin und ihre Schultern bewegten sich in einem unhörbaren Rhythmus langsam auf und ab. Einfach cool.

»Hi, Laura.«

Sie hatte mich wohl nicht gehört. Ich stellte mich zwischen sie und die Sonne. Sie machte ihre Augen auf und nahm die Ohrstöpsel raus. Sie sprang sofort auf und legte ihre Arme um meinen Hals.

»Hi, Lukas.«

»Nee, lass mal. Nicht auf den Mund, hab da einen Unterirdischen.«

»Pech«, meinte Laura nur.

»Also, was machen wir, Laura?«

»Keine Ahnung.«

»Lass uns doch nach Aldi oder Karstadt …«

»Lukas!«

»Ja?«

»Zu Aldi.«

»Wie, schon so spät?«

»Sehr witzig! Also gut, komm.«

Mit Laura kann man so was machen. Ist einfach toll mit ihr zusammen zu sein. Jetzt nahm sie auch noch meine Hand. Laura ist überhaupt nichts peinlich.

»Wo soll's hingehen?«

»Keine Ahnung, Lukas. Nur so gucken. Vielleicht findet sich was Interessantes.«

»Na gut. Dann lass uns doch erst mal ein paar Tracks reinziehen.«

»Okay.«

Laura steht immer noch auf »Avril Lavigne« mit all dem Zeug über Probleme mit der Schule und den Eltern. Na ja, ich hör, was kommt. »Xavier Naidoo« find ich ganz cool, weiß aber nicht, warum. Rap und Hip-Hop sind eher nicht so mein Ding. Zieht sich Berni immer gerne rein. »Snaga«, »Olli Banjo« und so 'n Zeugs. Okay, »Fettes Brot« ist manchmal ganz witzig und »K.I.Z.« haben auch was drauf. Aber sonst? Ich fahr mehr auf so rockige Sachen ab. Soul finde ich zum Einschlafen. Aber eigentlich doch von allem etwas. Je nachdem, so, wie's eben kommt. Bin da nicht so festgelegt. Ich find dieses Musik-Cliquen-Getue eh scheiße.

»Gibt's was Neues von ›The Killers‹?«

»Hier, ›Read my mind‹.« Laura hatte den Titel natürlich sofort gefunden.

»Lass uns mal reinhören.« Ich wollte gerade zu dem Verkaufs-DJ, als ich dachte, regnet's hier rein oder wie? Was war jetzt das?

»Hi, Lukas. Heute schon geduscht?«, hörte ich eine Stimme hinter mir. Ich drehte mich um. Und da stand er, der bekloppte Stefan. Wie blöd muss man sein!

»Stefan, bist wohl total bescheuert! Was soll das denn werden?«

»Nun stell dich mal nicht so an, Alter. Waren doch nur ein paar ganz kleine Tropfen. Nur 'ne Kostprobe aus meiner kleinen Wunderwaffe.«

»Hi, Stefan.«

»Hi, Laura. Auch hier?«

»Was würdest du sagen, wenn ich mit ›Nein‹ antworte? Klar bin ich hier. Wir ziehen uns grad 'n paar Tracks rein. Wenn du Lust hast …«

»Nee, lass mal. Ich hab eigentlich was anderes vor.«

»Was hast du denn da?«, fragte Laura neugierig.

»Hier. Wenn ihr mal schauen wollt.« Stefan tat ganz geheimnisvoll. »Das ist meine Wunderwaffe und hier jede Menge Munition.«

»Hey, das ist ja 'ne coole Spritze. Wie im Krankenhaus.« Laura tat, als platzte sie gleich vor Neugier. »Wo hast du die denn her?«

»Hat Berni mir gegeben«, meinte Stefan, »der hat jede Menge davon. Weiß der Henker, wozu der die alle braucht.«

Ich hatte keine Ahnung, worauf Laura hinauswollte.

»Vielleicht ist der Berni ja auf Pumpe«, fiel mir ein.

»Hey, der doch nicht!«, rief Laura, »nicht Berni.«

Laura hat's voll drauf.

»Und jetzt läufst du hier wie 'n Bekloppter mit deiner Wasserflasche rum und spritzt Leute nass oder was?«, fragte Laura weiter.

Mensch ist der bescheuert.

»Klar, Mann. Geht voll ab.«

Hat der 'ne Klasse übersprungen, oder was? Das ist doch Kinderkram. Der nervt ja total. Was guckt denn Laura jetzt so verträumt? Den Blick kenn ich doch. Jetzt kommt sie gleich mit was rüber.

»Jetzt macht mal 'nen Kreis Jungs.«

Na, was hab ich gesagt?

»Jetzt geht mal bei Grün und hört zu. Ich hab nämlich voll die geile Idee.«

Jetzt übertrieb sie's etwas. Aber Stefan peilte es nicht.

»Lass hören«, sagte er bloß und grinste debil.

»So Boys, seht mal, was ich hier am Start habe. Na?«

Vorsicht, Laura. So blöd ist der Stefan auch wieder nicht. Aber Stefan war viel zu neugierig und hatte es wieder nicht gepeilt.

»Was ist denn das?«, hat er nur gemeint.

Laura hielt das Punktionsbesteck in der Hand, das ihr die Schwester im Krankenhaus mitgegeben hatte. Es war noch originalverpackt.

»Das ist MEINE Wunderwaffe«, flüsterte sie nun ganz geheimnisvoll.

»Wie, Wunderwaffe? Lass hören, Laura. Hab grad null Peilung.«

Mein Gott, ist der dämlich.

»Hört genau zu, hier ist mein Plan.«

Laura grinste wie Julia Roberts. Ihre Lippen gingen von einem Ohr zum anderen. Ich hätte sie auf der Stelle ...

»Voll krass, eh!«, kam Stefan mir dazwischen. »Megamäßig abgespaced!«, brüllte er, nachdem Laura fertig war.

»Nicht so laut, du HONK. Die Leute gucken schon. Los jetzt! Und stellt euch nicht so dämlich an.«

Laura ist klasse.

7. Juli

ÜBUNG MACHT DEN MEISTER

Die Kindheit, also die Zeit von der Geburt bis zum Eintritt der Geschlechtsreife, ist eine Zeit intensiven Lernens. Da entwickelt sich fast nichts eben mal so von alleine.

Die ersten Bewegungsabläufe werden schon vom Fötus in der Gebärmutter eingeübt. Das beginnt etwa im zweiten Entwicklungsmonat. Wenn die Mutter im fünften Monat ihrer Schwangerschaft die ersten Kindsbewegungen wahrzunehmen beginnt, hat der Fötus also schon eine recht lange Trainingsphase hinter sich gebracht. Es sind im Wesentlichen reflexartige Bewegungsabläufe, die auf der Ebene des Rückenmarks eingespielt werden. Wenn sich später, nach der Geburt, Verbindungen aus höheren Bereichen des Gehirns dazugesellen, um zum Beispiel willkürliche, gezielte Bewegungen entstehen zu lassen, müssen die reflexartigen Bewegungskomponenten schon perfekt beherrscht werden, damit dann auf höheren Ebenen weitergeübt und -gelernt werden kann.

Gleichzeitig ist das Gehirn des Fötus und des Säuglings intensiv damit beschäftigt, die verschiedenen Wahrnehmungsfähigkeiten, wie Riechen, Schmecken, Fühlen, Hören, Sehen, zu entwickeln. Auch diese Fähigkeiten fallen nicht einfach so vom Himmel, sondern müssen sich in langen Prozessen mühevoll entwickeln. Dies geschieht im Wesentlichen nach der Geburt, also im Lichte all der Signale, die es von jetzt an aufzunehmen und zu interpretieren gilt. Aber auch schon vor der Geburt kann der Fötus riechen und schmecken und bereits ganz gut hören. So ist das Neugeborene sofort in der Lage, seine Mutter an der Stimme und am Geruch zu erkennen.

Der weiteren Entwicklung dieser sensorischen und motorischen Fähigkeiten liegen intensive Lernprozesse zugrunde, die sehr viel Zeit und sehr viel Übung benötigen. Diese Lernprozesse werden die ersten sechs Lebensjahre voll in Anspruch nehmen und sind selbst dann noch nicht ganz abgeschlossen. Daneben gibt es das weite Feld der emotionalen und kognitiven Fähigkeiten des Menschen. Auch diese Fähigkeiten müssen sich erst langsam entwickeln, mühevoll gelernt und nachhaltig trainiert werden. Diese Prozesse erstrecken sich über die gesamte Zeit der Kindheit.

Das Neugeborene verfügt nur über einen sehr eingeschränkten Gesichtssinn. Es nimmt die Welt um sich herum in der ersten Zeit nur wie durch dickes Milchglas wahr. Konturen kann es kaum unterscheiden. Alles, was weiter als etwa zwanzig Zentimeter von seinem Gesicht entfernt ist, liegt außerhalb seiner optischen Wahrnehmung. Eine Scharfstellung des Sehapparates ist noch nicht möglich. Außerdem fehlt jede Tiefenwahrnehmung. Der Säugling hat noch kein Gefühl für Räumlichkeit. Wenn überhaupt, nimmt er seine Umwelt optisch als Fläche wahr.

Erst mit sechs Monaten beginnt der Säugling, seine Augen zielgerichtet zu bewegen, Gegenstände in ihrer Räumlichkeit wahrzunehmen und scharf zu sehen. Bis dahin kann er noch keine Farben unterscheiden. Erst mit anderthalb Jahren ist das Kind in der Lage, in etwa so zu sehen wie ein Erwachsener. Ein langer Entwicklungsweg, der von komplexen über die Augen vermittelten Auf- und

Umbauprozessen der neuronalen Netzwerke des Seh-systems begleitet wird.

Auch der Tastsinn ist bei Neugeborenen nur sehr unvoll-ständig ausgebildet. Mit den Händen ist ein gezielter Zu-griff noch nicht möglich. Es dauert etwa zehn Wochen, bis der Säugling, unter optimalen Trainingsbedingungen, mit seinen Händen erste einfache Formen unterscheiden kann. Es dauert ein halbes Jahr, bis er unterschiedliche Materia-lien durch Tasten differenzieren kann. Erst im Alter von anderthalb Jahren beginnt das Kind langsam, feinere Unterschiede in den Formen von Gegenständen tastend wahrzunehmen, in einem Alter, in dem es schon längst laufen und recht gut sehen kann.

Die ersten bewussten Geruchswahrnehmungen stellen sich bei einem Säugling erst mit etwa sechs Monaten ein. Zu unbewussten Geruchswahrnehmungen ist er dagegen schon viel früher in der Lage. Diese befähigen ihn unter anderem dazu, unmittelbar nach der Geburt seine Mutter eindeutig zu identifizieren. Erst im Alter von einem Jahr beginnt das Kleinkind verschiedene Gerüche zu unter-scheiden. Bewusst bewerten kann es die verschiedenen Gerüche aber erst mit fünf bis sechs Jahren.

Auch die Entwicklung der Feinmotorik lässt sich Zeit und bedarf sehr vieler Übung. Etwa im Alter von andert-halb Jahren kann das Kind dann schon alleine mit dem Löffel essen. Die Gabel kommt mit ungefähr zweieinhalb Jahren hinzu. Bis das Kind auch noch das Messer bei Tisch einigermaßen sicher führen kann, wird es gerade eingeschult. Etwa mit sechs Jahren kann das Kind so lang-sam von Schuhen mit Klettverschlüssen auf Schnürschu-he umsteigen. Denn es braucht diese sechs Jahre, bis die zugrundeliegenden neuronalen Systeme der Feinmotorik langsam gelernt haben, die Finger der Hand so zu koordinieren, dass ihm das selbstständige Binden einer Schleife gelingen kann.

Von außerordentlich großer Bedeutung für die spätere Fitness und Kompetenz des Menschen als soziales Wesen ist seine Gefühlswelt, seine Emotionalität. Auch diese entwickelt sich erst ganz langsam nach der Geburt.

Für ein erfolgreiches Verhalten in der sozialen Gruppe ist es für den Menschen von größter Wichtigkeit, seine eigenen Gefühle und die der anderen richtig wahrzunehmen. Außerdem muss er in der Lage sein, durch die eigenen Gefühlsäußerungen die richtigen, das heißt angemessen Signale an seine sozialen Partner zu senden. Die Entwicklung dieser emotionalen Kompetenz ist ein ganz wesentliches Merkmal der Persönlichkeitsentwicklung und direkt mit der individuellen biologischen Fitness verknüpft.

Die Säuglinge kommen, was ihre Gefühle betrifft, zunächst als weitestgehend unbeschriebene Blätter daher. Wenn auch nicht ganz. Es ist ein bisschen so wie bei der Entwicklung der Motorik. So, wie schon vor der Geburt reflexartige Bewegungsmuster eingeübt werden, die dann später die Grundlage für die Entwicklung von gezielten willkürlichen Bewegungsabläufen darstellen, verfügt der Säugling auch schon direkt nach seiner Geburt über ein recht breites Repertoire an spontanen Gefühlsäußerungen.

Er kann charmant lächeln, wütende Grimassen schneiden und herzerweichend weinen. Alles Signale für Mama und Papa. Allerdings kann der Säugling, auch wenn er natürlich schon fühlt, mit seinen eigenen Gefühlsäußerungen selbst noch überhaupt nichts anfangen. Er kann seine Gefühle weder wahrnehmen noch irgendwie steuern.

Erst mit sechs Monaten beginnt der Säugling, erste Gefühle ganz schwach zu empfinden. Mit zwei Jahren beginnen jene Systeme im Gehirn, die für die Steuerung der Gefühle zuständig sind, langsam mit ihrer Entwicklung. Diese Systeme liegen vor allem im Frontalhirn, das nun langsam anfängt, die Kontrolle über den Gefühlskern zu übernehmen.

Der Mandelkern, der dem limbischen System angehört, ist schon mit der Geburt ganz gut entwickelt und an den Formulierungen der frühen Gefühlsausdrücke beteiligt, wie zum Beispiel Ausdrücke von Zufriedenheit, Neugierde oder Entsetzen und Angst. Die allerdings sind zunächst als überlebenswichtige Signale an die Fürsorgelieferanten gedacht.

Nun ist das Frontalhirn ein Bereich des Gehirns, der sich erst sehr spät entwickelt. Daher wird es noch lange dauern, bis die Kontrolle über den Mandelkern einigermaßen zufriedenstellend hergestellt ist. Das dauert die ganze Kindheit und Jugendzeit.

So etwa gegen Ende der Krabbelphase tauchen die ersten Gedächtnisfunktionen auf. Eine ganz wichtige Neuerung im Leben des Kleinkindes ist das Kurzzeitgedächtnis oder Arbeitsgedächtnis, dessen Entwicklung eng an die Entwicklung des Stirnhirns gekoppelt ist. Mit Hilfe des Kurzzeitgedächtnisses weiß das Kleinkind auch dann, wo sich bestimmte Gegenstände oder Personen befinden, wenn es diese gerade nicht sieht oder hört.

Bis zur Entwicklung des Langzeitgedächtnisses vergehen aber noch einmal ungefähr fünf Jahre. Erst mit etwa fünf bis sechs Jahren, also zum Zeitpunkt der Einschulung, ist das Kind imstande, Gelerntes auch langfristig zu behalten und zu erinnern.

Dieser Entwicklungsschritt markiert den Beginn einer Teilnahme am Kulturwissen des Menschen. Bis zum Eintritt der Geschlechtsreife wird das Kind damit beschäftigt

sein, seine bisher erworbenen Fertigkeiten weiter auszu-
bauen und sich unter günstigen Bedingungen so viel Kulturwissen wie möglich anzueignen. Dies findet heute in
der Schule statt. Das Kind wird zum Schüler.

Diese Entwicklungsprozesse, die sich über die Jahre der
Kindheit erstrecken, sind eng an entsprechende Entwick-
lungen im Gehirn gekoppelt. Die zunehmenden emotionalen und kognitiven Fähigkeiten entwickeln sich dabei vor
dem Hintergrund eines anhaltenden Verlustes von Synapsen und einer Stabilisierung von neuronalen Netzwerken
in weiten Teilen des Gehirns.

Es existiert die Vorstellung von einem konkurrenzge-
steuerten Synapsenrückbau im Anschluss an eine voran-
gehende Überproduktion von Synapsen. So, wie ein Bildhauer langsam und bedächtig überflüssiges Material von
einem Steinblock entfernt, um so Stück für Stück die
Skulptur erkennbar werden zu lassen, kristallisieren sich
die dargestellten menschlichen Fähigkeiten als Teile einer
sich langsam abzeichnenden Persönlichkeit aus der selek-
tiven erfahrungsabhängigen Wegnahme von Synapsen.
So, wie der Bildhauer in den Block eingreift, um die
Figur, die er darin sieht, herauszuholen, so greifen die
unzähligen erfahrungsbedingten Wechselwirkungen über
die Sinnessysteme in den vorgegebenen Synapsenrückbau
selektiv ein. Was dann entsteht, ist eine Persönlichkeit, die
sich zwangsläufig angepasst entwickelt hat.

Dahinter verbirgt sich eine hocheffiziente biologische
Strategie, die dem Menschen gegenüber seinen konkurrie-
renden »Mitbewerbern« einen enormen Vorteil verschafft
hat.

Dieser Vorteil begründet sich in der so bedingten großen
Anpassungsfähigkeit an sich ändernde äußere Bedingungen. Obwohl für jeden Einzelnen mit hohen Risiken ver-

bunden, stellt diese weitgehend offene adaptive Entwicklungsstrategie eine große Chance für die Entwicklung des Menschen dar. Diese Chance eröffnet sich in der Befähigung der menschlichen Gemeinschaft zur Kulturevolution. Dazu waren in der Menschheitsentwicklung einige wenige »Erfindungen« von entscheidender Bedeutung. Dazu zählen (1) der aufrechte Gang, (2) der Handgebrauch, (3) das Stirnhirn, (4) die Sprache und (5) die **Pubertät.** *FL*

Jogi

In der Spirituosenabteilung haben sie uns dann erwischt. Schuld war natürlich der Stefan. Das hätten wir uns gleich denken können. Aber Stefan wollte da ja unbedingt auch noch hin. Voll peinlich.

Der Plan an sich war gut. Und es lief ja auch zunächst alles rund. Laura hatte die Spritze von Stefan an das Infusionsbesteck, also die Nadel mit dem Schlauch, angeschlossen. Das ging ganz einfach. Und dann sind wir auch schon los, in Richtung Getränkeabteilung.

Stefan meinte, er bräuchte jetzt 'nen Schluck Milch. Laura war sehr geschickt mit ihren Fingern. Hat der Schwester beim Blutabnehmen wohl aufmerksam zugeschaut. Nur, dass es jetzt kein Blut war, was in die Spritze lief, sondern eben Milch. Genauer gesagt, H-Milch aus dem Tetra-Pack. Mit Hilfe der Grifflaschen hatte sie die Nadel rasch in eine der Seiten des Packs gestoßen. Jetzt nur noch an der Spritze gezogen und schon war die erste Portion abgezapft. Das war nicht schwierig. Viel schwieriger war es jedoch, das Ganze so anzustellen, dass wir nicht erwischt wurden. Aber genau darin lag ja der Reiz der Veranstaltung.

Stefans und meine Aufgabe war es, Laura Deckung zu geben. Dabei hatten wir eine Riesengaudi, was die Tarnung des Unternehmens natürlich nicht gerade perfekt machte. Beim ersten Versuch, Stefan die abgezapfte Milch einzuverleiben, hat sich die Spritze wohl etwas verkantet. Auf jeden Fall kam die Milch dann mit viel zu hohem Druck herausgeschossen. Anstatt in dem weit aufgerissenen Mund von Stefan landete sie mitten in seinem Gesicht. Jetzt sah der Stefan noch dämlicher aus als sonst schon. Wir haben uns so weggeworfen. Laura hielt sich den Bauch vor

Lachen. Stefan stand da wie ein begossener Pudel und leckte sich die Lippen ab, während ihm die Milch von der Kinnspitze heruntertropfte. Ich hab mich sicherheitshalber schon mal hinter einem Berg von Tomaten versteckt. Unauffällig konnte man das nicht gerade nennen.

»Scheiße, das ist ja H-Milch«, meinte Stefan bloß, »ich verlange Vollmilch. In meine Spritze darf nur Vollmilch.«

Laura krümmte sich immer noch vor Lachen. Scheiße, Akku leer. Das hätte ich zu gerne weiter aufgenommen. Wozu hat man eigentlich so ein scheiß Foto-Handy, wenn im entscheidenden Moment ständig der Akku leer ist? Hätte nicht übel Lust, das Ding genau jetzt in die Tonne zu hauen.

»Sollst du haben«, hörte ich Laura. Und schon war der nächste Pack zur Ader gelassen. Die Nadel saß und die Milch lief ein. Dieses Mal steckte sich Stefan, das Ferkel, die Spritze direkt in den Mund und nahm einen vollen Schluck. Jetzt war ich an der Reihe. Das durfte ich mir doch nicht entgehen lassen. Laura hatte ihre Wunderwaffe gleich in der Milchpackung stecken lassen und nur die Spritze abgezogen. Als sie dann meine Portion abzapfen wollte, sahen wir, dass unterdessen reichlich Milch nachgeflossen war. Das hatte eine ziemliche Sauerei verursacht. Da haben wir es dann vorgezogen, schnell den Standort zu wechseln. Also raus mit der Nadel und weg.

In der Getränkeabteilung fiel mein Blick dann auf ein ganzes Sortiment von grünem Eistee. Wieder im Tetra-Pack. Wir hatten inzwischen beschlossen, zwischen den einzelnen Mahlzeiten auf umständliche Reinigungen des Perfusionsbesteckes und der Spritze zu verzichten. Mit nun schon professioneller Präzision war schnell auch eine dieser Quellen angezapft. Mhm …, Eistee mit Milchgeschmack! Gewöhnungsbedürftig, aber lecker.

Und so ging es weiter, immer am Getränkeregal entlang. Auf Eistee folgte Johannisbeersaft und auf Johannisbeersaft folgte Apelsaft. Wir hatten einen solchen Spaß, dass wir wohl ein wenig unvorsichtig wurden. Wir hätten es uns denken können. Drei gackernde Helden wie wir, die sich betont unauffällig in der Getränkeabteilung herumdrückten. Wie blöd muss man sein! Irgendwie haben wir gedacht, der ganze Laden gehört uns. Besonders Stefan muss so gedacht haben. Inzwischen waren wir bei Wein und Spirituosen angekommen. Laura hatte die Spritze immer einsatzbereit. Mit einem Mal blieb Stefan stehen und starrte ins Regal. Er sah uns an und dann wieder ins Regal. Wortlos. Wir folgten seinem Blick: Wein im Tetra-Pack. Stefans Augen glänzten. Ich sah Laura an und wollte ihr noch ein Zeichen geben. Aber Laura sah mich nicht. Auch sie starrte ins Regal.

»Was für ein Jahrgang?«, hörte ich sie fragen.

»Scheiß auf den Jahrgang«, meinte Stefan, »für uns ist der alt genug.«

»Komm, lass gut sein Stefan«, versuchte ich noch, ihn aufzuhalten, »lass uns jetzt hier raus, eh wir endgültig auffliegen.«

»Hast wohl Schiss! Nee, Lukas, jetzt wird's doch erst richtig lustig. Los Laura, lass uns mal ein kleines Weinpröbchen abzapfen.«

Ich gebe es zu. Ich bekam langsam kalte Füße. Für Laura schien der Spaß nun auch vorbei zu sein. Man muss halt wissen, wann Schluss ist.

»Nun gib schon her Laura. Ist ja schließlich meine Spritze, oder?«

»Hier, wenn du meinst. Aber ich hör jetzt auf. Ich mag eh keinen Wein.«

Bei mir machte sich ein sehr ungutes Gefühl in der Magengegend breit. Ich musste wieder an meine letzte Geburtstagsparty denken. Da hat mir der Blödmann mein ganzes Bett vollgekotzt. Am liebsten hätte ich mich auf der Stelle mit Laura auf und davon gemacht. Aber Stefan wollte jetzt unbedingt noch diese verdammte Weinprobe haben. Und als Angsthasen wollten wir am Ende auch nicht dastehen. War ja schließlich Lauras Idee gewesen, das Ganze. Stefans Spritze hin oder her. Wir hörten schon Stefan vor der Klasse tönen: »Die sind abgehauen, als es so richtig interessant wurde.« Diesen Triumph wollten wir ihm auf gar keinen Fall gönnen. Nur, Stefan war nicht so geschickt mit den Händen wie Laura. Bei weitem nicht so geschickt. Wir hätten es uns denken können.

Bis jetzt war alles super gelaufen. Ein echter Knaller, der Nachmittag. Aber nun kam Stefan, der Depp. Beim Versuch, die Nadel durch den Karton zu stechen, muss er irgendwie abgerutscht sein. So genau hab ich's nicht gesehen. Auf jeden Fall schrie er plötzlich auf wie ein abgestochenes Schwein. Ich hätte mir beinahe vor Schreck in die Hose gemacht. Alle Leute sahen zu uns rüber. Ich meine, jeder in dem beschissenen Kaufhaus hat Stefan brüllen hören. Es war die Hölle. Jetzt ist's aus, jetzt werden sie uns schnappen, schoss es mir durch den Kopf und in alle Glieder. Stefan, dieser Blödmann, hielt seinen rechten Daumen in die Luft und flennte. Als wollte er allen sagen, hier sind wir, kommt alle her und seht, was ich für ein Trottel bin. Es war jämmerlich.

»Laura, komm wir verziehen uns jetzt.«

In Latein mag er ja unschlagbar sein, aber zu blöd, um diese verdammte Nadel durch die Pappe zu hauen. Ich fasste es nicht.

»Ich kann nicht«, sagte Laura, »sieh nur!«

Ich starrte hoch zu Stefans Daumen. Darin steckte die Perfusionsnadel und langsam begann sich der Schlauch mit Stefans Blut anstatt mit Wein zu füllen. Auch Stefan starrte hinauf auf seinen eigenen Daumen da oben in der Luft und tat nichts, als jämmerlich zu flennen. Mann, sah das bescheuert aus. Laura hatte inzwischen völlig die Fassung verloren. Je mehr Stefan schrie und flennte, desto lauter lachte sie.

»Stefan, jetzt hör doch endlich auf und zieh dir die verdammte Nadel raus. Ist ja nicht mit anzusehen. Stefan, die Leute. Laura, bitte hör doch auf zu lachen. Ist überhaupt nicht mehr witzig.«

»Nicht mehr witzig? Du bist gut. Wenn das nicht witzig ist. Sieh doch nur, Lukas, wie der das da durchzieht. Und du sagst, das ist nicht witzig ...«

»Ja, toll. Total witzig. Ich lach mich schlapp. Aber können wir uns nicht trotzdem mal langsam verdrücken. Fänd ich echt cool, wenn wir jetzt hier die Fliege machten.«

Aber es war zu spät. Das Unheil nahm seinen Lauf. Und zwar in Form oder besser in Gestalt von Jürgen Zeppenfeld. Besser bekannt als »Jogi Deppenfeld«. So haben wir ihn immer genannt, wenn er uns in der Gemüseabteilung in die Quere kam. Auf seinem Namensschild stand tatsächlich Jürgen Zeppenfeld. Komisch, dachte ich, wo doch jeder weiß, dass er Jogi heißt. Jetzt konnte ich auch nicht mehr und platzte los vor Lachen. Laura sah mich entgeistert an, und Stefan war mit einem Mal ganz still, den Daumen mit der Nadel und dem Schlauch noch immer hoch erhoben in der Luft. Und unten dran baumelte die Spritze ganz langsam hin und her. Halb mit Blut gefüllt. Was für ein Bild. Drei Vollidioten auf Urlaub.

Mittlerweile hatte sich um uns herum eine Menschentraube gebildet. Die Situation war kinoreif. Aus der Nummer kommen wir nicht mehr heil heraus, dachte ich noch, das Ding ist gelaufen. Dann dieser Deppenfeld direkt vor meiner Nase, das war zu viel. Der Jogi arbeitete hier. In der Gemüseabteilung. Man sah ihn da immer herumschleichen. Der war wahrscheinlich auch nachts hier. Die Gemüseabteilung ohne Jogi Deppenfeld? Undenkbar. »Ihr sollt nicht immer das Gemüse anfassen«, oder: »Eine Tüte reicht euch wohl nicht zum Abwiegen.«

Man merkte es ihm an, wie es ihn schmerzte, wenn die Kunden, also wir natürlich, seine mühevoll aufgetürmten Tomatenberge zum Einstürzen brachten. Den ganzen Tag türmte er Tomatenberge, stellten wir uns vor. Wenn wir hierherkamen, ging's normalerweise immer erst zu Jogi. Mal sehen, was seine Tomatenberge machten. Wenn er noch nicht so weit war, kamen wir einfach später noch mal vorbei. Dann musste es die unterste Tomate sein. Ehrensache.

»Meine Mama hat gesagt, ich soll mir das Gemüse genau ansehen, bevor ich's kaufe. Lass dir bloß keine faulen Tomaten andrehen, hat sie gemeint.«

Das war jedes Mal ein Spaß.

»Seht bloß zu, dass ihr verschwindet«, rief er uns nur jedes Mal nach. Er machte nicht mal Anstalten, uns zu verfolgen. Beim Weggehen konnten wir dann beobachten, wie er von neuem anfing, die von uns verteilten Tomaten wieder fein säuberlich aufzustapeln. »Bis zum nächsten Mal«, riefen wir dann laut und skandierten im Chor:

> »Der Jogi, der Jogi
> ist ein echter Doofi,
> der schleicht mit seine krumme Füß
> von früh bis spät durch sein Gemüs.
> Der Jogi, der Jogi ...«

Und jetzt stand er da. Der Rächer der Tomatenberge.

»Hab ich euch endlich erwischt!«

Das war keine Frage. Das war eine triumphale Feststellung. Bei dem »erwischt« machte er so einen kleinen Hüpfer, wie, um seiner Freude Ausdruck zu verleihen. Wir drei starrten ihn an. Der Supergau. Jogi Deppenfeld hatte uns am Arsch. Das durfte nicht wahr sein.

Und dann kam der Fluchtreflex. Zu spät. Die Menschentraube hatte sich fest um uns geschlossen. Keine Chance. In der Mitte Stefan, noch immer mit erhobenem Daumen, der weit über die Köpfe der Umherstehenden nach oben zeigte. Warum eigentlich? Er musste ihn da oben vergessen haben. Vielleicht dachte er ja auch, dass ihn da oben niemand sehen könnte. Inzwischen hatte sich zu Stefans Füßen ein kleiner, roter See aus Blut gebildet.

»Ein Arzt, ein Arzt!«, schrie jemand aus der Gruppe.

»Blut, Blut. Jemand ist verletzt!«

Nur Stefan blieb stehen wie die Freiheitsstatue. Für uns gab's kein Entrinnen mehr. Was denkt jetzt so ein Lateingenie, ging mir durch den Kopf, als sich eine Gasse bildete und ein Mann im Anzug mit zwei Uniformträgern die Szene betrat. Das ist das Ende, dachte ich. Ich spürte Lauras Hand und griff fest zu. Der Untergang. Mein kurzes Leben zog an mir vorbei. Und ich musste plötzlich ganz dringend aufs Klo. Es war erbärmlich. Diese Erniedrigung. Mein Gott, war mir das peinlich. Zum Glück hatte ich Lauras Hand. Wir sahen uns beide an, direkt in die Augen. Und ich wusste, ich könnte jetzt mit ihr sterben. Diese Augen.

»Was ist denn das hier für eine Riesensauerei? Zeppenfeld, so nehmen sie doch endlich dieses Ding da weg.« Der Mann im Anzug deutete auf die Spritze. »Und holen sie in Gottes Namen irgendwas, um das Blut wegzuwischen. Ihr drei kommt augenblicklich mit mir.« Damit waren wir gemeint. Mir war klar, mit dem war nicht zu diskutieren. Das war nicht Jogi Deppenfeld. Nicht umsonst hatte der einen Anzug an und nicht so einen grünen Kittel. Das war der Vollstrecker. Ich spürte Lauras Hände und erwiderte ihren Druck. Ja, ich werde dich beschützen. Nur wie, das wusste ich nicht. Hatte die Hosen gestrichen voll. Wir zogen unsere Köpfe ein und trotteten hinter dem Anzug her, begleitet von zwei Uniformen. Merkwürdigerweise hatte Stefan jetzt seinen Daumen nicht mehr in der Luft. Jetzt wär's auch egal gewesen. So ein Idiot.

Der Mann in dem Anzug war der Geschäftsführer. Sein Büro war hässlich. Fensterlos. Ich sah ihn an und er tat mir sofort leid. Er schien nervös zu sein und hieß Herr Schürmann.

»Herr Schürmann, der Vertrieb auf Leitung zwei, bitte.«

»Nicht jetzt.«

Wenn das seine Sekretärin war, dann passte sie zum Büro. Oh Mann! Es war ziemlich voll in Schürmanns Büro. Und die Luft war schlecht. Stefan hat sich bestimmt schon in die Hose geschissen, dieser Trottel. Ohne ihn hätte es ein echt toller Nachmittag werden können. Nur mit Laura. Obwohl ...

Die Rettung

Lauras Mutter sieht nicht aus wie eine Mutter. Die kann ich mir gar nicht als Hausfrau vorstellen, so wie Mama. Mama ist einfach Mama. Und ist sie mal nicht da, ist das Haus leer. Aber Lauras Mutter? Ich weiß nicht, irgendwie ganz anders.

Sie saß neben Laura und lächelte sanft. Von ihr hatte Laura wohl nichts zu befürchten. Wie alt sie wohl ist? Ich kann das immer nur schlecht einschätzen. Laura ist jetzt fünfzehn, da muss ihre Mutter also mindestens so um die fünfunddreißig sein. Na, ist ja auch egal. Bestimmt ist sie älter. Vielleicht ja auch schon vierzig oder noch älter. Was weiß denn ich. Wie sie da so neben Laura sitzt: Laura in älter. Wenn Laura vierzig ist, bin ich einundvierzig. Ob wir uns dann noch kennen? So sieht ein Gesicht aus, das gewohnt ist, zu lachen, und jetzt ernst schauen soll.

Mein Vater schaute ganz anders. Als er in der Tür zu Schürmanns Büro stand und wir uns beide ansahen, da wusste ich, dass ich voll in der Scheiße saß. Da waren keine Lachfältchen mehr. Wie weggebügelt. Papas Gesicht war glatt und straff. So hab ich ihn selten gesehen. Er hatte sich neben mich gesetzt. Seine einzigen Worte waren: »Das wird kein Spaß, Lukas.« Ich glaubte ihm sofort und sagte nichts. Aber irgendwie hatte ich das Gefühl, er würde mich in dieser Scheiße hier nicht hängen lassen.

Er hätte es gar nicht nötig gehabt, überhaupt hierherzukommen, dachte ich anerkennend. In dieses Scheißbüro. Schließlich ist er jemand, fand ich. Ich sah den Herrn Schürmann in Papas Büro vor Ehrfurcht zittern, ganz vorne auf der Stuhlkante. Vielleicht würde der Herr Schürmann denken: »Wie kann ein Einzelner so viele Bücher besitzen?« Aber nun sitzt mein Papa in Schürmanns Büro. Da gab es keine Bücher. Ich sagte ja schon, es war hässlich. Irgendwie tat mir Papa leid. Er hasste solche Umgebungen. Aber er ist gekommen und hat sich sofort neben mich gesetzt.

»Tut mir leid, Papa«, mehr kam mir nicht über die Lippen. Dass ich ihm das hier aufhalste! Papa sagte nichts. Er setzte sich bloß und wartete ab. »Demut«, sagte er immer zu uns. »Der Mensch soll sich in Demut üben. Das gibt ihm Kraft.« Ich hab das ewig nicht verstanden. Ehrlich gesagt, verstehe ich das immer noch nicht. Ist ja auch egal, Hauptsache, er ist da und haut mich hier raus. So ein Scheiß!

Alle Zeichen standen auf Sturm. Die beiden Uniformen standen an der Tür und ließen uns nicht aus den Augen. Es gab kein Entkommen. Papa hatte Lauras Mutter kurz zugenickt, als er sich setzte. Für einen Bruchteil einer Sekunde hatte ich dabei den Eindruck, als lächelte er verschmitzt. Da war es, sein wahres Gesicht. Ganz kurz zu sehen, die kleinen Fältchen, die direkt aus den Augenwinkeln zu kommen schienen. Lauras Mutter nickte zurück und lächelte immer noch. Als ich wieder zu Papa sah, so von der Seite, waren sie auch schon wieder verschwunden, die Fältchen. Ich glaube ja, er ist ein Schauspieler. Jetzt spielt er gerade Anwalt, dachte ich. Oder ist das Demut?

Ganz anders der Vater von Stefan. Er redete ununterbrochen auf Stefan ein. Und Stefan saß da wie ein begossener Pudel. Die Schulter herabgefallen. So starrte er auf seine Schuhspitzen. Die rechte Hand zur Faust geballt auf seinem rechten Knie, wobei der seltsam dick verbundene Daumen nach oben zeigte. Als wollte er seinem Vater sagen: »Nun spar dir mal den Rapp, Alter. Bleib cool.« Aber in Wirklichkeit hatte er die Hosen mächtig voll, das Großmaul. Seine Eins in Latein konnte er sich hier sonst wohinschieben, dieser Vollidiot.

»Ave imperator! Morituri te salutant![4]«, rief er plötzlich, so laut er konnte, in Schürmanns Büro hinein. Sein Vater verstummte. Totenstille. Laura bekam einen Hustenanfall und fiel vom Stuhl.

Stefan hatte sich nicht bewegt. Alle starrten ihn an. Er starrte weiter auf seine Schuhspitzen. Mit dem Daumen nach oben. An der Spitze des Verbandes hatte sich ein kleiner, roter Fleck gebildet.

»Blutvergiftung«, sagte Lauras Mutter in die Stille hinein, »kann manchmal schnell gehen.« Laura hielt sich die Hände vors Gesicht und schluchzte. Dabei sah sie mich durch zwei Finger hindurch an, und ich wusste, dass sie sich gerade vor Lachen wegwarf. Ich nahm meinen Papa schräg von der Seite ins Visier und dachte bloß: »Demut, Papa. Jetzt bloß nicht lachen.« Papas Gesicht zeigte keine Regung.

Eine der Uniformen fragte Herrn Schürmann, ob er mal pinkeln gehen dürfte. Mein Gott, sind wir hier schon im Knast? Nur mühsam gelang es Herrn Schürmann, sich Gehör zu verschaffen:

»… kein Dummejungenstreich …«

Natürlich nicht, war ja ein Mädchen dabei.

»… schwere Sachbeschädigung, wenn nicht Diebstahl. Um eine Anzeige werde ich wohl nicht herumkommen. So etwas können wir in unserem Hause auf gar keinen Fall dulden …«

Ich sah mich schon in Handschellen. Das ist das Ende, dachte ich. Schulverweis. Aus der Traum, kein Abitur. Ich sah mich im grünen Kittel als Hiwi von Jogi Deppenfeld von morgens bis abends Tomaten stapeln, während die ganze Clique sang:

»Der Lukas, der Lukas
von der Schul den Laufpass
und schleicht mit seine krumme Füß
von früh bis spät durch sein Gemüs.
Der Lukas, der Lukas …«

Mich fröstelte. Und Papa schwieg. Demut, dachte ich. Wie durch Nebel drangen die Worte von Herrn Schürmann an mein Ohr:

»… klare Anweisungen von der Geschäftsleitung, wie in einem solchen Fall zu verfahren ist. Da sind mir die Hände gebunden …«

»Vae victis!⁵«

Wieder Totenstille. Stefan starrte auf seine Schuhspitzen. Ich glaubte, Stefan drehte jetzt ab. Laura rutschte jetzt langsamer vom Stuhl, als hätte sie's geahnt. Das Gesicht von Stefans Vater war tiefrot angelaufen. Ich dachte schon, der platzt gleich.

»Du hältst jetzt dein Maul, Stefan. Bring mich nicht zum Äußersten. Dich versteht hier so oder so niemand.«

Mein Vater lächelte. Wir sind gerettet. Jetzt bleib bloß cool, Stefan. Versau jetzt nicht alles. Du bist der Größte, okay? Aber halt jetzt verdammt noch mal die Klappe. Bitte! Nun mal los, Papa. Bin gespannt.

»Lieber Herr Schürmann, ...«

Er macht's. Papa, ich liebe dich.

»... ich denke, dass ich im Namen aller hier versammelten Eltern spreche, wenn ich Ihnen zunächst danken möchte, und zwar dafür, dass Sie dem Spuk unserer Kinder hier schon so früh ein Ende bereitet und dadurch größeren Schaden verhindert haben. Wir alle sind uns natürlich ihrer überaus großen Verantwortung bewusst, mit der Sie hier das erste Haus am Platz führen. Meine Frau hat noch heute früh zu mir gesagt ...«

Papa trug mächtig dick auf, und ich wusste, dass ich dafür viel gutzumachen haben würde. Das würde er mir alles in Rechnung stellen. Wie er solche Auftritte hasst. Aber er ist der Größte in solchen Sachen. Er sprach ganz leise. Er hat mir mal gesagt: »Lukas, wenn du dir die ungeteilte Aufmerksamkeit der anderen sichern möchtest, dann versuche nicht, sie zu überschreien. Sprich leise! Und wenn dir dann der Erste zuhört, sprich noch leiser. Wenn du dann nur noch flüsterst, wird der ganze Saal gebannt an deinen Lippen hängen.« Zugegeben, er übertreibt gerne. Aber hier konnte man dem Meister zusehen. Herr Schürmann schien sichtlich beeindruckt zu sein.

»... ganz Ihrer Meinung«, hörte ich meinen Vater weiterreden, »das können wir den dreien unter gar keinen Umständen durchgehen lassen. Da sollten wir alle an einem Strang ziehen und gemeinsam überlegen, wie wir angemessen reagieren können. Gilt es doch, unser aller guten Ruf zu wahren. Nicht wahr, Herr Schürmann …«

Herr Schürmann sah meinen Vater mit großen Augen an. Die Spinne webte ihr Netz.

»Na, wie sieht denn das auch aus«, fuhr der Meister fort, »eine solche Sauerei, in Ihrem Haus? Wer möchte denn so etwas schon gerne an die große Glocke hängen. Das würde doch bestimmt kein gutes Licht auf die Führung Ihres Hauses werfen. Daran hat doch niemand wirklich ein Interesse, oder, Herr Schürmann?«

Herr Schürmann begann sich unwohl zu fühlen. Das war die hohe Schule. Ich war mächtig stolz auf meinen Papa. Stefan tat mir leid. Hoffentlich hält der jetzt bloß seine Klappe.

»Nein, nein, natürlich nicht! Andererseits, die Vorschriften …«, stotterte Herr Schürmann.

Noch war das Wild nicht ganz erlegt. In den Augenwinkeln von Lauras Mutter hatten sich inzwischen tiefe Fältchen gebildet. Stefan starrte auf seine Schuhspitzen, und Laura war bemüht, auf dem Stuhl zu bleiben. Stefan, mach jetzt bloß keinen Scheiß. Wir haben's gleich. Stefans Vater hatte sich inzwischen auf einen Hocker gesetzt. Er sah ständig auf die Uhr. Stefan sah weiterhin auf seine Schuhspitzen. Nichts, keine Regung. Bitte Stefan, ich weiß, du kannst alles von Ovid, aber bitte nicht jetzt!

»Was ist denn auch schon groß passiert, Herr Schürmann?« Der Meister war in seinem Element. »Von Diebstahl kann ja nun wirklich nicht die Rede sein, und der tatsächliche Schaden ist, bei Lichte betrachtet, doch eher gering. Ein Bagatelldelikt, wird man wohl sagen. Wenn man das nun mit den möglichen Folgen eines beschädigten Rufs abwägt, nicht zuletzt auch Ihres Hauses. Ich bitte Sie, Herr Schürmann, Sie sind doch ein Mann von Welt.«

»Ja, ja, durchaus. Aber …«

Jetzt hat er ihn. Der Schürmann chancenlos.

»Daher mache ich, besser gesagt, machen wir Ihnen den folgenden Vorschlag.«

Lauras Mutter lächelte milde und Stefans Vater sah wieder auf die Uhr.

» Wir gehen gemeinsam mit den drei Delinquenten ...«

Stefan hob leicht den Kopf. Bitte Papa, kein lateinisches Wort.

»... äh, den drei Übeltätern in Ihre Getränkeabteilung und sehen uns erst einmal den angerichteten Schaden an. Lukas, Stefan und Laura werden dann da für Ordnung sorgen. Selbstverständlich unter Ihrer Aufsicht, wenn Sie das wünschen. Außerdem werden uns die drei alle angezapften Behältnisse zeigen, die sie dann von ihrem Taschengeld ordnungsgemäß bezahlen werden.«

»Ein guter Vorschlag«, sagte Stefans Vater und stand auf, »bringen wir's hinter uns.« Stefan zugewandt fügte er noch hinzu: »Über den Rest der Strafe sprechen wir dann zu Hause.«

Stefan hob den Kopf und sah zuerst seinen und dann meinen Vater an. Laura drehte ihren Ring am Finger, meinen Ring. Ich starrte Stefan beschwörend an. Und Stefan sagte nichts. Er sah jetzt irgendwie traurig aus. Vielleicht tut ihm ja auch nur der Daumen weh. Geschieht ihm ganz recht. Er sah mich kurz an und fixierte dann wieder seine Schuhspitzen. Komischer Kerl.

»Ultra posse nemo obligatur![6]«, hatte Stefan noch gerufen, nachdem wir alle aus Schürmanns Büro raus waren und vor dem Kaufhaus standen. Stefans Vater bekam einen roten Kopf. Beide sind dann in entgegengesetzte Richtungen fortgegangen. »Viribus unitis[7], Stefan!«, rief Laura noch Stefan hinterher. Donnerwetter, dachte ich, sie wird doch nicht etwa bei Stefan Nachhilfe genommen haben? Der blieb stehen und schaute sich zu Laura um. Sein Vater war längst verschwunden. Er schenkte uns sein breitestes Grinsen und präsentierte noch einmal seinen hochgestreckten verbundenen Daumen, ehe er sich wieder umdrehte und mit hängenden Schultern davonschlurfte. Er wird also kommen. Laura ist doch immer wieder für eine Überraschung gut.

4. August

ES WAR EINMAL IN AFRIKA

Um die Bedeutung der Pubertät für die Entwicklung des einzelnen Menschen und die Menschheitsentwicklung insgesamt zu verstehen, müssen wir in die Entstehungsgeschichte des Menschen zurückschauen. Um zu erahnen, wer wir sind, müssen wir zunächst verstehen, woher wir kommen und wer wir waren.

Die Geschichte der Menschen begann mit der Trennung von einem gemeinsamen Vorfahren mit den Menschenaffen. Das hat sich irgendwann vor dreiundzwanzig bis sieben Millionen Jahren zugetragen. Vor etwa sieben Millionen Jahren begann dann der Entwicklungsweg der Menschen oder Hominiden.

Der frühe Mensch betritt als Australopithecus die Bühne. Schon die ersten Formen beherrschten den aufrechten Gang. Das war vor etwa vier Millionen Jahren. Zu dieser Zeit wurden die Landschaft und die Lebensbedingungen in Ostafrika dramatischen Veränderungen unterworfen. Klimaänderungen führten zu einer weitgehenden Versteppung der afrikanischen Wälder.

Die entstandenen riesigen Grassteppen waren ein gefundenes Fressen für die Grasfresser, die nun viel bessere Lebensbedingungen vorfanden als zuvor in den Wäldern. Sie vermehrten sich enorm und bildeten große Herden. Diese waren wiederum ein gefundenes Fressen für Raubtiere und Aasfresser, die sich im Gefolge der Herden entwickelten und an das Leben in der Steppe hervorragend anpassten.

Man kann sich vorstellen, dass die frühen Formen des Australopithecus diesem Treiben noch ein wenig skeptisch zusahen. Sie werden die Steppe wohl eher gemieden und ein Leben am Rande der Wälder geführt haben. Für ein Leben in diesem neuen riesigen Lebensraum Steppe waren diese ersten Menschenformen noch nicht gut angepasst. Das sollte sich aber schon bald ändern. Innerhalb der nächsten zwei Millionen Jahre bildeten sich zwei Gruppen von frühen Menschen mit unterschiedlichen Anpassungen heraus, eine eher grazile Form und eine eher robuste Form. Beide waren Vegetarier.

Der robuste Typ entwickelte einen äußerst widerstandsfähigen Kauapparat mit sehr starken Muskeln und riesigen Backenzähnen. Damit konnte er mühelos Nüsse und Samen zerbeißen. Dagegen deutet die gesamte Ausstattung des grazilen Typs darauf hin, dass er sich eher von weicher Nahrung ernährt haben wird. Das Gehirnvolumen der Australopitheciden betrug zwischen vierhundert und fünfhundert Kubikzentimeter und somit etwa ein Drittel des Volumens heutiger moderner Menschen, und sie wurden zwischen einem und anderthalb Meter groß. Je nach Art variierte ihr Gewicht zwischen siebenundzwanzig und fünfundvierzig Kilogramm. Aus der grazilen Art ging dann vor etwa zweieinhalb Millionen Jahren die Gattung Homo hervor.

Ein früher Vertreter dieser Gattung, der auch als der »erste Mensch« bezeichnet wird, war Homo habilis. Er verfügte über eine neue, geradezu revolutionäre Fähigkeit. Er begann, Werkzeuge herzustellen. Offensichtlich war es den grazilen Vorgängern gelungen, erfolgreicher in das Geschäft mit der Eroberung der Steppe einzusteigen als den robusten. Dabei ist ihnen etwas ganz Entscheidendes gelungen: Sie haben ihren Speiseplan erweitert, sie wurden zu Fleischfressern. Anfangs haben sie sich wohl mit Aas begnügt, das die großen Herden im Überfluss lieferten, und sich dann später, schon etwas mutiger, zu Beuteräubern weiterentwickelt. Die ersten einfachen Werkzeuge werden ihnen dazu gedient haben, ihre Fundstücke möglichst rasch zu zerteilen, um sich dann schnell vor den Raubtieren in Sicherheit zu bringen, denen sie zunächst einmal so viel nicht entgegensetzen konnten.

Seit der Zeit des Australopithecus sind seine Beine immer länger und seine Arme immer kürzer geworden. Die Fortbewegung auf zwei Beinen hatte sich jetzt voll durchgesetzt. Eine äußerst gelungene Anpassung an das Leben in der offenen Grassteppe. Zudem hatte seine Größe weiter zugenommen. Dadurch gewann er einen noch besseren Überblick im freien Gelände. Mögliche Nahrungsquellen, aber auch Feinde, wie Raubkatzen, konnte er so schon von weitem ausmachen. Unnötigen Auseinandersetzungen wird sich Homo habilis wohl durch rechtzeitige Flucht entzogen haben. Sein Gehirnvolumen konnte inzwischen bis zu siebenhundert Kubikzentimeter erreichen.

In dieser Zeit muss er schon über bestimmte Kommunikationsformen verfügt haben. Denn solche Streifzüge nach Aas oder frischer Beute werden langfristig nur dann erfolgreich gewesen sein, wenn sich das Verhalten der einzelnen Gruppenmitglieder koordinieren ließ. Solche Unternehmungen waren immer hochriskant und mussten auch mit den zurückbleibenden Mitgliedern der Gruppe, den Frauen und Kindern, in geeigneter Form abgestimmt werden.

Etwa in dieser Zeit, also vor ein bis zwei Millionen Jahren, ist etwas ganz Entscheidendes passiert. Ein großer

Schritt auf dem Weg zum modernen Menschen. Homo habilis wurde zum Jäger. Das überreiche Angebot von hochwertigem Eiweiß war eine viel zu große Verlockung. Unter dem hohen Selektionsdruck in der offenen Graslandschaft war irgendwann der Schritt vom Beutedieb zum Jäger wohl so groß nicht mehr. Diese frühen Menschen wurden immer mutiger und geschickter, um den Raubtieren ihre Beute abzujagen, und verfügten über immer bessere Werkzeuge.

Dass frisch erlegtes Wild höherwertige Nahrung darstellte als Aas, hatten sie wohl schon lange bemerkt. Irgendwann haben sie dann ein schwaches oder krankes Beutetier vorgefunden, das noch lebte, und es ohne großen Aufwand erlegt. Und vor allem ohne lästige Raubtiere, mit denen sie sich sonst so häufig um die Beute streiten mussten. Und dann lag es nah, selbst auf die Jagd zu gehen. Eine Entscheidung mit Folgen.

Zunehmende intellektuelle Fähigkeiten waren jetzt von grundsätzlichem Vorteil für das Überleben geworden. Der frühe Mensch verfügte ja über keine körperlichen Merkmale, die ihn zum Raubtier machen konnten. Weder hatte er Reißzähne wie der Tiger, noch verfügte er über dessen messerscharfe Krallen. Dafür verfügte aber schon Homo habilis über ein hohes Maß an Anpassungsfähigkeit. Er entwickelte ein immer größeres Gehirn. Er war zunehmend imstande, in sozialen Gruppen koordiniert zu agieren.

Und dann sein Handgebrauch. Ein wichtiger Meilenstein bei der Menschwerdung. Beim Übergang zu dem jetzt anhaltend durchgeführten aufrechten Gang sind die Hände völlig frei geworden. Zur Fortbewegung wurden sie nicht mehr benötigt. Der Mensch stand an der Schwelle, die Welt im wörtlichen Sinne zu begreifen und zu verändern. Die Massenzunahme des Gehirns betraf dabei vor allem den vorderen Teil, das Stirnhirn. Das war Homo habilis schon von außen anzusehen. Sein Schädel war im Vergleich zu dem von Australopithecus deutlich runder, die Stirn nun höher, das ganze Gesicht mit dem Kauapparat kleiner geworden. Dieses Stirnhirn, das bald etwa ein Drittel der gesamten Hirnrinde einnehmen sollte, hat sich zu einem echten Logistikpartner der menschlichen Hand entwickelt. Eine Gehirnregion mit Zukunft, an die sich bald die höchsten kognitiven und emotionalen Fähigkeiten des Menschen binden sollten.

Zugleich wurden Kinder geboren, die zunehmend weniger weit entwickelt waren. Ein Grund dafür kann in der durch den aufrechten Gang bedingten anatomischen Verengung des Geburtskanals gesehen werden. Wesentliche Teile der Entwicklung des Gehirns und seiner Fähigkeiten fanden jetzt nach der Geburt statt. Dabei war das Kind auf lange Zeit völlig von der Fürsorge der Mutter sowie der Gruppe insgesamt abhängig. Es konnte nicht laufen und musste von der Mutter getragen werden. Der Mensch wurde zu einem passiven Tragling. Unter hohem energetischen Einsatz wird seitdem eine starke Bindung zwischen Mutter und Kind weit über die Stillphase hinaus aufgebaut. Die verzögerte nachgeburtliche Entwicklung emotionaler und kognitiver Merkmale ist ein Schlüsselmechanismus für die Entwicklung der besonderen Anpassungsfähigkeit des Menschen. Sie ist der Schlüssel für die Entwicklung von optimalen Überlebensstrategien in der sozialen Gemeinschaft.

In dieser Zeit, in der der Mensch zum Jäger wurde, die kognitiven und sozialen Kompetenzen rasant zunahmen und sich so etwas wie Kulturwissen anzusammeln begann, wurde die **Pubertät** erfunden.

Der Mensch begann zu verstehen, dass Wissen Macht bedeutete. So fing er an, die Kenntnisse, Erfahrungen und Fertigkeiten, die er im Besonderen im Zusammenhang mit der Jagd erworben hatte, von einer Generation an die nächste weiterzugeben. Dazu musste dieses stetig anwachsende Wissen sorgfältig gehegt und gepflegt werden, wobei es ja nicht irgendwie genetisch vererbt werden konnte. Dieses Kulturwissen wurde zu der alles entscheidenden Trumpfkarte für eine erfolgreiche Entwicklung der Menschen.

So entstand eine Situation, in der es biologisch zunehmend sinnvoll war, die Phase des nachgeburtlichen Lernens zu verlängern. Unter dem Selektionsdruck des Kulturwissens entwickelte sich eine Verlängerung der Kindheit über den Zeitpunkt hinaus, zu dem die körperlichen Voraussetzungen zum Eintritt in die Geschlechtsreife schon längst erfüllt sind. Es entstand eine Art physiologische, durch das Gehirn gesteuerte und über Hormone vermittelte Bremse auf die Entwicklung der individuellen Geschlechtsreife. Ohne diese physiologische Bremse würde die Geschlechtsreife heute im Alter von sechs bis sieben Jahren eintreten. Man muss schon sehr erfolgreich sein, um sich eine solche Strategie überhaupt leisten zu können. Dies macht deutlich, wie wichtig das Kulturwissen für den frühen Menschen geworden war.

Die Erfindung der Pubertät markiert zugleich den Beginn des Ausstiegs des Menschen aus der biologischen Evolution und den Beginn der Kulturevolution. Gleichzeitig musste die durchschnittliche Lebenserwartung signifikant angestiegen sein, um sich eine Verlängerung der Kindheit überhaupt leisten zu können. In dieser Phase der verlängerten Kindheit erlernten die Menschen alle Fähigkeiten, die zum Überleben erforderlich waren. Im Zuge einer fortschreitenden erfolgreichen Entwicklung der menschlichen Kulturtechniken betrat dann vor etwas weniger als zwei Millionen Jahren Homo erectus die Bühne.

Eine wichtige biologische Neuerung, die in die Zeit von Homo erectus fiel, war die Erfindung des Schwitzens. Wie alle Säugetiere, regulierte der frühe Mensch bis dahin seine Körpertemperatur über die Atmung. Mit der Erfindung der Wärmeabgabe durch Schwitzen nahmen die Leistungsfähigkeit und Anpassungsfähigkeit des Menschen enorm zu. Gleichzeitig verlor Homo erectus in dieser Zeit sein Fell. Er wurde nackt. Das zuvor noch schützende dichte Fell behinderte zunehmend die freie Luftzirkulation, die für eine effektive Funktion der neu entwickelten Schweißdrüsen erforderlich ist. Es war Homo erectus, der sich dann auf den Weg machen konnte, um Afrika zu verlassen, um weite Teile Asiens und Europas zu besiedeln.

In dieser Zeit lernte der Mensch, das Feuer zu beherrschen. Er nutzte es, um sich daran zu wärmen und die ersten Grillpartys zu veranstalten. Dass Steaks besser schmecken und viel bekömmlicher sind, wenn man sie vorher erhitzt, wird er bald bemerkt haben. So wurde das Feuer in dieser Zeit zu einem wichtigen Bestandteil der menschlichen Kultur. Homo erectus war überaus erfolgreich, bis er vor etwa fünfzigtausend Jahren ausgestorben ist. In die frühe Zeit des Homo erectus fällt das Verschwinden des letztlich erfolglosen frühen Konkurrenten der grazilen Frühmenschen, des robusten Australopithecus in Afrika, der vor ungefähr einer Million Jahren ausgestorben ist.

Das Skelett des so überaus erfolgreichen Homo erectus ist von dem des modernen Menschen kaum zu unterscheiden. Allerdings sah sein Schädel noch deutlich anders aus. Auffällig die relativ flache Stirn und die mächtigen Wülste über den Augen. Das Volumen des Schädels erreichte nun schon durchschnittlich eintausend Kubikzentimeter, das heißt etwa zwei Drittel des Schädelvolumens des modernen Menschen.

Vor etwa einhundertdreißigtausend Jahren tauchte dann in Ostafrika der moderne Mensch (Homo sapiens) auf. Von hier aus hat er sich, in einem zweiten Anlauf, über die ganze Erde ausgebreitet. Seit etwa fünfzigtausend Jahren ist er in Europa nachweisbar, wo er bis an die Ränder der eiszeitlichen Gletscher vorstieß. Er hatte inzwischen gelernt, sich zum Schutz vor Kälte und Regen zu kleiden. Er baute Häuser und Boote. Vor etwa vierzigtausend Jahren, also nur etwa neunzigtausend Jahre nach seinem ersten Auftritt in Ostafrika, war der Mensch in der Lage, seine ersten Kunstwerke, wie Plastiken und Höhlenmalereien, zu schaffen. Die technische Entwicklung schritt rasant voran. Vor vierzigtausend Jahren verfügte der Mensch über Öllampen und Musikinstrumente. Bald kamen Pfeil und Bogen dazu, was die Jagd revolutionierte.

Von Homo erectus unterschied sich Homo sapiens vor allem durch sein deutlich größeres Gehirn, das wohl die wesentliche Grundlage für seine um ein Vielfaches überragende Leistungsfähigkeit ist. Das durchschnittliche Gehirnvolumen hatte jetzt eintausenddreihundertfünfzig Kubikzentimeter erreicht.

Doch die Größe des Gehirns alleine reicht nicht aus, um die Erfolgsgeschichte von Homo sapiens zu verstehen. Was Homo sapiens, durch den enormen Selektionsdruck der rasanten Kulturentwicklung und damit einer wachsenden Abhängigkeit von den Kulturtechniken gefördert, von Homo erectus unterschied, waren seine beeindruckenden kognitiven Fähigkeiten. Diese enorme Zunahme der kognitiven Kompetenz steht in einem direkten Zusammenhang mit einer gegenüber Homo erectus deutlich längeren nachgeburtlichen Entwicklungs- und Wachstumsperiode.

Bei Homo sapiens dauerte die Wachstumsphase des Gehirns nun mehr als zehn Jahre nach der Geburt an. Das Gehirnvolumen eines neugeborenen modernen Menschen machte nur ungefähr fünfundzwanzig Prozent des Gehirnvolumens eines Erwachsenen aus. Nach einem Jahr, etwa zu der Zeit, zu der das Kind zu laufen beginnt, hatte das Gehirnvolumen etwa die Hälfte des Volumens erwachsener Gehirne erreicht.

Es gibt deutliche Hinweise darauf, dass die Zeit der nachgeburtlichen Gehirnentwicklung bei Homo erectus noch sehr viel kürzer war. Schon nach einem Jahr waren bei Homo erectus etwa achtzig Prozent der Gehirnentwicklung abgeschlossen. Das entspricht ungefähr den Verhältnissen bei heutigen Schimpansen. Der höhere kulturelle und technische Standard des modernen Menschen stand demnach offenbar in einem Zusammenhang mit dem Aufwand, der betrieben werden musste, um eine adaptive nachgeburtliche Gehirnentwicklung und eine Weitergabe des technischen und kulturellen Wissens zu gewährleisten. Dabei fiel der Pubertät eine Schlüsselrolle zu.

Die vom Gehirn gesteuerte Verzögerung des Eintretens der Geschlechtsreife um mehrere Jahre erwies sich als eine besonders erfolgreiche Anpassung der menschlichen Individualentwicklung an die Bedingungen einer wachsenden Leistungsfähigkeit und Abhängigkeit von der Kulturentwicklung mit all ihren technischen Errungenschaften. Ein Leben und Überleben außerhalb dieses Kulturraums wurden zunehmend unmöglich.

Spätestens seit der Mensch damit begonnen hatte, seinen Lebensunterhalt mit Ackerbau und Viehzucht zu bestreiten und seine Tätigkeiten als Jäger und Sammler zunehmend einzustellen, er also sesshaft zu werden begann, hat er sich den Bedingungen der biologischen Evolution nahezu vollständig entzogen. Diese entscheidende Umstellung begann vor etwa zehntausend Jahren und wird als neolithische Revolution bezeichnet.

Die Voraussetzung für diesen Siegeszug der Kulturentwicklung des Menschen liegt in der Entstehung der menschlichen Symbolsprache, die sich seit etwa vierzigtausend Jahren entwickelt und den modernen Menschen auszeichnet. Diese Sprachentwicklung bildete die Grundlage für die Entstehung größerer und komplexerer sozialer Strukturen der Menschengruppen und war so eine wesentliche Voraussetzung für die Entstehung der ersten Städte vor sechstausend Jahren. Seither geht der Selektionsdruck auf die Anpassungsmechanismen des Menschen im Wesentlichen von den Bedingungen des durch den Menschen selbst hervorgebrachten Kulturraums aus. Der Mensch hat sich endgültig von der biologischen Evolution verabschiedet. *FL*

Tomatenberge

Es war grausam. Und es war Samstag. »Viribus unitis!⁸«, hatte Stefan gebrüllt, als wir uns bei den Tomaten trafen. Einen ganzen langen Samstag lang mussten wir in Jogis Gemüseabteilung Strafarbeit leisten. Das hat der Herr Schürmann dann doch noch durchgesetzt.

Jetzt standen wir also in Jogis Gemüseabteilung herum. Und der wusste genau, wie gut Rache schmeckte. Jogi, der Triumphator. Ich musste natürlich als Erster Tomaten stapeln. Jogis Gemüseparadies war die Hölle. Aber wir standen das gemeinsam durch und stellten uns dabei gar nicht so doof an. Mit der Zeit machte es sogar richtig Spaß. Und so blöd, wie wir dachten, war der Jogi dann auch wieder nicht. In der Pause saßen wir alle zusammen.

»Nun erzählt mal, was macht ihr denn so?«

Wir drei sahen uns ziemlich betreten an.

»Schule, natürlich«, gab Stefan noch etwas knapp zurück.

»Schule? So, so, Gymnasium, schätze ich.«

»Was denn sonst? Natürlich Gymnasium.« Stefan starrte auf die Kisten mit Apfelsinen zu seinen Füßen.

»Natürlich«, wiederholte Jogi, »ich bin auch nicht hier geboren, müsst ihr wissen.«

Was wird das denn jetzt? Laura sah Jogi direkt an.

»Ich war auch mal auf dem Gymnasium«, sagte Jogi, »bis eines Tages meine Mutter weg war. Ich meine weg, einfach so. Morgens noch Frühstück gemacht und dann, ich kam aus der Schule zurück: weg! Keine Erklärung, kein gar nichts. Einfach weg.«

Wir saßen jetzt im Halbkreis um Jogi versammelt, der auf einem Sack Kartoffeln hockte. Während er so erzählte, biss er hin und wieder in eine riesige Karotte, mit der er dann zwischendurch in der Luft herumfuchtelte, um seine Ausführungen zu unterstreichen. Er sprach und kaute und fuchtelte herum, da oben auf seinem Kartoffelsack. Das gab ihm was Lässiges. Er war vielleicht nicht wirklich cool, aber ganz schön lässig eben. Machte gar nicht mehr den Eindruck vom doofen Jogi. Also, sein Vater hat es dann nicht gepackt, fing das Saufen an.

»Alles ist in sich zusammengefallen, wie meine Tomatenstapel«, fuhr er fort.

Dabei sah er mich an. Und ich wusste, dass ich knallrot geworden war. Aber er lachte mir ins Gesicht und meinte bloß: »Kopf hoch, Lukas, musst sie eben immer wieder aufstapeln, die Tomaten. Immer wieder aufstapeln.«

»Und dann? Wie ging's weiter?«, hörte ich Laura neben mir. Jogi biss ein gewaltiges Stück aus seiner Karotte und blickte zufrieden über sein ganzes Gemüseparadies, bevor er sich Laura zuwandte:

»Weiter geht's immer. Brauchst nur aufzupassen, dann weißt du auch, wie.«

Laura sagte nichts. Stefan war dabei, ein Porreeblatt in feine lange Streifen zu zerlegen, und sah nach unten. Therapiestunde.

»Mit der Schule, das lief dann nicht mehr so gut. Dann die Pflegefamilie. Es war die Hölle. Abitur konnte ich vergessen. Bin dann lange rumgezogen, von einem Job zum nächsten.«

Sieht so ein Loser aus? Scheiße. Scheiß auf die Zukunft, würde Berni sagen.

»Dein Vater hat mir gut gefallen, Lukas«, meinte Jogi. »Wie er euch da alle rausgehauen hat, alle Achtung.«

Mann, was redet der denn da? Was geht ihn das überhaupt an? So ein Scheiß aber auch.

Um acht Uhr abends war Feierabend. Und wir drei waren total erledigt. So jeden Tag wär das wohl nichts für mich. Aber der Jogi hatte das voll drauf. Eigentlich ein ganz netter Typ. Was der alles erlebt hat. Wir müssen ihn unbedingt zur nächsten Party einladen. In der Getränkeabteilung haben wir uns alle noch einmal umgedreht und ihm zugewinkt. Dann hakte sich Laura bei Stefan und mir ein und wir schlenderten ziemlich gut gelaunt in Richtung Ausgang. Noch bevor wir die Getränkeabteilung verlassen hatten, machte Laura mit ihrem Wuschelkopf eine Bewegung in Richtung Eisteeregal und lachte.

»Na, wie wär's, Lukas?«

Alexander ist weg

»Hallo, jemand da?«

»Hallo, Lukas. Zieh dir die Schuhe aus. Wir können gleich essen.«

»Hallo Mama. Mein Referat war ein voller Erfolg.«

»Welches Referat?«

»Na, in Deutsch. Glatte Eins. Hätte ich von der Kümmerlein nicht erwartet.«

»Toll! Glückwunsch, Lukas. Hast du das nicht mit Berni vorbereitet? Der hat übrigens noch seine Jacke bei uns hängen.«

»Ja, genau. Nur, viel gemacht hat er nicht gerade. Deutsch ist nicht so sein Schwerpunkt, weißt du.«

»Macht ja nichts. Dafür hat er bestimmt andere starke Seiten.«

»Und wie. Ich bin dann mal oben.«

Mütter!

»Denk dran, wir können gleich essen. Lena muss auch jeden Moment kommen.«

»Ist Papa zu Hause?«

»Ja, aber lass ihn jetzt mal in Ruhe.«

»Warum? Ich will doch nur ...«

»Alexander ist weg!«, sagte Mama bedeutungsschwer und legte die Stirn in Falten.

»Oh, das ist schlimm.«

Manchmal glaub ich ja, dass Papa ein bisschen spinnt. Es ist also wieder mal so weit. Zeit der Trauer. Alexander kommt nur ins Spiel, wenn's ihm nicht so gut geht. Wenn er Probleme hat. Wenn er mit sich selbst unzufrieden ist. Und jetzt ist er also weg, der Alexander. Das ist echt schlimm.

»Was hat er denn?«

»So genau kann ich's dir nicht sagen. Irgendwas mit seinem neuen Buch, glaube ich. Ganz bestimmt nichts Schlimmes. Ich denke mal, er hängt irgendwo fest. Wird schon wieder. Ist noch immer gut gegangen. Nur, lass ihn jetzt.«

»Schon gut.«

Es ist ja nicht so, dass Alexander nicht schon mal weg war. Nein, das ist nicht zum ersten Mal passiert. Natürlich nicht. Aber es wird jedes Mal schlimmer, sagt Mama.

»Wann ist es denn passiert?«

Mama sah auf die Küchenuhr über der Tür.

»Heute Vormittag. Er kam so gegen zehn Uhr zurück.«

»Und seitdem sitzt er in seinem Arbeitszimmer und …«

»Ja, genau. Aber lass es jetzt mal gut sein, Lukas. Ich bin hier gleich fertig. Wenn du Lust hast, kannst du ja schon mal die Teller auftragen.«

»Ich wollte ja eigentlich noch schnell auf mein Zimmer, um …«

»Lukas, bitte.«

»Is ja schon gut. Aber das nächste Mal ist Lena dran.«

»Lukas!«

»Ja, ja. Der Wievielte war er denn?«

»Nicht diese Teller, Lukas. Nun stell dich doch nicht so ungeschickt an. Nimm die aus dem unteren Regal. Der wievielte wer?«

»Na, Alexander.«

»Ich glaub, es war Alexander VI.«

»Den hatte er aber dann schon recht lange, oder?«

»Es lief ja auch lange gut. Aber seit gestern …«

»Was ist seit gestern?«

»Lukas, du nervst. Was möchtest du zum Essen trinken?«

»Grünen Eistee. Weißt du doch.«

»Bin mir nicht sicher, ob wir noch welchen haben. Du kannst ja mal im Keller nachsehen.«

»Schon gut. Milch geht auch. Was ist denn nun seit gestern?«

»Na, sein Buch eben. Du hast ja noch gar kein Besteck aufgelegt. Und die Servietten fehlen auch noch.«

»Du hast nur was von Tellern gesagt.«

»Ach was. Und womit essen wir für gewöhnlich?«

»Isst Papa nicht mit?«

»Ich denke mal, nicht.«

»Vielleicht heißt der nächste ja Lucrezia.«

»Lucrezia?«

Mama stellte ihren Topf ab und sah mich verständnislos an. Ich liebe diesen Blick. Sie sieht durch mich hindurch und schielt dabei. Völliges Unverständnis. Null Peilung.

»Na, seine Tochter eben.«

»Deine Schwester heißt doch Lena, also wirklich.«

»Jetzt hör doch mal zu, Mama. Die Tochter von Alexander VI. Du verstehst auch gar nichts. Musst mal mit in die Schule kommen. Geschichte, weißt du?«

»Schon verstanden, du Oberschlau. Du vergisst nur, dass es immer nur Männernamen sind. Reine Männersache, verstehst du? Dein Vater würde niemals eine Frau schlagen. Unter gar keinen Umständen würde er das tun.«

»Bei Lucrezia würde er vielleicht mal eine Ausnahme machen. Um die wär's nicht schade ...«

»Wie bitte?«

»Schon gut, Mama.«

»Ich glaube, Lena ist jetzt auch da. Wir können dann sofort essen.«

»Hallo! Was gibt's?«, kam es von der Haustür. Das ist immer das Erste, was meine Schwester sagt, wenn sie von der Schule nach Hause kommt: »Hallo! Was gibt's?« HWG! Andere würden vielleicht sagen: »Hi, wie geht's?« Wäre auch HWG! Aber nein, sagt sie nie. Immer nur: »Hallo! Was gibt's?« Ich glaub, wenn Mama mal antworten würde: »Nichts«, dann würde Lena noch fragen: »Und was gibt's zum Nachtisch?«

»Scheiß Englischarbeit!«, kam es jetzt aus der Garderobe, wo sie ihre Jacke über einen Haken warf. Das war mal wieder so ein typischer Kurzbericht eines Schultages von Lena. Meist kommt dann nichts mehr. »Scheiß Englischarbeit« und fertig. Fragen lohnt nicht. Mal angenommen, ich würde jetzt fragen: »Wie scheiß Englischarbeit?«, dann würde Lena antworten: »Scheiß Englischarbeit eben.« Das war's. Allerdings nicht immer. Angenommen, ich frage nicht nach, an einem jener Tage, an denen man eben nachfragen müsste, dann heißt es sofort: »Keine Sau interessiert sich für meine Schulleistungen!« Das ist Lena.

»Lena, wasch dir gleich die Hände, wir können sofort essen.«

Meine Mutter hat es vielleicht nur überhört. Wenn die in der Küche rumwuselt, sind immer ein Mordsgeklapper und Gerumpel zu hören.

»Keine Sau interessiert sich für meine Schulleistungen!«

Das war jetzt richtig laut. Das kann meine Schwester.

»Aber natürlich tun wir das. Kannst du mal eben die Nudeln reinbringen?«

So was können nur Mütter. Diese völlig überleitungsfreien Themenwechsel. Von Englischarbeit zu Nudeln.

»Ist doch wahr. Die bescheuerte Ziege. Nimmt was dran, was ich gar nicht gelernt habe.«

»Ach was!«

Mein Lieblingskommentar zu Lenas Schulerlebnissen. Passt immer.

»Was weißt du denn schon, du Vollidiot?«

Ich hätte ihr antworten können, aber ich wusste, dass sie ihre Aussage nicht als Frage verstanden wissen wollte.

»Jetzt seid friedlich. Hier Lena, reich doch mal das Gemüse weiter.«

Lena war jetzt mit dem Thema Schule für heute durch:

»Ist Papa da?«

»Ja, aber er wird nicht mitessen.«

»Wieso nicht?«

»Alexander ist weg.«

»Nicht schon wieder. Kann ich zu ihm rein?«

»Lieber nicht, Lena. Er braucht noch etwas Zeit, um seinen Verlust zu verarbeiten.« Dabei tätschelte Mama die extrem dreckigen Hände meiner Schwester. Komisch, bei der sahen die Hände nach dem Händewaschen immer ganz genauso aus wie davor. Mama hat's heute übersehen. Ist wohl selbst in Gedanken bei Alexander, schätze ich.

»Ich weiß schon. Mit Whisky und dicker Zigarre.«

»Lena, das verstehst du nicht.«

Typisch! Übersetzt, also von Elterndeutsch in richtiges Deutsch heißt das so viel wie: »Lena, halt dich da raus!«

»Und wie ich das verstehe.«

Bei »verstehe« flog eine Nudel aus Lenas Mund mitten auf den Tisch.

»Lena! Nicht mit vollem Mund. Wie oft hab ich schon ...«

»Wie heißt denn der Neue?«

»Wissen wir noch nicht, Lena. Hast nichts verpasst. So, jetzt lasst uns weiteressen. Papa wird dann schon kommen.«

»Ist ja schon gut. Also, die Arbeit war an sich ganz leicht. Aber ...«

»Ach was!«

»Du Penner!«

Ich musste mich ducken, um zwei Nudeln auszuweichen. So ein lautes »P« konnte ganz schön beschleunigen.

»Jetzt ist es gut. Seid friedlich und esst.«

Lena hatte ihren Kopf tief über ihren Teller gesenkt, als hätte sie da irgendetwas drin verloren. Aber ich wusste, dass sie sich gerade kringelig lachte.

»Papa sollte froh sein. Alexander VI. war unberechenbar.«

»Was du nicht alles weißt!«

»Zum letzten Mal, ihr sollt friedlich sein und essen.«

1. September

AM ENDE DER EVOLUTION

Den »Erfolg« biologischer Anpassungsprozesse kann man zum Beispiel über das Wachstum einer Population abschätzen. Das heißt, viele Nachkommen, eine große Bevölkerungszahl wären Anzeichen einer erfolgreichen Strategie. Ein anderes Maß wäre die Stabilität einer Population, die ja wesentlich durch die erforderlichen Ressourcen, wie zum Beispiel Nahrung, begrenzt wird.

Man schätzt, dass zu Beginn der neolithischen Revolution vor zehntausend Jahren, als der Mensch gerade zu Ackerbau und Viehzucht überging, etwa fünf bis zehn Millionen Menschen auf der Erde gelebt haben. Zu diesem Zeitpunkt hatte er schon eine Entwicklung von etwa fünf Millionen Jahren auf dem Buckel. Mit der neuen Erwerbsquelle Ackerbau und Viehzucht brachte es der Mensch dann zur Zeitenwende, also vor etwa zweitausend Jahren, auf stattliche zweihundert bis vierhundert Millionen Zeitgenossen. Bis zur industriellen Revolution in der Mitte des achtzehnten Jahrhunderts hat sich die Bevölkerungszahl der Menschen auf etwa achthundert Millionen verdoppelt.

Heute, also nur zweihundertfünfzig Jahre oder zehn Generationen später, leben nahezu sieben Milliarden Menschen auf der Erde. Und Jahr für Jahr werden es etwa zweiundachtzig Millionen mehr. Eine echte Erfolgsgeschichte könnte man meinen.

Natürlich wissen wir es heute besser. Wir sprechen von Überbevölkerung und von der enormen Gefahr, die davon für unsere Erde insgesamt ausgeht. Der Mensch wird zur Bedrohung des grundlegenden ökologischen Gefüges, das ihn hervorgebracht hat und ohne das er trotz aller kulturellen Errungenschaften nicht überleben kann. Es scheint sich jetzt zu rächen, dass sich der Mensch nun schon seit vielen Tausenden von Jahren den Selektionsdrücken der biologischen Evolution so erfolgreich entzogen hat. Seit dem Auftreten der Gattung Homo vor etwa zweieinhalb Millionen Jahren haben insgesamt schätzungsweise einhundert Milliarden Menschen auf der Erde gelebt. Zahlenmäßig spielen die frühen Menschen dabei eine eher unbedeutende Rolle. Allein im zwanzigsten Jahrhundert, sind etwa drei Viertel (!) aller Menschen geboren worden, die jemals gelebt haben.

Was bedeutet das nun aber für die Pubertisten von heute? Der Pubertist kann auf eine Geschichte von etwas mehr als zwei Millionen Jahren zurückblicken. Biologische Strukturen, die so lange Bestand haben, müssen von großer Bedeutung und vor allem sehr erfolgreich sein.

Die menschliche Pubertät ist ja mehr als nur die Phase des Eintritts der Geschlechtsreife. Das spezifisch Menschliche an der Pubertät ist zunächst die Erfindung der Verzögerung der Geschlechtsreife um mehrere Jahre. Dieser Zugewinn an Kindheit ist die biologische Basis für jedes Schulsystem. Der Schüler ist also nicht das Ergebnis der Einführung der allgemeinen Schulpflicht, sondern das Ergebnis eines bedeutenden biologischen Anpassungsprozesses, der vor etwa zwei Millionen Jahren begann. Diese verlängerte Kindheit ist eine Anpassung an die zunehmende Bedeutung und zugleich Abhängigkeit von Kulturwissen. Das für das Überleben wichtige Kulturwissen muss sich jeder Mensch zunächst einmal aneignen, bevor er in die Geschlechtsreife kommt und dann die nächste Generation begründet. Insofern markiert der Eintritt der Geschlechtsreife den Generationenwechsel. Das war ursprünglich ein echter Wechsel, der durch die relativ kurze Lebensspanne des einzelnen Menschen auch erforderlich war. Mit dem Auftreten von Homo sapiens vor etwa einhundertdreißigtausend Jahren hat dann die Phase des nachgeburtlichen Lernens noch einmal erheblich an Bedeutung gewonnen. Die Menschen leisteten sich den Luxus eines enorm hohen Einsatzes bei der nachgeburtlichen Entwicklung.

Eigentlich machte der Mensch mit einem »Businessplan« Karriere, der zunächst den üblichen Erfolgsrezepten der Evolution zu widersprechen schien. Es hätte doch auf der Hand gelegen, sich mit einer Strategie am Markt der Evolution zu etablieren, die auf eine möglichst schnelle Selbstständigkeit und ein möglichst frühes Einsetzen der Geschlechtsreife mit vielen Nachkommen setzt. Tatsächlich aber war die Erfindung des aufrechten Ganges als Anpassung an den Selektionsdruck des neuen Lebensraums Grassteppe vor etwa sieben Millionen Jahren der Einstieg in eine geradezu revolutionär entgegengesetzte Strategie. In der »Befreiung« der Hände liegt der Schlüssel für die einzigartige Kulturevolution des Menschen. Der Mensch lernte die Welt zu begreifen und zu verändern.

Mit der Entwicklung des Stirnhirns trat der frühe Mensch gewissermaßen in die Zeit ein, so wie das jedes Kindes von heute zwischen seinem fünften und sechsten Lebensjahr tut. Mithilfe seines Stirnhirns erhob sich der frühe Mensch über die Gegenwart. Er begann, in die Vergangenheit zurückzusehen und die Zukunft zu erwarten.

Dank seines neuartigen Langzeitgedächtnisses als eines Ergebnisses aus Aufrichtung, Handgebrauch und Stirnhirnentwicklung war der Mensch in der Lage, seine ersten Datenbanken anzulegen. Darin wurden echte Schätze an Kenntnissen und Erfahrungen gespeichert, deren Erhalt zunehmend wichtig wurde.

Diese ersten Datenbanken bildeten die Grundsteine der sich abzeichnenden Kulturevolution. Sie waren echte Schätze, die es zu schützen und bewahren galt. Dies konnte nur durch Weitergabe an die Nachkommen gelingen. So ist über Millionen Jahre eine Kultur des Lehrens und Lernens entstanden, die den Menschen bald ihren eigenen Selektionsdruck spüren ließ.

In dem Businessplan für das Projekt Menschwerdung verfestigten sich früh zunehmend solche revolutionären Konzepte wie: nur ein Kind pro Wurf; frühe Geburt; Nachwuchs mit langer Unselbstständigkeit; verzögerte Gehirnentwicklung; Kopplung der Gehirnentwicklung an nachgeburtliche Erfahrungen; Bindung an die Mutter weit über die Stillphase hinaus; Entwicklung von emotionalen und sozialen Kompetenzen in der frühen Kindheit. Diese Konzepte zielen alle auf Anpassung und Effizienz in der sozialen Gruppe. Dieser revolutionäre Businessplan setzte auf eine Optimierung von individuellen Aufzuchtsbedingungen. Da erscheint die Erfindung von Homo habilis, nun auch noch den Eintritt der Geschlechtsreife hinauszuzögern, nur als konsequent.

In dieser neu gewonnenen Zeit der zugeschenkten Kindheit konnten nun die zunächst noch überschaubaren, aber über die Millionen Jahre zunehmenden, kulturellen und technischen Kenntnisse und Fertigkeiten vermittelt und angeeignet werden. Schon bald war dies allerdings nicht länger eine Frage des Könnens, sonders des Müssens.

Einen regelrechten Sprung machte diese Entwicklung dann beim Auftreten von Homo sapiens vor etwa einhundertdreißigtausend Jahren. Man kann sagen: Australopithecus war am Ziel, die Menschwerdung abgeschlossen. Mit der zweiten Auswanderung aus Afrika und der Besiedlung der ganzen Welt hat Homo sapiens die Tür zu den biologischen Sektionsmechanismen nahezu ganz hinter sich geschlossen. Von nun an war der Mensch den Rahmenbedingungen der von ihm selbst entwickelten Kultur ausgeliefert.

Die weitere Entwicklung des frühen Homo sapiens zum Jetztmenschen kann man im Wesentlichen als Kulturentwicklung beschreiben. Ein vor dreißigtausend Jahren in Südfrankreich lebender Vorfahre von uns heutigen Menschen, der dort vor etwa eintausendzweihundert Generationen seinen Lebensunterhalt noch als Jäger und Sammler verdiente, hätte mit Sicherheit kein Problem damit gehabt, sich nach einer kurzen Zeit der Eingewöhnung in der Münchener U-Bahn zurechtzufinden. Ausgestattet mit einer Jeans, Turnschuhen und einem Longsleeve würde er dort heute überhaupt kein Aufsehen erregen.

Nun besteht die Pubertät des Menschen nicht nur aus dem Umstand, dass der Eintritt der Geschlechtsreife verzögert wird. Zwei weitere Aspekte kommen hinzu: der Eintritt der Geschlechtsreife selbst und eine mehr oder weniger lange Zeit der emotionalen Neuorientierung oder Jugendzeit.

Die Entwicklung der individuellen Geschlechtsreife ist trivial. Ohne Geschlechtsreife und Sexualverhalten gibt es keine Fortpflanzung und damit keinen Bestand der Art. Die Geschlechtsreife muss also irgendwann eintreten, ob nun verzögert oder nicht. Biologisch gesehen markiert der Beginn der Geschlechtsreife den Generationenwechsel.

Die jungen geschlechtsreifen Mitglieder der Menschengruppen mussten sich Sexualpartner suchen und agierten jetzt zunehmend unabhängig von den Eltern und den Alten, die jetzt auch wirklich alt waren, ihre Macht verloren und starben.

Die Jungen übernahmen das Ruder. Dazu sind Mut und Entschlossenheit erforderlich. In dieser Phase dienten die zögerlichen, vorsichtigen Zeitgenossen der Gemeinschaft weniger als die mutigen und risikobereiten. Die kulturellen Errungenschaften mussten zwar einerseits bewahrt und weitergegeben, aber auch weiterentwickelt und dauernd neuen Bedingungen angepasst werden. Dazu bedurfte es und bedarf es noch immer eines gewissen Maßes an Draufgängertum. Absicherungsmentalität war nicht gefragt. Und die kann man einem gesunden Pubertisten auch wirklich nicht nachsagen.

Der Selektionsdruck in der frühen Geschichte der Menschwerdung hat Bereitschaften unterstützt und gefördert, einerseits das in der geschenkten Kindheit angeeignete Kulturwissen nun an der Schwelle der Machtübernahme, der Begründung einer nächsten Generation, anwenden und umsetzen zu wollen und andererseits für Veränderungen, Anpassungen und Neuerungen offen und zugänglich zu sein. Es bedurfte immer Menschen mit Mut und Entschlusskraft, aber auch Begeisterungsfähigkeit und Leichtsinn, um alte Wege zu verlassen und neue Wege zu beschreiten. Gerade die fanden sich unter den jugendlichen Pubertisten weit häufiger als unter den Alten.

Der Selektionsdruck wird – etwa bei Homo habilis unter dem Eindruck überraschender Erfolge bei der Jagd und des beginnenden Handwerks und später bei Homo erectus unter dem Eindruck einer dynamischen Weiterentwicklung sozialer Strukturen, gestiegener Ausdauer, Belastbarkeit und Explorationserfolgen – solche biologischen Strukturen und Prozesse bevorzugt haben, die für einen erfolgreichen Generationenwechsel am besten geeignet waren. Innerhalb der Kulturevolution ist jeder Generationenwechsel eine Schnittstelle für die Neueinstellung von Gleichgewichten zwischen »Bewahren« und »Verändern«. In diesem System ist der Pubertist gleichsam ein Bioreaktor für zukunftsweisende Innovationen.

Es bedarf der Abwendung vom Alten und der Hinwendung zum Neuen und Unbekannten, ebenso wie der Bewahrung und Verteidigung von Bewährtem. Diese gerade geschlechtsreif gewordenen Jugendlichen waren für die soziale Gemeinschaft der frühen Menschen von unschätzbarem Wert. Ihr innovatives und gestalterisches Potenzial diente dem Überleben der Gruppen ebenso wie dem Fortschritt der Kulturevolution. Die Pubertisten der frühen Menschen waren die wahren Helden ihrer Art.

Diese Dynamik an der Schnittstelle zwischen den Generationen ist für die menschliche Kulturevolution von so großer Bedeutung, dass sich im Gehirn selbst biologische Prozesse herausbildeten, die diese Dynamik bei jeder einzelnen Pubertät aufs Neue erzwingen.

Um seinen Platz in der Gesellschaft zu finden, muss es dem Jugendlichen gelingen, sich zunächst von seinen alten Bindungen zu lösen. Das ist eine wesentliche Voraussetzung für das Knüpfen neuer Bindungen und Gefolgschaften, die er für seinen Aufbruch in die Welt der Erwachsenen benötigt. Für seine wahre Metamorphose. Nur mit dieser Neuorientierung können die Bewahrung und Weiterentwicklung des menschlichen Kulturraums als Grundlage der menschlichen Existenz gelingen.

Der Pubertist empfindet unmittelbar, dass das, was eben noch wichtig war, nun bedeutungslos ist. Er fühlt, dass etwas mit ihm geschieht. Sein ganzes so mühevoll über die Jahre der Kindheit aufgebautes und gestütztes emotionales Gefüge gerät bedrohlich ins Wanken. Und er kann nichts dagegen tun. Er hat dem zunächst auch nichts entgegenzusetzen. Er fühlt sich unsicher und verraten. Er wird aus der Kindheit entlassen, ja vertrieben. Da hilft kein Klammern. Es ist wie damals bei der Geburt. Er muss raus, ob er will oder nicht.

Dieser Prozess der emotionalen Umorientierung ist riskant, eine biologisch riskante Strategie. Es entstehen Ängste, die bleiben können, Zwänge, denen man nicht mehr entkommen kann. Im Allgemeinen vergehen diese Ängste jedoch mit der zunehmenden Gewissheit, das andere Ufer erreicht zu haben.

In der Evolution werden immer wieder Risiken für die Individualentwicklung in Kauf genommen, wenn durch diese Risiken die Aussicht auf eine erfolgreiche Entwicklung der Art insgesamt hoch ist.

No risk, no fun! Beispiele sind die Strategie der adaptiven Gehirnentwicklung oder die Absenkung des Kehlkopfes als notwendige Voraussetzung für die Entstehung der menschlichen Sprache. Für diese zukunftsträchtige Innovation wird das Risiko für den Einzelnen in Kauf genommen, wegen der geopferten anatomischen Trennung von Speise- und Luftröhre während des Essens zu ersticken.

Der Startschuss für diese wichtige Phase der Pubertät fällt im Gehirn. Dem kann sich niemand entziehen. Wenn bestimmte physiologische Bedingungen erfüllt sind, dann wird die von Homo habilis erfundene Bremse auf die Entwicklung der Geschlechtsreife gelöst und zugleich die notwendigen Startbedingungen für die erforderliche emotionale Neuorientierung geschaffen. Kindheit adieu! *FL*

Die Bürgschaft

Wir trafen uns am Nachmittag an der Espressomaschine. Ein beliebter Treffpunkt in unserem Haus. Ich hörte den Milchaufschäumer schon auf der Treppe. Espresso! Das war gut. Das heißt, Papa war wieder ansprechbar, die Krise überwunden.

»Hi, Papa!«

»Hallo, Lukas. Na, wie war's in der Schule?«

Immer dieselbe Frage. Ich sollte mal antworten: Vier Euro fünfzig!

»Vier Euro fünfzig!«

»Was?«

Ich bin doch ein Trottel.

»Schon gut, ich meine, sehr gut. Für mein Deutschreferat hab ich 'ne glatte Eins bekommen.«

»Glückwunsch. Ging's da nicht um Orientierung?«

»Richtig, Papa. Orientierung. Die scheint Alexander VI. verloren zur haben.«

Papa sah mich vielsagend an.

»Genau.« Tiefe Fältchen um die Augen.

»Weißt du schon, wie der Nachfolger heißt, Papa?«

»Natürlich Alexander VII.«, kam es wie aus der Pistole geschossen.

»Natürlich? Wieso natürlich?«

»Ein Freund der Künste und der Wissenschaft. Selbst ein Dichter, weißt du? Der wird mir mehr Glück bringen als sein Vorgänger.«

Papa lachte und verzog sich mit seinem Espresso wieder in sein Arbeitszimmer. Er schien sehr zufrieden über die Nachfolge. Mal sehen, wie lange Alexander VII. im Amt bleibt.

Die ganze Geschichte ist natürlich total peinlich. Niemals würde ich zum Beispiel Berni davon erzählen. Ich bin mir selbst gar nicht sicher, was ich davon halten soll. Lena findet das natürlich toll, aber erzählen tut sie's vorsichtshalber auch niemandem. Es ist nämlich so: Papa gibt seinen Golfbällen Namen. Das muss man sich mal vorstellen. Das wäre ja vielleicht noch nicht mal so schlimm. Autos haben ja auch Namen. Nein, das Schärfste ist, Papa spricht auch mit seinen Golfbällen.

»Wie kann ich mit meinem Golfball sprechen, wenn er keinen Namen hat«, hat Papa zu mir gesagt. Logisch und durchaus nachzuvollziehen! Zuerst war ich dann auch relativ beruhigt. Doch, muss man denn überhaupt mit seinem Golfball sprechen? »Muss man nicht, Lukas, aber man sollte.«

Es ist schon etwas länger her, und es hat eigentlich auch gar nichts damit zu tun, dass ich Golf total bescheuert finde. Ich spiel lieber Fußball. Aber auch darum ging's überhaupt nicht. Irgendwas war schiefgelaufen. Was war's noch gleich? Ach ja, richtig! Natürlich, jetzt erinnere ich mich wieder.

Es war dieses bescheuerte Gedicht, »Die Bürgschaft« von Schiller. Es war die Hölle. Ich glaub, es waren zwanzig Strophen. Die mussten wir alle auswendig lernen. Und ich konnte es nicht. Es war fürchterlich. Der Tag der Abfrage kam immer näher und ich konnte es nicht. Ich wollte es aber unbedingt können. Mit aller Macht. Aber es ging nicht. War nichts zu machen. Es ließ sich nicht erzwingen. Ich war total verkrampft. Ich hatte Bauchschmerzen und war wütend. Kurz, mir war kotzübel. Ich lag auf meinem Bett und heulte.

An dem Abend ist Papa zu mir gekommen. Er ist in mein Zimmer gekommen und hat mich einfach in den Arm genommen. Er hat nicht gesprochen, mich nur ganz fest gehalten. Ich zitterte am ganzen Körper. Es hat noch sehr lange gedauert, bis ich mich wieder beruhigen konnte. Keine Fragen. Er hielt mich nur einfach fest. Er hielt mich, bis mir ganz wohl war.

»Ich kann's nicht, Papa. Dazu bin ich einfach zu doof.«

»Schwachsinn, Lukas. Und das weißt du ganz genau.«

Hoffentlich lässt er mich jetzt noch nicht los, dachte ich.

»Wie oft hast du es denn schon gelesen?«

»Zehn Millionen Mal.«

»Das muss reichen.«

»Was?«

»Lukas, ich sage dir, du kannst es.«

»Und ich sage dir, ich kann's nicht. Ich bin der Doofste unter den Doofen im ganzen Scheißuniversum.«

»Na, na! Jetzt komm mal runter und bleib ganz cool.«

»Cool? Scheißwort! Ich dachte immer, hier brauch ich nicht cool zu sein.«

»Natürlich nicht, Lukas. War dumm von mir. Ich wollte natürlich sagen: Bleib ganz ruhig und finde deine Mitte.«

»Hä?«

»Wie ich sehe, bist du wieder gelandet. Also, dann mal los, lass hören.«

»Wie, lass hören? Was willst du hören?«

»Na, was schon? Das Gedicht natürlich.«

»Mann, Papa, hast du nicht zugehört? Ich kann's nicht.«

»Das glaub ich dir nicht, Lukas.«

»Das ist nicht lustig, Papa.«

»Also gut, versuchen wir es einmal anders. Sag doch einfach mal auf, was du behalten hast, und denk nicht daran, ob es richtig oder falsch ist, okay? Denk einfach an das Gedicht und vielleicht den Rhythmus. Den Rhythmus, verstehst du?«

Wir saßen nebeneinander auf meinem Bett. Ich machte meine Augen zu, um also »Die Bürgschaft« aufzusagen. Bei »... schweigend umarmt ihn der treue Freund ...« bemerkte ich nur schwach, wie Papa die Hand von meinen Schultern nahm.

»... Ich sei, gewährt mir die Bitte,
In eurem Bunde der Dritte!«

So hörte ich mich enden. Ich machte meine Augen wieder auf und sah Papa ins Gesicht. Der grinste über beide Backen. In seinen Händen hielt er den Text. Ja nee, is klar, er braucht den Scheiß natürlich nicht auswendig zu können.

»Na und? Jetzt sag schon.«

»Nun ja, es heißt nicht ›... und trostlos irrte er ans Ufer ran‹, sondern ›... und trostlos irrte er an Ufers Rand‹.«

»Toll! Ich sag doch, ich kann's nicht. Und sonst? Sag schon, was noch?«

»Nichts, Lukas. Kein weiterer Fehler. Alles perfekt sonst. Was willst du eigentlich?«

»Versteh ich nicht. Vorher hab ich's nicht gekonnt. Wie kann das sein? Was ist passiert?«

»Nichts. Du hast nur nicht mehr daran gedacht. Du warst jetzt völlig entspannt.«

»Da kannst du recht haben. Ich hab mich nicht angestrengt. Hab's einfach aufgesagt.«

»Na also. Ist doch ganz einfach.«

»Ach, komm Papa, das war doch jetzt Zufall.«

»Ja, wo soll es denn so zufällig hergekommen sein, das Gedicht? Was meinst du? Ist es gerade vom Himmel gefallen? Natürlich nicht, Lukas. Es ist irgendwo auf deiner Festplatte. Du hast es vorher nur nicht richtig rausgelassen.«

»Hm ..., meinst du?«

»Da bin ich mir ganz sicher, Lukas. Sei nur höflich zu dir selbst, dann wird's schon klappen. Du wirst sehen.«

»Wie kann ich denn höflich zu mir selbst sein? Kannst du mir das auch noch verraten?«

»Nun hör zu. Ich erzähl dir jetzt mal was über das wahre Golfen.«

»Ja, Meister.«

»Ich kann's auch lassen.«

»Nein, nein. War nur 'n Scherz. Ich hör schon zu.«

»Also gut. Ich mach's kurz. Ich kannte mal einen Anwalt, einen ziemlich erfolgreichen dazu, wie man so sagt. Du weißt schon, einen, der viel Geld verdient hat. Erfolg von der Sorte eben.«

»Papa, ich dachte, du machst es kurz.«

»Na, na. Wie war das noch gleich mit der Höflichkeit? Ich brauche ›Die Bürgschaft‹ nicht zu können. Also, willst du die Geschichte hören oder nicht?«

»Jetzt sei nicht gleich beleidigt. Ich möchte sie wirklich hören. Ehrlich. Geht mir auch schon viel besser. Danke.«

»Also gut. Ich versuch's noch mal. Dieser Anwalt hatte ein großes Problem, das ihm allerdings nicht bewusst war. Bis zu seinem Tode nicht. Er hatte das, was ich eine schlechte emotionale Kompetenz nennen würde. Man könnte sicher darüber spekulieren, welche Rolle dabei der Selbstmord seiner Mutter gespielt hat. Er war so in deinem Alter, als es geschah. Kurz zuvor ist sein Vater einem Gewaltverbrechen zum Opfer gefallen. Die Mutter nahm sich das Leben, ohne ein Wort des Abschieds für den Sohn. Kein Brief, nichts. Da stand er nun, mit seinen elf Jahren. Nun ja, so weit, so schlecht. Die möglichen Gründe sollen hier gar nicht so sehr im Mittelpunkt stehen. Die eigentliche Frage lautet, wie spielt so jemand Golf?«

»Was? Wieso Golf?«

»Ist doch eine ganz einfache Frage. Wie spielt so ein emotionaler Rabbit Golf? Was denkst du?«

»Keine Ahnung. Du weißt doch, dass ich Golf total bescheuert finde. Frag mich mal, wie so jemand Fußball spielt.«

»Ich werde es dir sagen. Natürlich genauso, wie er seine Juristerei betrieb. Er spielte zielführend. Immer die Anzahl der Schläge im Auge. Der Ball musste unbedingt mit so wenigen Schlägen wie möglich ins Loch.«

»Aber Papa, so viel weiß ich auch, dass es doch gerade darum geht bei dem bekloppten Spiel, oder nicht? Der Tiger Woods räumt doch nicht so ab, weil dem das scheißegal ist, wie viele Schläge der braucht.«

»Darum geht's ja gar nicht, Lukas. Es geht doch immer nur um das Spiel selbst. Eigentlich geht es dabei nur um den Spieler. Und unser Anwalt hier, wie ging er wohl vor? Nun, er wollte dem Ball natürlich Vorschriften machen. Er wollte ihm vorschreiben, was er zu tun oder zu lassen hatte. Er wollte ihm vorschreiben, wohin er fliegen sollte. Er wollte ihn in das Loch zwingen. Mit einem Wort, er war dem Ball gegenüber sehr unhöflich. In gewissem Sinne spielte er gegen den Ball. Er wollte die Macht über den Ball, ihn völlig beherrschen. Das konnte natürlich kein gutes Ende nehmen.«

»Versteh ich nicht. Warum sollte er das denn nicht tun? Warum ist es kein guter Plan, den blöden Ball beherrschen zu wollen? Da musst du mal Fußball gucken: ›... *Charles Takyi beherrscht den Ball wie kein Zweiter. Dreimal bezwang er den gegnerischen Torhüter und schoss die Franken mit seinem Hattrick zum elften Saisonsieg ...*‹ So geht das da ab. Da wird nur beherrscht und bezwungen.«

»Das ist Fußball, Lukas. Allmachtsfantasien von Kommentatoren, nichts weiter. Wir reden gerade über Golf. Beim Golfen geht es eigentlich nur vordergründig darum, den Ball ins Loch zu bringen. Zumindest ist das mein Konzept von dem Spiel. Ich spiele Golf in erster Linie, um meine Mitte zu finden, mit mir ins Reine zu kommen. Es geht um das Spiel und nicht ums Einlochen. Das Einlochen, wenn's geht, unter Par, ist gewissermaßen der notwendige äußere Prüfungsrahmen für diese Suche nach der Mitte. Kannst du mir folgen?«

»Nicht so wirklich, Papa.«

»Aber eigentlich ist es doch ganz einfach. Stell dir bloß vor, bei der Aufgabe, ›Die Bürgschaft‹ von Schiller vorzutragen, handelte es sich nur vordergründig darum, dass du allen zeigen sollst, dass du das Gedicht auswendig hersagen kannst.«

»Aber Papa. Das ist doch scheißegal. Am Ende muss ich es können – Punkt.«

»Jetzt warte doch ab, Lukas. Stell dir doch einfach mal vor, das ist nicht das Ziel der Übung, sondern nur eine Begleiterscheinung einer erfolgreichen Konzentrationsübung. Letztlich ist es doch gleichgültig, mit welcher Übung du zu deiner Mitte findest, deinen Geist beruhigst, oder wie immer du das ausdrücken willst.«

»Und du machst das mit Golf, oder was?«

»Genau. Du hast es erfasst.«

»Ja, und wie gehst du nun genau vor? Denn letztlich muss ich doch den Erfolg vorweisen, auch wenn das nach deiner Theorie nicht das eigentliche Ziel der Übung ist. Mitte hin oder her, ich bleibe dabei, der Ball muss ins Loch.«

»Es ist ein einfacher Trick, mehr nicht.«

»Und der wäre?«

»Du musst das Ziel des Spiels vergessen.«

»Hä? Du meinst, ich soll mit meinen Kumpels auf den Platz laufen und dann vergessen, die Zwiebel ins Tor zu dreschen? Jetzt hör aber auf. Was ist, wenn der Gegner das nun nicht vergessen hat?«

»Wir reden über Golf, okay? Jetzt lass dich doch einfach mal auf den Gedanken ein. Ich fahre also auf den Platz und beginne schon mal damit, dass ich mich auf den Ball konzentriere. So ein Golfball ist schön, er hat eine ganz bestimmte Farbe, fühlt sich einzigartig an, hat ein bestimmtes Gewicht. Ja, er hat einen bestimmten Geruch. Es gibt also ein ziemlich komplexes Konzept für so einen Golfball. Darauf kann man sich ganz hervorragend konzentrieren. Gleichzeitig verabschiede ich mich von allem Ballast des Alltags, von allem, was diese Konzentration stört. Ganz besonders vergesse ich das vordergründige Ziel des Spiels selbst. Ich nehme mir nichts vor. Ich versuche, mich in einen Zustand zu bringen, nichts erreichen zu wollen. Es soll jetzt nur darum gehen, mit dem Ball zu kommunizieren. Nach ganz bestimmten Regeln. Alles nur ein Mittel, um zu mir zu finden. Golf wird zur Nebensache, sobald ich auf dem Platz bin. Meine einzige Aufmerksamkeit gilt dem Ball.«

»Aber du hast doch selbst gesagt, es ist nur ein Trick. In Wirklichkeit willst du doch den blöden Ball ins Loch bringen, oder etwa nicht?«

»Eben nicht. Es ist genau umgekehrt. Die Anzahl Schläge, die es braucht, um den Ball einzulochen, ist ein Maß dafür, wie weit es mir gelungen ist, mich zu konzentrieren, meine Mitte zu finden. Das ist etwas ganz anderes. Auf dem Platz fängt alles damit an, wie ich meinem Ball entgegentrete. So ein Ball ist natürlich einmalig, ein Individuum, das einen Namen braucht. Das ist das Mindeste an Wertschätzung. Alle meine Bälle haben Namen. Das ist eine Selbstverständlichkeit. Und wenn man den Namen seines Gegenübers kennt, begrüßt man ihn selbstverständlich zunächst einmal ganz höflich. Natürlich spreche ich mit meinem Spielball. Dabei ist eine gewisse Distanz ganz wichtig. Bloß kein kumpelhaftes Getue. Das heißt, in der Regel duze ich meine Bälle nicht.«

»Natürlich nicht, is klar.«

»Ich spreche also mit dem Ball und versuche zunächst zu ergründen, was er heute mit mir vorhat. Ich muss sein Zutrauen gewinnen. Es kann durchaus vorkommen, dass der Funke nicht überspringen will. Es kommt irgendwie kein Gespräch zustande, oder der Ball gibt sich zugeknöpft, und ich spüre, dass er heute keine Lust hat, mit mir zu kommunizieren. Dann gibt es kein böses Wort. Wir verabreden uns ganz einfach für ein nächstes Mal, immer höflich, und ich versuche mein Glück mit einem anderen Ball. Das sind schon einmal ganz grundlegende Voraussetzungen für optimale Anfangsbedingungen.«

»Papa, ich versprech dir, es bleibt alles unter uns.«

»Wieso hab ich das Gefühl, dass du mich nicht ernst nimmst, Lukas?«

»Doch, doch, tue ich. Auf die Anfangsbedingungen konzentrieren, nicht auf das Ziel, richtig?«

»Völlig korrekt. In der vollendeten Form sind dann alle Startbedingungen so optimal, dass der Schwung selbst und das dadurch veranlasste Aufsuchen des Loches durch den Ball eigentlich gar nicht mehr nötig sind. Ja, man kann sich das Spiel dann eigentlich sparen. Unter solchen Bedingungen ›existiert‹ der Ball bereits im Loch, bevor ihn der Schlägerkopf nur berührt hat. Das Spiel wird zur bloßen Beweisführung einer optimalen Vorbereitung. Es findet alles im Kopf statt. Besser gesagt, im Gehirn. Man spielt den Ball eigentlich nur noch, um nicht als Autist zu gelten. Wirklich nötig ist das nicht mehr. Man könnte so weit gehen, zu sagen, dass das Spielen des Balls selbst Ausdruck eines gewissen Misstrauens ist. Man will den Beweis sehen. Existiert er wirklich im Loch? Oder macht er mir nur was vor, hält er mich zum Narren? Fatalerweise steckt in diesem Zweifel bereits das Unvollkommene. Insofern ist jeder Schlag für den Ball ein Ausdruck von Geringschätzung, eine Beleidigung. Er vertraut mir nicht, muss er denken. Und er wird dich bestrafen oder dich zumindest necken. Er wird mal hierhin und mal dorthin fliegen und dich mit den bizarrsten Flugbahnen überraschen.

Ein wahrer Meister wird den Ball niemals schlagen. Er wird ihn nur ablegen und dann eine Weile ansehen, um ihn nach Abschluss aller Vorbereitungen wieder aufzunehmen und zu den anderen zurückzulegen.«

»Das gefällt mir sehr gut, Papa. Ich werde also vor die Klasse treten und sagen: ›Nein, ich werde das Gedicht nicht vortragen. Ich hab's zwar perfekt gelernt, auch könnte ich es vortragen, aber der Vortrag würde den Schiller beleidigen‹, oder wie?«

»Das wirst du natürlich nicht sagen. Und das weißt du auch. Also, was soll das? Du musst ja schließlich immer beweisen, dass du's kannst. Es bleibt also ein Risiko. Und schließlich ist niemand vollkommen. Es geht immer auch um die Ernsthaftigkeit des Versuchs. Um auf meinen Ball zurückzukommen: Wie mag er sich wohl fühlen, wenn er's den anderen nicht zeigen darf, dass er schon im Loch existiert? Obwohl er doch noch ganz harmlos auf dem Tee liegt? Und letztlich, was ist der Ball schon ohne den Schwung? Der Schwung und der Ball und dazwischen der Geist des Spielers bilden für den Bruchteil einer Sekunde eine Einheit, die sich im Ziel auslebt. Der Applaus gilt nicht mir, sondern dieser für ganz kurze Zeit verschmolzenen Einheit.

In deinem Vortrag wird Schiller wieder lebendig werden. Und das bist du ihm schuldig, wenn du dich auf sein Werk einlässt. Der Ball hat es nicht verdient, bloß in deiner Vorstellung im Ziel zu existieren. Golf ist keine platonische Veranstaltung. Golf ist pure Erotik. Man will es letztlich tun, man will es unbedingt sehen. Es gibt also gar keinen Grund, dem Ball, sich und auch dem Zuschauer den Schwung, den Klang der Berührung von Schlägerkopf und Ball und dann den Flug selbst vorzuenthalten. So nebensächlich die Ausführung des Spiels für das Spiel selbst auch sein mag, so erfreuen wir uns doch an der Schönheit eines vollkommenen Schwungs und Fluges und trauern um jeden Ball, der verloren geht.

Kurz, um deinen Vortrag wirst du nicht herumkommen.«

»Ich hab's geahnt.«

Und nicht nur das. Ich glaub, Papa spinnt nicht bloß ein bisschen. Wer hat sich hier eigentlich ausgesprochen? Na gut, hab mich mal so richtig ausgeheult. Hat richtig gut getan. Aber dann diese Golfgeschichten. Man kann auch alles übertreiben. Laura hat mal gesagt, man soll seine Eltern ausreden lassen. Dann geht's denen gleich besser. Vielleicht hat sie recht. Hat Papa das nötig? Trösten kann er ja. Und es geht mir jetzt viel besser. Weiß auch nicht genau, warum, aber ich hab jetzt irgendwie das Gefühl, dass ich's packen werde.

Papa macht sich also Sorgen um seinen Golfball. Toll! Er freut sich, wenn er schön fliegt, und trauert um ihn, wenn er scheiße fliegt und dann weg ist. Er spricht mit ihm und kennt seinen Namen. Oh Mann! Er sagt nie: »Den hab ich gut gespielt.« Er konzentriert sich auf optimale Startbedingungen und kümmert sich nicht weiter um das Ziel des Spiels. Ich glaube, er liebt mich. Ja, ich bin mir ganz sicher, mein Papa liebt mich wirklich. Sonst macht das Ganze hier doch keinen Sinn.

»Wer ist eigentlich Alexander, Papa?«

»Alexander?«

Papa schien kein bisschen erstaunt über meine Frage.

»Alexander war der erste Ball, mit dem ich unter Par gespielt habe. Das werde ich wohl nie vergessen. Drei Schläge unter Par! Mein erster ›Albatros‹. Alexander kannte den Weg ins Ziel. Mit ihm zusammen hatte ich so manches Zaiteki-Erlebnis. Ich musste nur höflich zu ihm sein und er zeigte mir wieder den Weg dorthin.«

Papa hatte sich inzwischen auf mein Bett gelümmelt. Er sah zur Zimmerdecke, während er sprach. Eindeutig keine Geschichte für meine Kumpels. Ich glaub, bei Berni würde ich mit der Geschichte durchfallen. Und Laura? Vielleicht irgendwann. Wie war das mit der Erotik des Golfspiels?

»… auf das Ziel fixiert sein ist wie Laufen ohne Kleinhirn«, hörte ich Papa zur Zimmerdecke sprechen.

»Papa, sei mir nicht böse, aber ich hab morgen Schule und ich muss noch …«

Papa unterbrach sich und war mit einem Satz aus dem Bett.

»Hast recht, Lukas. Ist spät geworden.«

»Auf jeden Fall, Danke für alles Papa. Ich hab dich lieb.«

»Ich dich auch. Und mach's gut morgen. Du kriegst das schon hin. Wirst sehen.«

»Na klar. Schlaf gut, Papa.«

»Du auch.«

Beim Einschlafen sah ich Papa mit einem medizinballgroßen Golfball Konversation treiben, während ein riesiger Albatros mit einem Golfball im Schnabel seine Runden über die Fairways drehte. Ich träumte dann von meinem ersten Zaiteki-Erlebnis mit Laura. Schiller kam in dem Traum nicht vor.

Das Praktikum

»Hi, Laura, Komm rein.«

»Hi, Lukas. Sorry, wollte ja eigentlich schon früher hier sein. Aber ich hab unterwegs Stefan getroffen. Der hat mich voll zugetextet. Und dann wollte er noch wissen, wieso ich heute nicht in der Schule war. Als ich ihm dann erzählte, dass ich mit meinem Praktikum im Krankenhaus angefangen habe, hat er gleich aus voller Kehle gebrüllt: ›Mors certa, hora incerta![9]‹ Du kennst ihn ja. Alle Leute auf der Straße sind wie angewurzelt stehen geblieben und haben uns angegafft. Total peinlich.«

»Sag ich doch, der spinnt total.«

»Aber was soll man machen, er ist unschlagbar in ...«

»... in Latein. Ich weiß. Das ist aber auch schon alles. Nun erzähl schon, wie war's?«

»Ich brauch erst mal was zu trinken. Ich dehydrier hier gleich.«

»Cola?«

»Cola oder Wasser. Egal. Was du gerade hast.«

»Siehst müde aus, Laura. War's anstrengend?«

»Sechs Stunden auf den Füßen, nur mit einer kurzen Pause dazwischen. Da bist du fix und foxi, sag ich dir. War aber auch total spannend.«

»Wo bist du denn da gelandet?«

»In der Neurochirurgie. Was ich da heute schon alles mitmachen durfte, genial. Und alle waren gleich total nett zu mir. Ich meine, die kannten mich ja gar nicht.

Ich hab zuerst mal so 'ne weiße Arbeitskluft gekriegt und sollte in Zimmer drei gehen und da eine ältere Patientin füttern. Das war total lustig. Als ich mit dem Tablett ins Zimmer kam, sah ich zwei Frauen. Die eine zappelte ganz verrückt in ihrem Bett herum. Sie hing am Tropf und unter ihrer Bettdecke kamen jede Menge Schläuche raus. Die andere saß völlig relaxed in ihrem Bett. Um den Hals hatte sie so was wie einen Schlabberlatz gebunden.

Die muss es sein, dachte ich und ging zu ihrem Bett. Ich hatte gerade das Tablett abgestellt, da rief eine von den Schwestern von der Tür aus ins Zimmer: ›Pass auf, dass die Frischoperierte nicht wieder laufen geht. Ich muss mal schnell zum Chef.‹ Deshalb zappelt die andere so rum, dachte ich noch. Ich wollte gerade mit Füttern anfangen, da hörte ich hinter mir: ›Nee, nee, hier bin ich falsch!‹ Ich konnte gerade noch verhindern, dass sie aus dem Bett fiel, mit all ihren Schläuchen. Ich hab die alte Frau dann erst mal beruhigt und wieder zugedeckt. Sie war sofort ganz still und hat mich nur mit großen Augen angesehen.

Hinter ihr rief dann mit einem Mal die andere Oma: ›Hunger!‹ Ich also wieder zu der hin. Der Löffel war weg. Nach kurzem Suchen holte die Oma den Löffel hinter ihrem Schlabberlatz hervor. Sie hielt mir den Löffel vor die Nase und sagte nur: ›Schön getrennt.‹ Dabei grinste sie mich an. Sie hatte Haare wie Zuckerwatte und eine mächtige Narbe am Schädel. Ich musste lachen und wollte gerade fragen: ›Wie, schön getrennt?‹, als es hinter mir wieder losging: ›Nee, nee, hier bin ich falsch!‹ Jetzt saß die alte Frau auf der Bettkante. Unter ihrem OP-Hemd lugten zwei Streichholzbeine hervor. Auf dem Kopf ein mächtiger Verband. ›Nee, nee, hier bin ich falsch!‹

Ich hatte alle Hände voll zu tun, sie in ihr Bett zurückzubugsieren. Hinter mir die Oma mit dem Löffel in der ausgestreckten Hand: ›Hunger!‹ ›Ganz falsch‹, murmelte die alte Frau noch einmal, als die Schwester mit 'ner Spritze bewaffnet ins Zimmer kam und sagte: ›Ist gut, ich übernehme das jetzt hier.‹

Die Oma grinste immer noch. ›Erst die Erbsen‹, sagte sie. Jetzt wusste ich, was sie mit ›Schön getrennt‹ meinte. Ich gab ihr also zuerst alle Erbsen. Was nicht so einfach war. Die Oma hörte nämlich manchmal plötzlich auf zu kauen und nicht wenige von den Erbsen kullerten wieder aus ihrem Mund. Dabei klappte ihr Unterkiefer langsam nach unten. Ich dachte schon, die pennt mir jetzt beim Kauen ein. Die Erbsen, die jetzt überall herumkullerten, kümmerten sie nicht. Dann waren die Kartoffeln an der Reihe und zum Schluss der Fisch. Die Oma hat die ganze Zeit gegrinst. Als ich dann mit dem ziemlich versauten Tablett wieder ins Schwesternzimmer kam, sahen zwei von den Schwestern hoch und lachten nur: ›Schön getrennt?‹ ›Klar, schön getrennt‹, hab ich geantwortet und gedacht, das kann ja lustig werden hier.«

»Wie sind die denn drauf?«

»Ich glaub, anders hältst du das auf Dauer gar nicht durch. Du brauchst einen Abstand, weißt du? Später mussten wir in den Aufwachraum, einen Frischoperierten auf die Station holen. Das war vielleicht einer. Der heulte da die ganze Zeit in seinem Bett rum: ›Wo ist meine Flasche? Ich piss mich hier ein.‹ So ging das die ganze Zeit, auch im Fahrstuhl. Total ekelhaft.

In dem Zimmer gegenüber von den beiden Omas lagen zwei andere Frauen. Die eine war vom Fahrrad gefallen und ist seitdem schwerstbehindert. Die andere hat einen Tumor im Gehirn. Sie hat mir erzählt, dass sie jetzt überhaupt nichts mehr riechen kann.«

»So was kann natürlich auch von Vorteil sein. Zum Beispiel dann, wenn du mal in Bernis Zimmer musst …«

»Ha, ha. Überhaupt nicht lustig, Lukas. Das ist total scheiße. Sie ist nämlich Köchin und betreibt ein kleines Restaurant hier in der Innenstadt. Und jetzt weiß sie gar nicht, wie's weitergehen soll. Also wirklich, ihr Jungs seid doch manchmal echt zu blöd. Nun weiß ich auch, warum den Job da hauptsächlich Frauen machen.«

»Sorry, sollte ein Scherz sein.«

»Toll, 'n scheiß Scherz war das. Brauch ich jetzt nicht, nach dem Tag. Da ist total viel passiert. So viel passiert in der Schule nie. Zum Beispiel, so 'ne Frau, die darf ihr Baby nicht sehen. Total traurig. Sie liegt mit noch zwei Frauen auf einem Zimmer. Ich musste helfen, ihr Milch abzupumpen.«

»Wie?«

»Jetzt keinen dummen Spruch, Lukas. Milch abpumpen, eben.«

»Hä? Du meinst ...«

»Nun tu doch nicht so. Da gibt's so besondere Flaschen, mit denen man das halt machen kann. Ist doch nichts dabei.«

»Und wieso? Ich meine, wozu sollte das gut sein?«

»Sie hat vor zwei Wochen ihr Baby gekriegt und dabei hat sie gleich mehrere Bandscheibenvorfälle bekommen. Um ihr Baby kann sie sich deshalb überhaupt nicht kümmern. Sie darf es auch nicht bei sich haben. Sie ist noch ganz jung, 'ne Griechin, glaub ich. Ich konnte sie nur ganz schlecht verstehen. Auf jeden Fall ist das Baby jetzt bei ihrem Bruder. Aber das Schlimmste ist, die Muttermilch wird nicht zu dem Baby gebracht, nein, die muss weggeworfen werden.«

»Wieso das denn?«

»Wegen der Medikamente, die sie nehmen muss. Die hat die ganze Zeit nur geweint und nach ihrem Baby gerufen. So 'ne Kacke, das glaubst du nicht. Ich hab versucht, sie irgendwie am Bett zu trösten. Es hat nicht viel gefehlt und ich hätte mitgeheult. Aber das soll man da überhaupt nicht. Das hilft niemandem, sagen die Schwestern. Die Griechin hat meine Hand ganz fest gehalten und immer nur geschluchzt. Du bist da mit einem Mal eine richtige Respektsperson, weißt du? Die Patienten haben mich alle mit ›Schwester‹ angeredet. Ich kam mir plötzlich richtig erwachsen vor. Das war total komisch.«

»Ich hol dir jetzt erst mal deine Cola, Laura. Warte, hier haste 'n Taschentuch. Bin gleich wieder da.«

»Schon gut.«

Hab ich doch glatt die Cola vergessen. Mann, so fertig hab ich die Laura ja noch nie gesehen. Und ich rede mal wieder nur gequirlte Scheiße. Hoffentlich nimmt sie's mir nicht übel.

»Mama! Haben wir noch Cola?«

»Sieh doch bitte im Vorratsraum nach, Lukas. Wasser gibt's auf jeden Fall. Ist mit Laura alles in Ordnung? Sie machte so einen traurigen Eindruck. Stimmt was nicht?«

»Mama, ich hatte nur nach der Cola gefragt.«

Mütter machen einen wahnsinnig. Da fragt man nach Cola und kriegt ein Gespräch aufgezwungen, das damit überhaupt nichts zu tun hat. Ja, toll! Cola ist aus. Typisch Lena. Die letzte nehmen und dann nichts sagen. Dann eben Wasser.

»Mama, kannst du heute noch Cola besorgen? Danke!«

Typisch, sonst hört sie immer alles. Und jetzt, wenn's um was wirklich Wichtiges geht, nichts. Keine Antwort. Egal, ich muss wieder hoch. Will Laura nicht zu lange warten lassen.

»Cola haben wir leider nicht mehr. Aber hier ist Wasser.«

»Schon gut. Danke.«

»Und wann musst du morgen wieder da sein?«

»Um acht.«

Laura trinkt in kleinen Schlucken direkt aus der Flasche. Das sieht ziemlich lustig aus. Ich würde nie auf die Idee kommen, so aus der Flasche zu trinken. Sie trinkt aus der Flasche wie Opa aus dem Schnapsglas. Flasche an den Mund, dann den Kopf zurück, ein kleiner Schluck und wieder zurück in die Ausgangsstellung. Das macht sie so mehrmals hintereinander mit langsamen Bewegungen. So, als ob Opa mehrere Schnapsgläser nacheinander austrinken würde. Ich würde ja die Flasche nehmen, hochhalten und so viel reingluckern lassen, wie ich brauche, und fertig. Laura trinkt aus der Flasche, wie ein Huhn Körner pickt. Wenn sie wüsste, wie süß das aussieht. Ich glaub ja nicht, dass sie das macht, um irgendwie aufzufallen oder so. Nein, sie denkt sich nichts dabei. So trinkt halt nur Laura.

»Da, guck mal, was ich hier habe«, Laura hat ihre Flasche abgesetzt und kramt in ihrem Rucksack herum.

»Hier, die hab ich abgezogen.«

»Und, was ist das?«

»Meine Arbeitskluft. Die soll man da täglich wechseln. Ich hab gleich am Anfang je eine für jeden Tag bekommen. Ich zieh einfach die von heute Morgen noch mal an und behalte dann die hier. Man weiß ja nie. Vielleicht für die Theatergruppe oder so.«

»Geil. Zieh doch mal an.«

»Ja, ja, is klar. Und wenn deine Mutter reinkommt?«

»Wird sie schon nicht. Na komm schon, Laura. Ich möchte auch mal von einer Krankenschwester getröstet werden.«

»Du bist unmöglich, Lukas.«

»Von meiner eigenen privaten Krankenschwester ...«

»Lukas, lass das. Bitte, da hab ich jetzt echt keinen Bock drauf.«

»Schade. Du weißt ja gar nicht, was mir entgeht.«

»Eben. Übrigens, von wegen Privatkrankenschwester. Du weißt ja sicher noch, wie das war, als ich wegen der Mandeln im Krankenhaus lag.«

»Aber das war doch ganz woanders, oder?«

»Ja, ja, aber vor allem wie anders. Ein himmelweiter Unterschied, sag ich dir. Ich lag ja da auf der Privatstation. Das war eigentlich wie im Hotel, mit allen Extras. Zimmerservice und Tageszeitung. Natürlich hatte ich mein eigenes Zimmer. Wie zu Hause.«

»Natürlich.«

»Das musst du dir da in der Neurochirurgie aber mal ganz anders vorstellen.«

»Mit Sicherheit wird's da auch Einzelzimmer geben. Da haben sie dich als Praktikantin nur nicht reingelassen.«

»Kann schon sein. Da fällt mir ein, mein Papa hatte doch gestern Geburtstag. Seinen fünfzigsten. Musst du dir mal vorstellen, fünfzig. Ich weiß gar nicht, ob ich da noch lebe. Auf jeden Fall hab ich ihm ein Gedicht geschenkt.«

»Ein Gedicht? Von wem?«

»Von wem? Von mir natürlich. Das hab ich geschrieben, als ich im Krankenhaus lag. Das hätte ich in einem solchen Mehrbettzimmer mit einer grinsenden Oma und einer alten Frau, die ständig ruft: ›Nee, nee, hier bin ich falsch‹, sicher nicht geschafft. Willst du mal sehen? Ich hab's mitgebracht.«

»Na klar. Zeig mal.«

Ob 16 oder 60 Jahre bald …
Es ist doch gar noch nicht so alt.
Zusammen toben, lachen, beben,
zusammen mit den Liebsten leben.

Die Familie wählen kann man nicht,
doch sehen sie in einem andren Licht.
Und wenn ich manchmal nicht das Wahre bin,
dreh dich um und seh nicht hin.
Stell dir vor, wie ich noch »damals« war
Und denk dir »So isse immer noch«, na klar.

Und brauchst du mal ein wenig mehr an Zeit,
geh zum »lieben Onkel Horst« und sprich ganz tight.
Trink ein, zwei Bierchen, sprich dich aus,
doch dann, ich sag's dir, wieder ab nach Haus.

Auch wenn du manchmal streng und böse sprichst,
ich lieb dich ganz so, wie du bist.
Obwohl du doch so deine Macken hast,
der eine oder andre Spruch nicht passt,
bist du noch lange nicht verhasst,
weil du den »Papa-Titel« hast!

Und es bereitet sicher keine Schmerzen,
zu lieben dich von ganzem Herzen.

Zum Geburtstag alles Gute
Ich wünsche dir nur das Beste.

Mit Liebe,
Deine Laura

»Das ist echt schön. Ohne Scheiß, ganz toll. Ich könnte so was gar nicht schreiben. Und, was hat er dazu gesagt?«

»Mein Papa ist kein Typ, der herumspringt, wenn er sich über was freut. Man muss ihn genau beobachten, weißt du? Und ich hab ihn genau beobachtet, während er las. Ganz feuchte Augen hat er bekommen.«

»Vielleicht kann ich dich mal mieten. ›Rent a Poet.‹ Mein Vater wird ja auch mal fünfzig.«

»Warum nicht. Kein Problem. Vorher hatten wir noch eine Überraschung für ihn vorbereitet. Die halbe Nacht haben meine Mutter und ich Luftballons aufgeblasen. So viele, dass Papas Zimmer fast ganz damit vollgestopft war. Als er da am Morgen reinging, kamen ihm all die Ballons entgegen und er musste in dem ganzen Gewusel seine Geschenke suchen. Da stand er dann inmitten der vielen bunten Ballons und las mein Gedicht. Ich glaub, er hat sich riesig gefreut.«

»Wie hast du das denn mit dem ›Papa-Titel‹ gemeint? Das kann man so oder so verstehen.«

»Wie?«

»Na ja, entweder im Sinne von ›... nicht verhasst, weil du den Papa-Titel hast‹ oder im Sinne von ›... nicht verhasst, obwohl du den Papa-Titel hast‹.«

»Kannst du dir aussuchen«, grinst Laura.

»Hm ..., hättest du das auch für deine Mutter geschrieben?«

»Keine Ahnung. Hab ich noch nicht drüber nachgedacht. Ich hab auch bei meinem Vater eigentlich nicht nachgedacht. Kam einfach so raus. Seine Eltern zu lieben ist ja Pflicht, vor allem die Mütter, glaub ich.«

»Ist aber keine Pflicht, so 'n Gedicht zu schreiben.«

»Eben. Manchmal geht mir meine Mutter ganz schön auf den Sack ...«

»Wie soll das denn gehen?«

»Ist doch wahr. Tu dies, tu das. Das kannst du doch unmöglich anziehen, so was eben. Sie weiß immer alles besser. Und wie sie mich dann mustert. Ich weiß ja selbst, dass ich scheiße aussehe.«

»Find ich gar nicht.«

»Du bist ja auch blind. Danke. Dann gehen mir ihre Macken auf den …«

»Den was?«

»… den Zünder. Sie trägt zu Hause immer so bescheuerte Latschen. Die sind so was von peinlich. Außerdem machen die Geräusche beim Laufen. Die machen mich wahnsinnig. Klatsch, klatsch, klatsch … Geht den ganzen Tag so. Da kann man keine Gedichte schreiben.«

»Dann schenk ihr doch ein paar andere …«

»Sehr witzig! Wenn sie sich nur nicht ständig in alles einmischen würde. Das wäre schon mal die halbe Miete.«

»Tun das nicht alle Mütter?«

»Mag schon sein, aber einmal muss Schluss sein. Ich frag mich, ob mich meine Mutter als Baby auch so lieb hatte wie die Griechin ihr Baby. Scheiße, hat die geheult. Da könnte ich glatt auch wieder anfangen.«

»Mütter haben ihre Babys doch immer lieb. Außer sie sind krank. Also die Mütter, mein ich.«

»Vielleicht hast du recht. Da können die vielleicht gar nichts gegen tun. Zustand völliger Unzurechnungsfähigkeit. Baby wird geliebt, gnadenlos. Wenn das stimmt, dann glaub ich, ich bin noch immer ihr Baby. Lukas, wenn du wüsstest, wie das nervt.«

»Oh ja, ich kenn das, Laura.«

»Meinst du, ich muss irgendwann mal meine Mutter so füttern wie die Oma heute auf der Station? Der wahre Horror.«

»Nun mal langsam. Wie kommst du denn jetzt darauf? Deine Mutter ist doch noch nicht so alt.«

»Immerhin schon neununddreißig. Sie wird im September vierzig. Ist ja auch egal. Stell dir nur mal vor, dann hab ich den Löffel und sie keine Zähne. Und immer rein mit dem Brei, ob sie will oder nicht. Dann kriegt sie jeden Löffel zurück. Und Windeln wechseln. Und dann bei Demenz das Gebrabbel. Lukas, ich glaub, ich könnte das nicht. Undenkbar. Da stimmt dann doch gar nichts mehr. Da würde ich dann auch rufen: ›Nee, nee, hier bin ich falsch.‹ Das ist doch irgendwie pervers. Eltern sind gesund und fertig!«

»Jetzt wein doch nicht, Laura, bitte. Hier sind noch Taschentücher. Nimm schon ...«

»... ich seh's doch bei meiner Oma, also meiner echten, nicht der im Krankenhaus. Ich hab doch alles mitgekriegt. Wie sich meine Mutter über ihre eigene Mutter fürchterlich aufgeregt hat. Ich hab noch gedacht, um Gottes willen, das ist doch meine Oma. Im letzten Jahr war's dann ganz schlimm. Bis es letztendlich nicht mehr ging. Oma war immer so lieb. Und jetzt erkennt sie niemanden mehr von uns. Bei meinem letzten Besuch hat sie meine Mutter sechsmal gefragt: ›Sag mal, wer ist denn die junge Dame?‹ Ich hab's nicht länger ertragen und bin abgehauen. Das war, noch bevor Oma meine Mutter gefragt hat: ›Und wer sind Sie? Ich möchte jetzt zu meiner Tochter.‹ Ich gehe sie nicht mehr besuchen.«

»Ich wusste ja gar nicht, dass es deiner Oma so schlecht geht.«

»Schlecht? Meiner Oma? Mir geht's schlecht, verstehst du denn nicht? Mir! Meine Oma hat ständig gute Laune. Vielleicht, weil sie vergessen hat, wie ihre Tochter aussieht. So, wie sie ihre Zähne überall herumliegen lässt.«

»Ich hol dir neue Taschentücher ...«

»... Danke, Lukas. Ich seh schon das kleine Baby der Griechin in fünfzig Jahren, wie es sich dann über seine Mutter aufregt: ›Warum hast du mich damals allein gelassen? Bäh, bäh ...!‹«

»Alle regen sich ständig über irgendwas auf. Ist das nicht aufregend?«

»Lukas, du bist unmöglich. Hast du nicht doch 'ne Cola oder so? Das Wasser schmeckt langsam nach Pferdepisse.«

»Nix zu machen. Das Catering im Hause Luhmer ist mal wieder weit unter Niveau. Nur Wasser. Kann dir Zahnpasta dazu anbieten. Oder vielleicht Bitter Lemon?«

»Nee, danke. Dann doch lieber Wasser. Jetzt mal im Ernst, Lukas. Stell dir vor, bevor du dich von dieser Welt verabschiedest, zwischendurch warst du Putzfrau oder Bundeskanzlerin, wirst du wieder zum Baby ...«

»Bis auf die Putzfrau und die Kanzlerin kann ich dir folgen.«

»... so, als ob der Film rückwärtsläuft. Die Rollen werden getauscht. Die Eltern werden zu Kindern ihrer Kinder. Ist doch der Horror, oder? Der Mutter den Hintern saubermachen. Könntest du das?«

»Ich kann es dir echt nicht sagen. Keine Ahnung.«

»Eltern haben gesund zu sein und basta. Alles andere ist doch voll daneben. Geht doch gar nicht. Wie soll man das denn alles alleine schaffen?«

»Jetzt hör schon auf zu weinen, Laura. Du bist nicht alleine, ich bin für dich da, okay?«

»Ich weiß auch nicht. Hat mich irgendwie fertiggemacht, das Praktikum heute. Wird schon wieder. Obwohl, eigentlich war es auch ganz lustig, weißt du?«

»Bestimmt.«

»Du Lukas, am Samstag ist doch die Party bei Stefan. Sollen wir da nicht zusammen hingehen? Soweit ich weiß, kommt Jogi auch.«

»Klar. Wollte dich auch schon fragen. Ich fahr ja an dem Wochenende nicht mit zu meinem Opa.«

»Stefan würde jetzt irgendwas auf Latein brüllen, dass die Wände wackeln.«

»Ich sag ja, der spinnt.«

6. Oktober

EINE GENIALE STRATEGIE

Bei der menschlichen Pubertät lassen sich drei Aspekte unterscheiden, die jeweils vom Gehirn gesteuert werden: (1) Verzögerung der Entwicklung der Geschlechtsreife und damit Entstehung einer verlängerten Kindheit, (2) Eintritt der Geschlechtsreife und (3) emotionale Neuorientierung und Entwicklung eines Sexualverhaltens. Diese letzte Phase der Pubertät ist die Übergangszeit vom Kind zum Erwachsenen oder die Jugendzeit.

Das System, das für die Verzögerung und dann für den Eintritt der Geschlechtsreife bei den Jungen und Mädchen verantwortlich ist, beginnt sich sehr früh zu entwickeln. Noch bevor sich die Nasenwülste bei dem etwa sieben Wochen alten Embryo zeigen, noch bevor so etwas wie ein Gesicht überhaupt erkennbar ist, noch bevor die Augenentwicklung richtig begonnen hat, erscheinen zwischen der vierten und fünften Entwicklungswoche an der Stelle, an der sich später die Nase entwickelt, die beiden Riechplakoden. Das sind erste Verdickungen der zunächst noch oberflächlich angeordneten Zellschichten, aus denen sich unter anderem die Riechzellen entwickeln. Hier entsteht zu dieser Zeit ein für den späteren Pubertisten enorm wichtiger Zelltyp.

Diese Zellen verfügen über eine ganz besondere Eigenschaft. Sie sind in der Lage, wie ein Oszillator in regelmäßigen Abständen ein ganz bestimmtes Hormon auszu-schütten. Von den Riechplakoden wandern diese Zellen in das sich entwickelnde Gehirn ein und lassen sich an einer Stelle im Vorderhirn nieder, die sich zu einer bedeutenden Steuerzentrale für das menschliche Hormonsystem ent-wickeln wird, dem Hypothalamus.

Hier funktionieren diese eingewanderten Zellen als Sig-nalgeber für andere Zellen, die in der Hirnanhangsdrüse vorkommen und ihrerseits imstande sind, Hormone abzu-geben. Dies sind unter anderem Wachstumshormone und solche Hormone, die die Entwicklung der Keimdrüsen, al-so der Eierstöcke bei den Mädchen und der Hoden bei den Jungen, in Gang setzen und dafür verantwortlich sind, dass diese Östrogen beziehungsweise Testosteron produ-zieren. Diese weiblichen beziehungsweise männlichen Geschlechtshormone sind für die Entwicklung der sekun-dären Geschlechtsmerkmale und schließlich die Ausbil-dung der Geschlechtsreife verantwortlich.

Dieses komplexe Steuerungssystem ist bereits in einem etwa drei Monate alten Fötus voll ausgebildet und funkti-onsfähig. Dabei funktionieren die ursprünglich aus der Riechplakode stammenden Oszillatorzellen also als Sig-nalgeber, die Impulse von Nervenzellen im Gehirn in eine Bereitstellung von Geschlechtshormonen übersetzen. Die Gruppe dieser Oszillatorzellen kann man zusammen auch als Impulsgenerator für die Freisetzung der Geschlechts-hormone in den Keimdrüsen bezeichnen. Dieser Impuls-generator verfügt nun im Gehirn des Menschen über einzig-artige Eigenschaften, die zusammengenommen das Beson-dere der spezifisch menschlichen Pubertät ausmachen.

Dieser Impulsgenerator entwickelt sich sehr früh und beginnt schon im Fötus zu arbeiten, was dazu führt, dass Jungen bis zu einem Alter von etwa einem halben Jahr und Mädchen bis zu einem Alter von ein bis zwei Jahren Testosteron beziehungsweise Östrogen auf einem Niveau produzieren, das danach bis zum Beginn der Geschlechtsreife nicht mehr erreicht wird. Nach diesem Zeitpunkt in der frühen Kindheit nimmt die Aktivität des Impulsgenerators bis etwa zur Einschulung stetig ab, um dann für die Zeit der restlichen Kindheit Pause zu machen. Das hat zur Folge, dass jetzt viel weniger Geschlechtshormone gebildet werden als im Fötus. Das Ende der Kindheit ist dann durch eine Reaktivierung oder Enthemmung des hypothalamischen Impulsgebers gekennzeichnet. Es kommt nun zu einem stetigen Anstieg bei der Freisetzung von Geschlechtshormonen vom zehnten bis zwölften Lebensjahr an, der sich bis zum fünfzehnten/sechzehnten Lebensjahr fortsetzt.

Ohne dass das System bis heute vollständig verstanden worden ist, kann davon ausgegangen werden, dass diese Bremse auf den Impulsgenerator im Gehirn selbst zu suchen ist. Es gibt Hinweise darauf, dass Nervenzellen über direkte synaptische Kontakte mit den Zellen des Impulsgenerators an dieser physiologischen Bremse beteiligt sind. Noch weitgehend unbekannt sind jedoch die Mechanismen, die diese Hemmung des Impulsgenerators letztlich veranlassen, aufrechterhalten und dann wieder zurücknehmen. Sicher scheint nur, dass eine Antwort auf diese Frage im Gehirn selbst zu finden ist. Denn da werden genau zu der Zeit, zu der sich die Bremse vom Impulsgenerator zu lösen beginnt, dramatische Umbauarbeiten eingeleitet.

Wieder ist es das Stirnhirn, von dem die entscheidenden Entwicklungsanstöße ausgehen. Im Alter von etwa sieben Jahren, der moderne Mensch hat es sich gerade in der Grundschule bequem gemacht, ganz in gespannter Erwartung auf all das Kulturwissen, das er nun entgegennehmen darf, genau zu der Zeit also, zu der sein hypothalamischer Impulsgenerator für den Eintritt in die Geschlechtsreife, die eigentlich jetzt eintreten könnte, so wirkungsvoll ausgebremst wird, um für die nächsten vier bis fünf Jahre in die Pause zu gehen, genau jetzt ist in seinem Stirnhirn Erstaunliches zu beobachten. Die Zahl seiner Synapsen beginnt dort dramatisch abzunehmen. Jetzt, wo er, so könnte man meinen, sie doch so dringend bräuchte, diese mit so hohem Aufwand aufgebaute Verknüpfungsdichte, beginnt dieses komplexe Netzwerk damit, seine Kontakte zu verlieren. Natürlich werden im Gehirn ständig Synapsen abgebaut und wieder aufgebaut, aber von nun an verschwinden mehr Kontakte als neue geknüpft werden.

Dieses Ausdünnen der Nervenzellkontakte hat in anderen Bereichen des Gehirns ja schon viel früher begonnen. Etwa im Alter von anderthalb Jahren, wenn das Kleinkind noch etwas ungeschickt auf seinen Beinen unterwegs ist, beginnt ein rasanter Nettoverlust von Synapsen in weiten Teilen der Großhirnrinde, einschließlich der Bereiche, die für die Bewegung zuständig sind. Täglich gehen Milliarden von Synapsen verloren. Dieser Trend ist bis ins frühe Erwachsenenalter ungebrochen.

Also genau in der Zeit, in der sich die feinmotorischen Fertigkeiten im Zuge eines fortlaufenden Trainings über die Jahre der frühen Kindheit langsam entwickeln und erkennbar werden, werden die Kontakte in den zugehörigen Nervenzellnetzen fortlaufend ausgedünnt. Und mit sieben Jahren setzt dieser Rückbau nun also auch im Stirnhirn ein, mit ähnlich langem Verlauf. Die Erwachsenen verfügen dann nur noch über ungefähr die Hälfte der Verknüpfungsdichte von einjährigen Kindern. Im Stirnhirn setzt dieser Prozess genau dann ein, wenn es gerade darum geht, die mit dem Stirnhirn verknüpften Fähigkeiten weiterzuentwickeln und einsetzen zu lernen.

Das Stirnhirn, in seiner typisch menschlichen Ausprägung, ist ja das Ergebnis eines Evolutionsprozesses unter dem Selektionsdruck der zunehmenden Bedeutung von nachgeburtlichen Lernprozessen, im Besonderen des Erlernens von Kulturwissen während dieser durch die Ausbremsung des Eintritts der Geschlechtsreife verlängerten späten Kindheit. An dieses Stirnhirn knüpfen sich Eigenschaften und Fähigkeiten, die den Menschen auszeichnen. Eigenschaften und Fähigkeiten, die offenbar so vorteilhaft waren, dass es sich lohnte, das für das Überleben so grundlegend wichtige Geschäft der Fortpflanzung um mehrere Jahre aufzuschieben.

Was für ein enormer Luxus. In dieser Phase des Aufschubs entwickelt sich das Langzeitgedächtnis, mit dem der Mensch in die Geschichte eintritt. Der Mensch beginnt, sich selbst in der Zeit wahrzunehmen, es gibt für ihn Vergangenheit und Zukunft. Mit seinem Stirnhirn ist er zunehmend in der Lage, aus Erfahrungen wirklich zu lernen, sich zu erinnern, einmal Erfahrenes in Handlungskonzepte einzubringen und ganz bewusst auf die Zukunft ausgerichtet zu handeln. Es ist sein Stirnhirn, das den Menschen in die Lage versetzt, über mögliche Auswirkungen seiner Pläne nachzudenken und seine Aktionen danach auszurichten. Dazu muss er, im Besonderen jetzt, in dieser Zeit der geschenkten Kindheit, etwas lernen, das er eigentlich schon ganz gut kann, nämlich seine Gefühle und die der anderen richtig einzuschätzen und sie in die sich entwickelnden Fähigkeiten des Stirnhirns einzubinden. Nur so wird er sich optimal entwickeln. Nur so kann er seine emotionalen und intellektuellen Kompetenzen voll zur Geltung bringen.

Man kann sagen, in dieser Zeit, also zwischen seinem sechsten/siebten und elften/zwölften Lebensjahr erhält der moderne Mensch seinen Schliff. Seine ganz individuelle Persönlichkeit, sein einzigartiger Charakter tritt hervor, in dem Maße, wie sich aus einem nahezu unerschöpflichen Vorrat von Möglichkeiten die Netzwerke in seinem Stirnhirn reduzieren. Es ist, als ob Michelangelos David aus dem Marmorblock heraus zum Leben erweckt wird, durch die Hand des Meisters, die ihn befreit mit Hammer und Meißel. So, wie Michelangelo den David aus dem Block holt, indem er alles Überflüssige um ihn herum weghaut und wegkratzt, so ist jeder Mensch am Ende seiner Kindheit das Ergebnis der gestalterischen Kraft eines andauernden Lernprozesses.

Das Entwicklungspotenzial eines jeden Menschen steckt in dem Überfluss an Möglichkeiten, die seine dicht verschalteten Nervenzellnetze bergen. Dabei ist es nicht einfach dem Zufall überlassen, welche Verknüpfungen aufgegeben werden, welche sich hervorheben. Diese Feinabstimmung der Netzwerke wird durch Erfahrungen und Übungen fortlaufend modelliert. Erfahrungen macht der Mensch im wahren Leben, und seine Übungen richten sich nach den Vorgaben, die er vorfindet. So passt er sich wunderbar an. Seine Fähigkeiten optimieren sich an der Wirklichkeit.

Am Ende dieses langen Prozesses ist dann das Stirnhirn des Menschen das Spiegelbild all seiner zurückliegenden Mühen und Erfahrungen. Dieser Prozess hinterlässt seine Spuren in der Feinabstimmung seiner Netzwerkverschaltungen im Gehirn. Dieser komplexe biologische Anpassungsprozess ist hochriskant. Da kann eine ganze Menge schiefgehen. Auf der anderen Seite birgt dieser Prozess für jeden Menschen großartige Chancen und die Möglichkeit, sich immer wieder an wechselnde Bedingungen anzupassen. Diese verlängerte Kindheit ist also eine echte Kaderschmiede der Menschheitsgeschichte.   *FL*

Am Mühlbach

Fast hätte ich Berni nicht wiedererkannt. Kein Schwung, nichts. Als ich am Mühlbach ankam, saß er auf dem Baumstumpf am Ufer und starrte ins Wasser.

Hab mich gleich neben ihn gesetzt und auch ins Wasser gesehen. Wenn man das 'ne Weile macht, also so ins Wasser sehen, dann ist das wie Gehirnwäsche. Alles wird irgendwie auf null gestellt. Es gibt nur noch das Wasser. Es zieht einen regelrecht an. Diese ständige Bewegung. Das ist Leben. Nichts bleibt, wie es ist. Eine fortlaufende Parade von Abermilliarden Wassermolekülen, nur für Berni und mich.

Selbst die Geräusche, die das Wasser im Vorüberziehen macht, lassen keine wiederkehrenden Muster erkennen. Die Melodien sind total chaotisch. Nichts, worauf du dich einstellen kannst. Und doch scheint die Welt hier so friedlich und geordnet. Alles hat seinen Platz, wie wir zwei auf unserem Baumstumpf. Zuschauen, wie das Wasser fließt.

Was haben wir hier nicht schon gesessen und nichts gesprochen. Nur wir beide, Berni und ich. Da ist eine gewisse Spannung. Irgendwas zieht mich immer wieder zu ihm hin. Ich weiß nicht, was es ist. Keine Ahnung.

Eigentlich sind wir ganz unterschiedliche Typen. Er bringt Sachen, die ich niemals bringen könnte. Er hängt mit Typen ab, die ich nicht leiden kann. Er mag meine Musik nicht. Alles Nebensache, wenn wir so an unserem Mühlbach sitzen. Ich weiß eigentlich nicht, was Berni an mir findet. Er ist viel größer und stärker als ich. Alles Nebensache, hier am Bach. Hier haben wir gestanden, mit heruntergelassenen Hosen. Natürlich war seiner größer als meiner. Und haben versucht, bis ans andere Ufer zu pinkeln.

Natürlich konnte er viel weiter als ich. Aber darum ist es uns nie gegangen. Der eine pinkelt halt weiter als der andere. Na und? Das ist immer so. Mit so was hielten wir uns nicht auf.

Viel wichtiger waren Fragen wie: Wer hat wohl schon alles vor uns in den Bach gepisst? Wird unsere Pisse das Meer erreichen? Solche Fragen haben uns bewegt. Wie hoch ist die Wahrscheinlichkeit, dass wir ein und dasselbe Wassermolekül ein zweites Mal trinken? Einen alten Bekannten, der schon mal ein Teil von uns war und jetzt nach langer Reise zu uns zurückkehrt. Wie lange müssten wir bis zu einer solchen Wiedersehensfeier hier sitzen und aus dem Bach trinken?

Mit Berni kann man einfach über alles reden oder eben auch stundenlang nichts sagen. Ein völlig anderes Programm als mit Laura. Hier haben wir geschworen, uns niemals zu verraten. Was auch kommen mag.

Heute sieht Berni echt scheiße aus. Er muss lange geweint haben. So rote Augen. Mensch, Berni!

»Ich versteh die Mädels nicht«, kam es unvermittelt von Berni.

»Was? Welche Mädels?«

Nichts. Berni starrt wieder ins Wasser. Ich bin irgendwie erleichtert. Die Mädels. Wer versteht schon die Mädels? Ich dachte schon, es sei was Ernsthaftes, s,o wie Berni dahockt. Immer noch keine Regung von ihm. Er starrt weiter aufs Wasser und sagt nichts. Dann, so nach vielleicht einer gefühlten Stunde, sagte Berni unvermittelt:

»Mit ihrem Klavierschüler. Meine eigene Mutter mit ihrem Klavierschüler. Das musst du dir mal vorstellen. Ich komme mal früher nach Hause und sehe, wie meine Mutter mit ihrem Klavierschüler vögelt.«

»Was?«

»Ja, du hast richtig gehört. Ich hab sie erwischt, ganz klassisch. Direkt vor dem Klavier. Scheiße, war das peinlich. Seit zwei Jahren kommt der Typ schon zu uns. Ich bin völlig ausgerastet und hab dem Arsch was auf die Fresse gegeben. Meine Mutter war völlig hysterisch. Und ich hab dann vors Klavier gekotzt.«

»Mensch Berni. Was ist denn das für eine Geschichte? Alter, beruhig dich erst mal.«

»Ich soll mich beruhigen? Wie soll ich das denn machen? Mir ist kotzübel.«

»Wann war 'n das?«

»Gestern erst. Mein Vater ist völlig fertig. Der hat nur geheult. So was hab ich bei ihm noch nicht gesehen. Mann, kann der einem leidtun. Die eigene Mutter mit so 'nem Arsch. Auf jeden Fall hat der aus der Nase geblutet wie ein Schwein, als der ohne Hose auf und davon ist.«

»Und jetzt? Wie geht's weiter?«

»Weiß ich doch nicht. Sie ist erst mal ausgezogen. Ging ruck-zuck und weg war sie. Vielleicht zieht sie ja jetzt zu ihrem Klimperfritzen mit der gebrochenen Nase. Was weiß ich. Wäre ich doch bloß nicht früher nach Hause gekommen. Dann hätte ich keine Ahnung von dem ganzen Scheiß und alles wäre beim Alten. Aber so? Mit einem Mal ist alles anders. Und ich bin schuld.«

»Ach was, einen Scheiß bist du. Wie kommst du denn darauf? Was kannst du denn dafür?«

»Keine Ahnung, Lukas.«

Wir starren wieder ins Wasser. Der Bach sieht aus wie immer. Nichts Besonderes. Und doch ist alles anders. Ich starre ins Wasser und versuche mir meine Mutter vorzustellen, mit dem Klavierschüler bei uns zu Hause vor dem Kamin. Geht nicht. Wir haben ja auch kein Klavier. Undenkbar, so 'n Scheiß.

»Scheiße, Berni …«

»Und dann ist da noch was. Ich glaub, jetzt bin ich voll am Arsch.«

»Wieso das denn?«

»Du kennst doch den Dennis aus unserer Parallelklasse.«

»Nee, kenn ich nicht.«

»Na, den Dennis. Du weißt schon, der mit den Tattoos am Hals.«

»Ach, den. Totaler Loser.«

»Kann man nicht so sagen.«

»Warum, was is'n mit dem?«

»Was soll sein? Wir haben uns zusammen einen Spaß erlaubt. Kannst du dir bei YouTube ansehen.«

»Sag nicht, ihr habt irgend so 'n Schweinevideo gedreht und dann ins Netz gestellt.«

»Schlimmer, Cyberbullying nennen die das.«

»Seiber... was?«

»Cyberbullying! Du drehst halt ein geiles Video und stellst es dann ins Netz. Geht ganz einfach.«

»Und wer regt sich darüber auf?«

»Na ja, wir haben das Video in der Klasse gemacht. Also während des Unterrichts.«

»Das ist doch verboten, oder nicht?«

»Du hast es erfasst, Lukas.«

»Ja, aber wann denn? Ich meine ...«

»Du kannst es ja nicht wissen. Ich war doch verdonnert, in der Klasse von Dennis nachzuarbeiten.«

»Und, in welcher Stunde? Ich meine, bei wem?«

»Gattermann.«

»Heiko Gattermann, der Herr der Jahrhunderte?«

»Genau. Geschichte bei Gattermann. Thema: Kriegslügen. Du weißt schon, Zweiter Weltkrieg, Überfall auf Polen. Gattermann in Pose mit seiner Lieblingsparodie: ›Seit fünfuhrfünfundvierzig wirrrrd zurrrrückgeschossssen.‹ Daraufhin meldet sich Dennis und fragt: ›Hat man eigentlich den gefunden, der angefangen hat mit Schießen?‹. Gattermann baut sich vor Dennis auf und brüllt ihn an: ›Dennissss Dietlingerrrr! Tief, ganz tief in dirrrr bist du ein Vollidiot!‹ Dabei hatte der Gattermann gar nicht bemerkt, dass er noch immer mit der Adolf-Stimme sprach. Die Klasse hat sich so weggeworfen. Ich hör's noch: ›Dennissss Dietlingerrrr...‹«

»Wie, das habt ihr gefilmt, oder was?«

»Nein. Aber der Dennis war natürlich stocksauer. Dachte, er könnte den Gattermann verarschen. Und jetzt lacht die ganze Klasse über ihn. Das hat der Dennis dem Gattermann echt übel genommen.«

»Und weiter?«

»Na ja, bei nächster Gelegenheit haben wir's ihm heimgezahlt und dann eben das Video gemacht.«

»Was hattest denn du damit zu tun?«

»Na, hör mal, Lukas. Das konnten wir dem Gattermann doch auf gar keinen Fall durchgehen lassen. Der Dennis war echt voll angepisst. ›Diesem HONK werd ich's zeigen‹, hat Dennis gesagt. Da hab ich ihm natürlich geholfen.«

»Ja nun erzähl schon. Wie ging's weiter?«

»Ich weiß gar nicht mehr, wann das genau war. Auf jeden Fall hielt die Jessica ihr total beknacktes Referat über den Sechstage-krieg. Der kannst du echt nicht zuhören. Du glaubst, du kriegst 'nen Tumor im Ohr. Die Jessica trägt noch immer ihre Monster-zahnspange. Mit der spricht die wie 'ne alte Dampflok. So zischt das zwischen ihren Brackets. Die ganze Klasse hat gepennt. Und wir haben den Gattermann gefilmt. Bei Referaten sitzt der ja im-mer rechts neben der Tür. Dennis mit seinem Handy und ich mit meinem. Für den Perspektivwechsel, weißt du. Musst du dir un-bedingt angucken. Ist echt geil geworden.«

»'n Volltrottel auf 'nem Stuhl? Was soll denn daran so prickelnd sein?«

»Mensch, Lukas. Das hat doch inzwischen jeder gesehen. Weißt du, was der Gattermann die ganze Zeit über gemacht hat? Bei Re-feraten hockt der doch immer so leicht weggebeamt auf seinem Stuhl neben der Tür. Wir dachten schon, der schläft da vorne weg und fällt dann vielleicht vom Stuhl. Ich hab gebetet, dass es pas-siert. Aber es kam viel besser. Irgendwann fing er an, ganz versonnen in seinem linken Ohr herumzupopeln und sich Ohrenschmalz rauszuholen. Das hat er dann zwischen Daumen und Zeigefinger zu Kügelchen geformt und anschließend in den Mund gesteckt und aufgegessen ...«

»Bäh, wie abartig!«

»Du sagst es, Bruder. Das ging während des ganzen Referates von der Jessica so. Vorne die Dampflok und voll im Bild: Heiko Gattermann, der Herr der Jahrhunderte, beim Zubereiten und Knabbern von Ohrenschmalzleckerlis.«

»Du hast recht, Berni, das sollte man gesehen haben. Wie ist denn der Titel von dem Video?«

»Halt dich fest, Lukas: ›Knabberspaß mit Heiko‹, na, ist das gut?«

»Ich werd's mir gleich zu Hause reinziehen, das versprech ich dir.«

»Es haben sich schon Eltern gemeldet, von wegen Hygiene und so. Da geht gerade voll die Post ab in der Schule.«

»Na und? Wieso hast du jetzt Stress?«

»Der Gattermann hat den totalen Aufstand angezettelt. Hat was von Persönlichkeitsrechten gefaselt. Und irgendwie haben sie's dann rausgekriegt.«

»Was haben die rausgekriegt?«

»Na wart's doch ab, Lukas. Wir haben das Video fatalerweise über meinen Rechner hochgeladen. Bei Dennis geht's ja nicht mehr. Der ist doch zu Hause gerade offline.«

»Wieso denn das?«

»Lukas, du checkst auch gar nichts. Wo treibst du dich die ganze Zeit rum? Musst mal mehr unter die Leute, echt. Nicht immer nur bei Laura abhängen ...«

»Lass Laura aus dem Spiel.«

»Schon gut. Auf jeden Fall, bei den Dietlingers herrscht gerade Dauerstress. Dennis' Eltern sind voll angepisst, weil sie doch jetzt die Klage am Hals haben. Spricht doch die ganze Schule drüber.«

»Ach ja, die Story mit den Raubkopien meinst du. Der Dennis war das? Wie blöd muss man sein, echt.«

»Das sagst du so. Auf jeden Fall ist die Polizei da gewesen und hat den Computer mitgenommen. Ich weiß nicht, wie viele Tracks er sich runtergeladen hat. Sie haben ihn an den Eiern und wollen jetzt zehntausend Euro für jedes Stück haben. Die meinen das offenbar ernst und jetzt sitzen Dennis' Eltern und er natürlich so was von in der Scheiße, das glaubst du gar nicht.«

»Sollte man nicht machen.«

»Also haben wir das Video bei mir hochgeladen.«

»Na, toll. Und jetzt hängst du voll drin.«

»Keine Ahnung. Was meinst du, Lukas, ob die mich deswegen von der Schule schmeißen können?«

»Jetzt warte doch erst mal ab. So schlimm wird's schon nicht werden.«

»Für meinen Vater wäre das jetzt zu viel. Erst die Sache mit meiner Mutter und dann das.«

Mann, Mann! Manche kriegen aber auch die volle Packung. Der Berni kann einem echt leidtun. Ob uns der Bach belauscht? Was mag der schon so alles gehört haben? Die machen aber auch einen Scheiß.

»Du, Berni, ich kann nicht länger bleiben. Muss mich wieder verdrücken. Hab noch 'n Date mit Laura. Kommst du mit?«

»Nee, geh mal schön alleine zu deiner Laura. Lass mich noch was hier sitzen. Muss mich mal wieder richtig entspannen. Danke, dass du kommen konntest. Bist 'n echter Kumpel, Lukas.«

»Man sieht sich und halt die Ohren steif, Berni!«

»Nicht nur die Ohren, Alter.«

Was sagt denn die Uhr? Scheiße, schon wieder so spät. Arme Sau. Von der Schule fliegen, das ist doch bescheuert. Sollte einem nicht passieren. Dass die Mutter abhaut aber auch nicht.

Noch zwanzig Minuten. Ist zu schaffen. Da muss ich wohl ein bisschen schneller strampeln. Papa sagt ja nichts mehr, hat's aufgegeben. Aber jedes Mal, wenn er mein Rad sieht, sehe ich ihm an, was er denkt. Er hat ja recht. Scheiß Lampe. Wird schon keine Kontrolle kommen.

Wieso hab ich eigentlich nie Zeit? Ist vielleicht gar nicht wichtig, so ein scheiß Rad. Hauptsache, es fährt. Da steckt der Berni aber mal wieder knietief im Dünger. Es ist ja schon immer Scheiße gebaut worden. Aber so was? Irgendwann ist es nicht mehr lustig und du bekommst Stress. Das bringt doch nichts. Vielen ist das echt scheißegal. Total bescheuert!

Unter Nonnen

Nach der Sache mit dem Kaufhaus, also unserer genialen Abzapfaktion, hatte ich ein langes Gespräch mit meinem Vater. Dabei hat sich zu meiner großen Freude herausgestellt, dass der alte Herr in seinen besseren Tagen auch nicht so ohne gewesen sein muss. Das meiste wird er mir wohl nicht verraten haben. Da bin ich mir ganz sicher.

»Ich seh's ja ein, Papa. Wir haben Scheiße gebaut. Aber wir haben das ja dann auch wieder in Ordnung gebracht. Kannst ganz beruhigt sein. Wir machen so 'ne Kacke nicht mehr. Wir sind ja schließlich keine Chaoten.«

»Das will ich hoffen. Bei aller Gaudi, man muss wissen, wo die Grenze ist, okay?«

»Ist halt manchmal nicht so leicht. Gib's zu, Papa, du hast doch früher sicher auch mal so richtig ins Klo gegriffen, oder?«

»Wie bitte? Versteh ich nicht.«

»Glaub ich dir nicht. Du verstehst mich ganz gut. Na, komm schon Papa, irgendwas musst du mir jetzt erzählen. Und nicht so 'ne Story wie: ›Meine alten Zeugnisse sind alle verloren gegangen.‹«

»Keine Ahnung, was du meinst, Lukas. Wirklich nicht. Ich kann mich nicht erinnern, dass wir damals … Nun gut, wir waren auch mal jünger, versteht sich. Aber an so was …«

»Nun komm schon, Papa. Das kann ja gar nicht sein. Irgendwas wirst du doch wohl mal angestellt haben. Nur eine klitzekleine Geschichte, bitte. Aber nichts Erfundenes. Ist doch heute eh alles verjährt. Na, komm schon.«

»Lukas, du nervst. Also gut, jetzt, da wir so darüber reden, kommt natürlich schon die eine oder andere Erinnerung.«

»So, so. Die eine oder andere Erinnerung also. Nur eine, Papa. Eine reicht völlig aus.«

»Also gut. Stell dir vor, ich hab mal Silber zu Gold gemacht.«

»Papa, was soll denn das jetzt? Ich hab doch gesagt, eine wahre Geschichte, bitte.«

»Nun hör doch zu. Sie ist wirklich wahr.«

»Glaub ich nicht. Dann wären wir doch sicher jetzt steinreich und würden in irgend so 'nem Schloss wohnen, mit goldenen Wasserhähnen und so. Und du müsstest nicht deine Kolumnen schreiben und ...«

»Nicht ›müsstest‹, Lukas, sondern ›dürftest‹, bitte schön. Aber warte doch einfach ab und hör zu. Ich war vielleicht so zehn oder elf Jahre alt, so genau weiß ich das nicht mehr. Da müsstest du deine Oma fragen. Die weiß so was immer ganz genau.«

»Worauf du dich verlassen kannst. Aber mit zehn oder elf Jahren, was kann man denn da schon groß anstellen?«

»Ich war für die Dauer von etwa vier Wochen in den Sommerferien in einem Ferienheim, wie das damals hieß. Das war so eine alte Burganlage, die von Nonnen bewirtschaftet wurde.«

»Was? Oma & Opa haben dich zu den Pinguinen geschickt? Is ja krass.«

»Ich hab damals nichts Außergewöhnliches daran gefunden. Ich kannte die ›Pinguine‹, wie du die Nonnen nennst, ja noch vom Kindergarten her.«

Jetzt bloß keine weitere Geschichte von seiner Schwester Edelburg. Ihr wisst schon, der Nonne auf dem Fahrrad. Ich versuch ihn mal etwas abzulenken:

»Du Papa, kennst du den? Treffen sich zwei Mantafahrer. Sagt der eine: ›Sag mal, gibt's einen Meter siebzig große Pinguine?‹ Sagt der andere: ›Nee, glaub ich nicht.‹ Sagt der Erste: ›Scheiße, dann hab ich wohl 'ne Nonne überfahren.‹«

»Weißt du was, Lukas? Die wirklich alten Witze muss man auch wirklich gut erzählen. Sonst haben sie nämlich nur einen sehr eingeschränkten Unterhaltungswert.«

»Versteh ich nicht. Ich fand den witzig. Aber egal, wie ging's denn weiter in deinem Feriencamp?«

»Ferienheim, Lukas. Nicht Feriencamp. An allzu vieles kann ich mich nicht mehr erinnern, was ein Anzeichen dafür ist, dass es da höchstwahrscheinlich ziemlich langweilig gewesen sein muss. Ein oder zwei Erinnerungen habe ich aber doch noch.

Ganz deutlich sehe ich noch diesen riesigen Schlafsaal vor mir. Natürlich waren in dem Heim nur Jungen. Mädchen? Unvorstellbar! Die Betten waren in einem großen Kreis angeordnet, vielleicht so zwanzig oder dreißig Betten, die alle mit ihren Fußenden zum Mittelpunkt des Kreises zeigten. Und genau da, im Mittelpunkt dieses Kreises, von jedem Bett gleich weit entfernt, saß an einem Tisch mit Kruzifix und Lampe die wachhabende Nonne. Die saß da die ganze Nacht hindurch und passte auf, dass nichts passierte.

So was hatte ich zuvor noch nie gesehen. Mir war das alles zunächst ziemlich unheimlich. Bis dahin hatte ich nämlich höchstens mal zu zweit in einem Zimmer geschlafen. Aber ich muss dann wohl gedacht haben, dass das alles Teil des Abenteuers war, das mir meine Eltern, also deine Oma und dein Opa, damals versprochen hatten. Und was sollte auch schon passieren? Was tatsächlich passieren konnte, wurde uns allerdings ziemlich bald klargemacht. Zum Beispiel konnte es passieren, dass irgendeine Hand von einem der schlafenden Jungen unter die Bettdecke verschwand. Dann waltete die wachhabende Nonne ihres Amtes und griff unverzüglich ein. Denn das durfte auf gar keinen Fall passieren. Das war ein eisernes Gesetz.

Am ersten Abend konnte ich lange nicht einschlafen, weil ich mir angestrengt vorstellte, wie es wohl zu schaffen sei, dass meine Hände die ganze Zeit, während ich schlief, auf der Bettdecke liegen blieben. Über so was hatte ich bis dahin noch niemals nachdenken müssen. Das Zweite, was mir jetzt wieder in den

Sinn kommt, sind diese riesigen Waschzuber im Keller der Burg. Darin wurden wir Jungen einmal in der Woche mit riesigen Bürsten von den Nonnen abgeschrubbt. Diese beiden Erlebnisse, also oben das Dormitorium und ...«

»Dormi... was?«

»Ich denke, du hast Latein?«

»Heiß ich Stefan, oder was?«

»Dormitorium, so hießen die Schlafräume, oder besser gesagt, die Schlafsäle in den Klöstern. Also oben der Schlafsaal und unten die Waschzuber, die mich sofort an alte Comics erinnerten, in denen irgendwelche Kannibalen einen Missionar in einem riesigen Kessel über dem Feuer kochten, diese beiden Eindrücke müssen für mich überwältigend gewesen sein. Auf jeden Fall habe ich während meines ganzen späteren Lebens alles dafür getan, um zu vermeiden, je wieder in eine solche peinliche Situation zu kommen. Ich hatte mir damals krampfhaft eingeredet, dass das alles Teil eines großen Abenteuers war. Wahrscheinlich war ich deshalb nie bei der Bundeswehr oder einer anderen Armee auf dieser Welt, den Pfadfindern oder in irgendeinem Zeltlager. Mein Bedarf an diesbezüglichen Abenteuern war durch den Aufenthalt auf der Burg für alle Zeit gedeckt.«

»Ist ja gut, Papa. Jetzt erzähl schon, was hast du da ausgefressen?«

»Nicht so ungeduldig. An den schrecklichen Schlafsaal knüpft sich nämlich noch eine Erinnerung. Ich sollte es dir vielleicht gar nicht erzählen, aber ich habe damals Fingernägel gekaut. Vielleicht ja auch nur, weil mich die ganze Situation da auf der Burg so sehr in Stress versetzt hat. Irgendwann ist das wohl einer der Nonnen dort aufgefallen, woraufhin sogleich ›therapeutische Maßnahmen‹ ergriffen wurden, um mir das gründlich abzugewöhnen. Die Nonnen haben mir dann irgend so ein ekliges Zeug unter die Fingernägel geschmiert. Ich weiß noch genau, dass es fürchterlich stank und rot war. Diese Maßnahme sollte mich wohl davon abhalten, die Finger in den Mund zu stecken. Zur Unterstreichung der Ernsthaftigkeit ihres erzieherischen Anliegens haben mich die Nonnen dann dazu gezwungen, einen ganzen Tag lang alleine in dem riesigen Schlafsaal in meinem Bett zu liegen. Die Hände schön parallel oben auf der Bettdecke. Und am Tisch in der Mitte des Schlafsaals saß eine der Nonnen, um mich zu bewachen. Essen gab's keins. Ich hab dann wohl die Ernsthaftigkeit ihres Anliegens verstanden. Ich kann mich nicht erinnern, wegen dieser Sache noch einmal behelligt worden zu sein.«

»Total bescheuert! Hätte ich nicht mit mir machen lassen. Auch nicht mit zehn Jahren. Das kann ich dir versprechen.«

»Völlig zu Recht. Aber das sagst du heute. Waren andere Zeiten damals. Da hat man sich als Kind nicht so ohne Weiteres aufgelehnt. Du musstest ständig damit rechnen, verprügelt zu werden.«

»Wie, verprügelt?«

»Nun gut, nicht ständig und nicht wirklich jedes Kind. Oma & Opa zum Beispiel waren nicht so. Obwohl dem Opa damals schon mal die Hand ausrutschen konnte.«

»Was, dem Opa?«

»Ja, so ein- bis zweimal ist das wohl schon vorgekommen. Da hatten wir wohl noch Glück gehabt. Da hat es ganz andere Geschichten gegeben damals. Die ›körperliche Züchtigung‹, wie das im Amtsdeutsch hieß, galt lange als natürliches Elternrecht, musst du wissen. In Deutschland ist dieses Recht erst im Jahr 2000 endgültig abgeschafft worden. Noch bis in die Siebziger-jahre des zwanzigsten Jahrhunderts hatten Lehrer eine aus ihrer Stellung abgeleitete ›Züchtigungsbefugnis‹, wie das damals hieß. Das bedeutete nichts anderes, als dass der Lehrer dir jederzeit eine runterhauen durfte, wenn du nicht so wolltest wie er. Unter solchen Bedingungen bin ich noch zur Schule gegangen.«

»Das ist ja krank.«

»Daher ist es aus heutiger Sicht nicht ganz unberechtigt, sich vorzustellen, dass auch die eine oder andere Nonne von damals auf der Burg der alten Volksweisheit ›Wenn es schmerzt von hinterwärts, zieht Gottesfurcht ins Herz‹ einen gewissen Charme hat abgewinnen können. Es war also Vorsicht geboten.«

»Ja, aber das sind doch alte Geschichten. Was ist nun mit deinem Griff ins Klo?«

»Nun gut, aber eigentlich war ich ja nur ein Mitläufer.«

»Wer's glaubt …«

»Ich hatte mich auf der Burg einem Jungen angeschlossen. Der war etwas älter als ich, größer und stärker. Vielleicht versprach ich mir von ihm Schutz vor den Nonnen. An seinen Namen kann ich mich nicht mehr erinnern …«

»Tut ja auch nichts zur Sache …«

»Lukas, hör mal zu. Du kannst dir die Geschichte auch selbst erzählen, wenn du so ungeduldig bist.«

»Schon gut, ich hör ja zu, werd nichts mehr sagen.«

»Es war auf dem Bergfest …«

»Geil, ihr ward auf dem Bergfest in Erlangen?«

»Lukas, du nervst. Die Bergkirchweih in Erlangen gibt's zwar schon seit mehr als zweihundertfünfzig Jahren. Aber da waren wir natürlich nicht. Auf dem Halbzeitfest, verstehst du? Nach der Hälfte der Zeit unseres Aufenthaltes bei den Nonnen gab's so eine Art von Kinderparty, würde man heute sagen. Mit lustigen und weniger lustigen Buden und Spielen. Sackhüpfen war bestimmt auch dabei, ich weiß es nicht mehr. So eine Art altmodisches Gartenfest eben.

Auf jeden Fall konnte man sich Süßigkeiten kaufen. Das war das Highlight. Zu diesem Zweck hatten die Eltern vorher bei den Nonnen etwas Taschengeld hinterlegt. Das wurde uns dann vor dem Fest ausgezahlt. Das war das Größte. Ich weiß nicht mehr, wie viel Geld es war. Ist auch egal. Werden wohl nur ein paar Münzen gewesen sein. Ich kann mich nicht erinnern, als Kind jemals einen Geldschein in der Hand gehabt zu haben. Immer nur Münzen.

Und natürlich spielt die ganze Geschichte vor dem Eurozeitalter. Es galt noch die gute, alte D-Mark. Das ist deshalb wichtig, weil der Streich mit Euros überhaupt nicht funktioniert hätte. Nun gut. Da ich mich auch nicht daran erinnern kann, jemals ein 5-Mark-Stück in der Hand gehabt zu haben ...«

»Papa!«

»... werden wir vielleicht höchstens über 2-Mark-Stücke und kleinere Münzen verfügt haben. Ich sag's ja nur, weil dir die alte Währung vielleicht nicht mehr so geläufig ist. Dann gab es also noch 1-Mark-, 50-Pfennig-, 10-Pfennig-, 5-Pfennig-, 2-Pfennig- und 1-Pfennig-Münzen. Die teilten wir dann ganz olympisch in Gold-, Silber- und Bronzemünzen ein. Die 10- und 5-Pfennig-Stücke erklärten wir zu Goldmünzen, die 5-, 2- und 1-Mark-Stücke sowie die 50-Pfennig-Stücke zu Silbermünzen und schließlich die 2- und 1-Pfennig-Stücke zu Bronzemünzen. Die Idee zu dem Beschiss des Jahrhunderts kam mit Sicherheit von meinem neuen Kumpel. Auf jeden Fall haben wir genügend Trottel gefunden, die ihre vermeintlichen Silbermünzen gegen unsere Goldmünzen eintauschten. Eh die begriffen hatten, was geschehen war, hatten wir so viel Geld umgesetzt und so viel Süßigkeiten in uns reingestopft, dass uns schon ganz schlecht war. Wir hatten einen Riesenspaß, sage ich dir. Der dauerte aber nicht lange und die Nonnen machten dem ein baldiges Ende. Sie haben uns alles weggenommen, die schönen Münzen genauso wie all die Süßigkeiten, die aus unseren Taschen quollen.«

»Das hätte ich dir nicht zugetraut. Das war aber gemein. Und dann? Haben euch die Nonnen anständig verprügelt?«

»Das hättest du wohl gerne, wie? Nein, zumindest kann ich mich nicht daran erinnern. Auch an ein zweites Zwangsschlafen unter Bewachung kann ich mich nicht mehr erinnern. Das macht es eher wahrscheinlich, dass dieses Halbzeitfest wohl mein Abschiedsfest auf der Burg gewesen ist und deine Oma und dein Opa mich wieder haben abholen müssen. Ich kann mir vorstellen, dass ich über diese Bestrafung nicht sehr traurig gewesen bin.«

»Da werde ich unbedingt Oma & Opa interviewen müssen. Da kannst du sicher sein.«

»Tu, was du nicht lassen kannst. Wird bestimmt ein ganz lustiges Gespräch.«

»Papa, warum hab ich bloß immer das Gefühl, dass du mir Märchen erzählst. Komm, gib's zu, das hast du dir alles nur ausgedacht.«

»Aber nein, frag Oma & Opa.«

»Mach ich bestimmt. Aber Papa, der Streich gilt eigentlich nicht. War viel zu harmlos und du warst noch viel zu jung. Außerdem hast du selbst gesagt, dass du nur der Mitläufer gewesen bist. Immer vorausgesetzt, die ganze Story ist nicht von vorne bis hinten erlogen. Was hast du denn so getrieben, als du so alt warst wie Berni? Nur so als Beispiel.«

»Oder so alt wie du, meinst du wohl? Du glaubst doch nicht im Ernst, dass ich hier aus dem Nähkästchen plaudere.«

»Papa, bitte!«

»Na gut, ich werde dir noch eine Geschichte erzählen. Aber nicht jetzt. Ich muss gleich noch mal in die Redaktion. Vielleicht morgen.«

»Versprochen?«

»Versprochen! Vielleicht hat ja Lena auch Lust auf die Geschichte? Ist 'ne Geschichte mit eurer Tante Irene und mir. Ich glaub, wir werden noch immer steckbrieflich gesucht, wegen dieser Sache.«

»Du und Tante Irene? Endgeil! Bin schon ganz gespannt. Ich bin dann noch mal kurz weg, okay?«

»Lass es nicht zu spät werden, Lukas.«

»Wollte nur noch mal kurz nach Berni sehen. Bin gleich zurück.«

3. November

KREATIVES CHAOS

Die Verlängerung der Kindheit ist zwar ein genialer Schachzug auf dem Weg zur globalen Machtergreifung durch den Menschen. Der Preis, den jeder Einzelne dafür zu zahlen hat, ist jedoch hoch. Die Zeit der Kindheit, so sicher und behütet, muss schließlich zu Ende gehen.

Das Kind bezieht seine Sicherheit aus seiner entwickelten emotionalen Bindung, im Besonderen an die Mutter. Diese emotionale Bindung ist die biologische Voraussetzung dafür, dass eine so ausgedehnte Zeit der elterlichen Fürsorge überhaupt aufrechterhalten werden kann. Andererseits bedarf das noch nicht geschlechtsreife Kind der Fürsorge, weil es anders gar nicht überleben kann. Wenn es nun für die Menschheitsentwicklung so wichtig geworden war, Kulturwissen weiterzugeben, und sich der Mensch mit einer weiteren Verzögerung des Eintritts der Geschlechtsreife daran angepasst hat, so musste auch die emotionale Bindung zwischen den Eltern und den immer älter werdenden Kindern aufrechterhalten werden. Die Entwicklung einer hohen emotionalen Kompetenz wurde von enormer Wichtigkeit für das Überleben des Menschen in der Gruppe.

Andererseits gab es nun ein Problem. Irgendwann muss ja letztlich die Geschlechtsreife eintreten, sonst hätte sich der ganze Aufwand ja gar nicht gelohnt. Mit dem Eintritt der Geschlechtsreife ist es aber dringend erforderlich, dass sich die mit so hohem Aufwand geknüpfte emotionale Bindung zwischen Kindern und Eltern wieder löst, damit sich der Pubertist nun ungehindert einen geeigneten Geschlechtspartner suchen kann, mit dem er dann seine eigenen Nachkommen zeugen und eine neue Generation begründen kann. Außerdem ist es bei Säugetieren guter biologischer Brauch, nach Eintritt der Geschlechtsreife, zumal wenn es eigene Nachkommen gibt, für seinen Lebensunterhalt selbst aufzukommen.

Warum sollte das ein Mensch freiwillig tun? So, wie es bisher gelaufen ist, war es doch gut, könnte sich der Pubertist denken. Ich find Papa toll und hab Mama ganz doll lieb. Die sorgen für mich und jetzt hab ich auch noch eine Freundin, könnte er gedacht haben. Warum also nicht alles beim Alten lassen und seine Tage jetzt noch durch die neu entdeckten Freuden eines ausgeprägten Sexuallebens bereichern? Jeder sieht wohl ein, dass er das so ohne Weiteres freiwillig nicht aufgeben würde.

Zusätzlich zu der Lösung der Bremse auf den Impulsgenerator im Hypothalamus musste also ein zweiter Mechanismus her, der sicherstellte, dass die Kindheit nun auch wirklich ihr Ende findet. Doch was war solchen starken Bindungen und Gefühlen schon entgegenzusetzen? Was sollte die nun plötzlich geschlechtsreifen Kinder zu Erwachsenen machen? Was konnte sie dazu bewegen, sich von ihren Eltern zu lösen, um ihren biologischen Job zu erledigen?

Es musste gelingen, die enge Bindung zu lösen und den Geschlechtsreifen zu veranlassen, sich freiwillig davonzumachen. Doch wie konnte das gelingen? Denn je ausgefeilter sich die Strategie einer emotionalen Bindung in Verbindung mit der immer länger werdenden Lernphase von Kulturwissen in der Evolution des Menschen, im Besonderen beim Homo sapiens mit seiner revolutionären Symbolsprache, entwickelte, umso radikaler musste der Bruch beim Eintritt der Geschlechtsreife sein. In Reaktion auf den hohen Selektionsdruck, den zunächst der Vorteil und dann zunehmend auch die Notwendigkeit eines verlängerten nachgeburtlichen Lernens ausübten, entschied sich die Evolution für eine radikale Lösung des Problems.

Die Lösung des Problems heißt: **Chaos.** Genau zu der Zeit, zu der im Hypothalamus der Startschuss für die Entwicklung der äußeren Geschlechtsmerkmale und den Eintritt der Geschlechtsreife fällt, wird das Stirnhirn erneut in eine Großbaustelle verwandelt. Es entstehen mit einem Mal wieder zahlreiche neue synaptische Verbindungen, die Zellen im Stirnhirn wachsen und ihre Dendriten schaffen Platz für die zahlreichen neuen Kontakte. Die in den zurückliegenden Jahren der Kindheit mühsam geschaffenen Konturen werden wieder zugekleistert. Es entsteht gewissermaßen ein neuer Rohling, der in den darauf folgenden Jahren erneut bearbeitet werden muss.

Es finden tiefgreifende Umbaumaßnahmen statt, die mit einer großen emotionalen Verunsicherung einhergehen. Diese neuerliche Einrichtung einer Großbaustelle im Stirnhirn markiert den Beginn einer emotionalen Entkopplung von den Bezugspersonen aus der Kindheit und zugleich den Beginn einer Neuausrichtung auf andere Bezugspersonen, im Besonderen natürlich auch auf mögliche Geschlechtspartner.

Der Zögling hat jetzt seine Ausbildungsphase abgeschlossen. Das wird ihm durch die Veränderungen, die er selbst an seiner äußeren Erscheinung feststellen kann und die er emotional empfindet, unmissverständlich mitgeteilt. Aber nicht nur ihm, sondern natürlich auch allen seinen bisherigen Bezugspersonen.

Biologisch gesehen, tritt der Mensch nach seinem abrupten, durch sein Gehirn veranlassten Rauswurf aus der Kindheit in seine kreative Gestaltungsphase ein. In den nächsten Jahren muss es ihm gelingen, in der Welt der Erwachsenen anzukommen, sich fortzupflanzen, Verantwortung zu übernehmen, sein tradiertes Kulturwissen anzuwenden, weiterzuentwickeln und an die nächste Generation weiterzugeben. Gewaltige Aufgaben, die nur dem einen Zweck dienen, dem Überleben von Homo sapiens.

Dieser Lebensabschnitt wird heute als eine Zeit des Übergangs von der Kindheit zum Erwachsenen angesehen, eine Zeit, der wir die Bezeichnung Jugendzeit gegeben haben. Eine weitere Ausbildungsstufe, bis zum Erreichen der letzten Reife, um dann als Erwachsener voll anerkannt zu werden.

Tatsächlich schließen sich in unseren modernen Gesellschaften heute weitere institutionalisierte Ausbildungsphasen an: höhere Schulbildung, Lehre, Studium, Berufsausbildung. Diese verlängerten Ausbildungsphasen können sich bis weit in das dritte Lebensjahrzehnt erstrecken. Und dabei schafft es heute kein einzelner Mensch mehr, das ganze Kulturwissen auch nur annähernd zu übersehen, geschweige denn zu erfassen.

Die Ausbildungszeit des modernen Menschen ist länger als die Lebenserwartung unserer Vorfahren während der überwiegenden Zeit der Menschheitsentwicklung. Hätte es vor zehntausend Jahren, als Homo sapiens gerade auf Ackerbau und Viehzucht umschulte, schon einen Bundespräsidenten gegeben, hätte eine Bestimmung, die festlegte, dass ein Kandidat für dieses Amt das vierzigste Lebensjahr vollendet haben muss, wenig Sinn ergeben.

Damals lag die durchschnittliche Lebenserwartung bei zwanzig bis dreißig Jahren. Nur wenige unserer Vorfahren werden in jenen Tagen das vierzigste Lebensjahr haben vollenden können. Das wird seit den Tagen der Erfindung der Pubertät durch Homo habilis vor etwa zwei Millionen Jahren nicht anders gewesen sein. Mit fünfundzwanzig bis dreißig Jahren wird man zu den wirklich Alten gezählt haben.

Erst mit Beginn der industriellen Revolution begann die durchschnittliche Lebenserwartung deutlich anzusteigen und betrug zu Beginn des neunzehnten Jahrhunderts etwa vierzig Jahre, zu Beginn des zwanzigsten Jahrhunderts etwa fünfzig Jahre und heute etwa achtzig Jahre. Dem Menschen ist es also gelungen, nach etwa zwei Millionen Jahren mit relativ niedriger Lebenserwartung seine Lebenserwartung innerhalb von nur zehn Generationen beinahe zu verdreifachen. Eine Entwicklung mit dramatischen Auswirkungen auf die biologischen Bedingungen der Pubertät und die Stellung des Pubertisten in der modernen Gesellschaft. *FL*

Lauras Zimmer

Ich mach mir doch ein bisschen Sorgen wegen Berni. Als ich gestern am Mühlbach ankam, war er nicht mehr da. Hab ihn bis jetzt nicht erreichen können. In der Schule ist er heute auch nicht gewesen. Wollte wohl den Gattermann nicht sehen. Obwohl der auch nicht da war. So wurde wenigstens herumerzählt. Dem ist das Video total peinlich. Aber, bei dem Scheiß, den der Berni in seiner Schulkarriere schon so gebaut hat, da glaub ich eigentlich nicht, dass er sonderlich Schiss hat, in die Schule zu gehen. Im Gegenteil. Unter normalen Umständen hätte er es genossen. Ich glaube eher, dass ihn die Sache mit seiner Mutter ganz fertigmacht. Vielleicht kommt er damit nicht klar. Mühlbach hin oder her, wie kann man jemanden verdammt noch mal wirklich kennen?

Ich kenne mich ja selbst nicht so genau. Wie oft ist mir selbst peinlich, was ich so daherrede, kaum, dass es raus ist. Was man nicht so alles labert, nur um aufzufallen, um irgendwie dabei zu sein. Total bescheuert!

Ich bin dann gestern vom Mühlbach aus noch zu Laura gefahren. Nicht, um ihr die Sache mit Bernis Mutter zu erzählen. Das erfährt von mir niemand. Nein, einfach nur so. Mir war danach, mit ihr zu reden. Aber ihr wohl nicht. Ans Telefon ist sie jedenfalls nicht gegangen. Ich bin also einfach hingefahren. Ihre Mutter war an der Tür und hat nur gesagt, Laura gehe es wohl nicht so gut. Sie habe sich in ihr Zimmer eingeschlossen und gemeint, dass sie niemanden sehen wolle. Sie habe ausdrücklich gesagt: Niemanden! Beim Wegfahren konnte ich ihren schwarzen Wuschelkopf hinter ihrem Fenster weghuschen sehen. Mädels! Bis vor kurzem hatte sie noch quietschgrüne Haare. Mich hat sie nicht täuschen können. Sie versucht, ihren wahren Geschmack zu verbergen, um nicht verletzbar zu sein. Aber ich kenne ihren Geschmack. Ich seh ihr ins Gesicht und nicht auf die Haare. Man darf sich nur nicht ablenken lassen.

Laura hat ein Gesicht, das ich mir ganz lange ansehen kann. So ein Gesicht ist wie das Tor zur Seele. Meistens ist es verschlossen und manchmal auch ganz weit geöffnet. Bei Laura ist es ganz oft geöffnet. Aber manchmal eben auch nicht. So ein Tag muss wohl gestern gewesen sein. Ich glaube, beim Wegfahren noch ihre Geige gehört zu haben. Ein sicheres Zeichen, dass sie nur mit sich sein wollte.

Das mit der Geige hat Laura als Kind voll durchgezogen. Regelmäßiger Unterricht, Schulorchester, Weihnachten das volle Programm zu Hause. Bis zum Erbrechen dieses »Ist sie nicht süß, die Kleine?«. Jetzt spielt sie nicht mehr. Hat von einem auf den anderen Tag aufgehört. Sie hat ihre Tage gekriegt und mit dem Geigespielen aufgehört, hat sie mir gesagt. Beides gehe nicht. So ist sie, meine Laura. Nichts mehr, kein Schulorchester, kein süßes Violinenmädchen unterm Tannenbaum. Aus und vorbei. Sie hat's mir selbst erzählt. Es waren die ersten Weihnachten nach ihren ersten Tagen. Da kam sie zum ersten Mal ohne Geige zur Bescherung. Wo sie denn ihre Geige gelassen hätte, haben ihre Eltern gefragt. Anstatt einer Antwort hat sie ein kurzes Weihnachtsgedicht aufgesagt. Und das ging so: »Warum hat der Weihnachtsmann so einen großen Sack?« »Weil er nur einmal im Jahr kommt!«

Da wäre ich gerne dabei gewesen. Müssen alle ziemlich bescheuert geguckt haben. Seither spielt Laura nur noch für sich selbst. Niemand sollte ihr Spiel mehr hören, hat sie mir erzählt. Ihre Geige sei die Einzige, die sie, also Laura, wirklich kenne. Nur ihr traut sie ihre geheimsten Wünsche an. »Meine Geige gibt mir Halt und Trost. An solchen Tagen, du weißt schon, wenn man so richtig scheiße drauf ist oder so seltsam froh und leicht, dass man heulen möchte. Sie ist das Einzige, was ich aus meinen Kindertagen herübergerettet habe. Meine Geige ist meine allerbeste Freundin.«

Dagegen hab ich null Chancen. Gestern muss so ein Tag gewesen sein. Ist schon okay. Ich weiß noch, wie sie Berni einmal abblitzen ließ, als er die Geige in ihrem Zimmer sah. Eigentlich liegt sie sonst nie einfach so im Zimmer rum. Sie muss vergessen haben, sie wieder wegzuräumen.

»Du spielst Geige?«, hatte Berni bloß gefragt.

»Nein, oder hörst du was?«, hatte Laura zurückgezischt.

Berni hatte mich angestarrt, die Schultern gezuckt und von da an nie mehr die Geige erwähnt. Ein kluger Bursche, der Berni. Eigentlich sehr sensibel, dieser Riese. Mensch, hatte der gestern verheulte Augen, am Mühlbach.

Und wenn Laura einmal so richtig frustriert ist, dann backt sie Kuchen. Nicht etwa, um den anschließend zu essen. Das Zusammenmanschen von Mehl und Eiern ist für sie stressabbauend. Ich hab mal ein Stück von einem ihrer Kuchen probieren müssen. Den ganzen Stress konnte man direkt schmecken, so beschissen war der. Meistens vergisst sie den Kuchen dann auch im Ofen. Da wird der ganze Frust dann noch regelrecht hingerichtet, bis nur noch ein schwarzer Klumpen übrig bleibt, den sie dann genüsslich in die Tonne wirft. Dann geht's ihr wieder besser. So ist sie drauf, meine Laura. »Du bist nicht einfach, Laura!« ist der Lieblingsspruch ihrer Mutter. Wer will denn schon einfach sein?

»Hi, Lukas. Komm rein! Sorry wegen gestern, aber ich hatte echt keinen Bock. Musste einfach mal für mich sein.«

»Schon okay.«

»Wirklich? Du guckst so philosophisch.«

»Nein, wirklich. Alles okay. Es ist nur …, ich mach mir halt Gedanken wegen Berni. Der war gestern so komisch. Ich weiß auch nicht.«

»Das wird schon wieder. Der hat bestimmt wieder irgendeinen

Scheiß gebaut. Morgen taucht er wieder auf, mit 'ner Riesenge-
schichte. Wirst sehen.«

»Vielleicht hast du recht. Du hast ihn heute nicht zufällig gesehen, oder?«

»Keine Ahnung. Hatte aber auch den Kopf mit anderem Zeugs
zu. Wenn du wüsstest, wie meine Mutter zurzeit nervt. Gestern
bin ich echt ausgeflippt. Sagt sie doch zu ihrer Freundin am Telefon: ›... da kann man nichts machen, sie ist in der Pubertät.‹ Nein,
gelauscht hab ich nicht. Braucht man gar nicht. Wenn meine Mutter telefoniert, musst du hier oben die Anlage aufdrehen, wenn
du's nicht hören willst. ›Sie ist in der Pubertät‹, wenn ich das
schon höre. Als wenn damit alles gesagt ist. Ich hab ewig nicht
verstanden, was damit überhaupt gemeint ist. ›Sie ist in der
Pubertät‹, und alle nicken und gucken so betroffen, mitleidsvoll
und wissend. Als wenn jemand sagte: ›Gehirntumor! Inoperabel!‹
Und alle nicken und denken: ›So, so. Das wird nichts mehr‹ oder
›Ja, ja, das kennt man ja. Keine einfache Zeit‹. Da könnte ich kotzen. Nichts wissen die. Sollten mich mal fragen, wie's mir geht.«

»Kenn ich. Wo kann ich mich hinsetzen?«

»Da drüben. Schieb's eInfach zur SeiIe.«

Das totale Chaos. Wie soll ich das einfach zur Seite schieben?
Das ganze Sofa voll mit Papieren, angefangenen Zeichnungen.
Obendrauf irgendwo ein Farbkasten mit Wasserfarbe, offen. Ein
Senfglas mit Wasser und Pinseln. Daneben ein Holzbrett mit
einem angebissenen Brot, Resten von Crackern und einem Be-
cher mit Kräuterkäse, natürlich offen. Irgendwo das dazugehöri-
ge Messer, an dem der Käse inzwischen zu Zement geworden ist.
Drei, vier halb ausgetrunkene Flaschen mit Cola, Limo, Wasser.
Dazwischen eine grün weiß geringelte Socke. Den anderen hat
sie an. Wie soll ich das alles »einfach« zur Seite schieben? Ich
kann das auch nicht einfach woandershin tun. Alle Plätze in
Lauras Zimmer scheinen schon irgendwie besetzt zu sein.

»Lukas, jetzt stell dich doch nicht so an. So geht das.«

Mit einer Handbewegung schiebt sie gerade so viel von dem ganzen Zeugs zur Seite, dass ich mich hinsetzen kann. Aus dem Augenwinkel kann ich noch beobachten, wie eine kleine Kirschtomate von dem Brett mit den Käseresten hinunterkullert und in der Ritze zwischen Sitzkissen und Armlehne verschwindet. Verwandtenbesuch, denke ich bloß. Laura schenkt dem keine Beachtung. Sie hat sich schon wieder unter den Tisch gelegt. Da hatte sie auch gelegen, als ich reingekommen war. Es ist so ein rechteckiger Glastisch, auf dem so allerlei herumliegt. Es gilt allgemein als Lauras Erfindung, unter einem Glastisch zu liegen und zu lesen. Dann liegt sie auf dem Rücken und das Buch oben auf der Glasplatte, mit den aufgeschlagenen Seiten nach unten, sodass sie bequem lesen kann, ohne das Buch oder was auch immer in den Händen halten zu müssen. Das findet Laura extrem cool und vor allem äußerst praktisch. Ihre Freundinnen haben ihr das inzwischen alle nachgemacht. Sofern sie über einen Glastisch verfügen.

»Was liest du denn da?«

»Dreigroschenoper. Für unsere Theater-AG. ›Sie ist in der Pubertät‹, wie ich das hasse!«

Mann, muss sich Laura gestern aufgeregt haben. Gut, dass sie mich nicht reingelassen hat. Die Geige scheint aber auch nicht sehr geholfen zu haben.

»Weißt du, Lukas, manchmal komm ich mir vor, als müsste ich mich dafür entschuldigen, dass ich erwachsen werde. Ich hab mich nicht darum gerissen. Die Alten sollten es doch eigentlich besser wissen, oder? Vielleicht fragt mich mal jemand, ob ich überhaupt erwachsen werden will, ob ich mit dem ganzen Scheiß einverstanden bin. Tut aber niemand. Vielleicht wollen meine Eltern aber auch, dass ich für immer ihr Kind bleibe. Wie ich die Fotos überall im Haus hasse! Das bin ich nicht mehr darauf. Ich interessiere mich einen Scheiß für fünfjährige Gören mit weißen Söckchen und Geige. In meinem ganzen Leben werde ich keine weißen Söckchen mehr tragen. Das schwör ich dir, Lukas.«

»Kommt mir bekannt vor.«

»Dieses ›Früher warst du ganz anders‹ oder ›Da haben wir immer so schön gespielt‹ geht mir total auf den Sack. Wenn die jemanden haben wollen, mit dem sie ›total lieb spielen‹ können, sollen sie sich einen Hund kaufen ...«

»Haben wir schon.«

»... oder ein Kuscheltier. Hat den Vorteil, dass es nicht dazwischenredet.«

»Oder bellt.«

»Genau!«

Mann, ist die in Rage.

»Und dann war gestern wieder mal mein Zimmer dran. Da krieg ich jedes Mal voll die Krise, wenn meine Mutter an meinem Zimmer rummäkelt. Mal passt ihr dies nicht und mal das nicht. Nie kann ich es ihr recht machen. Will ich auch gar nicht. Soll mich doch machen lassen, in meinem Zimmer. Ich schreib ihr und meinem Vater ja auch nicht vor, wie sie sich in ihrem Bereich einrichten sollen. Oder hab ich mich schon mal so aufgeregt, wenn Papas Zeitungen überall herumliegen? Das Geschirr in der Küche würde ich auch anders einräumen.«

Laura ist eine echte Künstlerin. Es ist nicht so, dass sie Ordnung bei anderen stört. Es stört sie nur gewaltig, das, was andere mit Ordnung bezeichnen, in ihrem Zimmer herzustellen oder auch nur zu bewahren. Sie scheint Wichtigeres zu tun zu haben.

Laura braucht keine äußere Ordnung, um sich wohl zu fühlen. Sie trifft keine Vorkehrungen, um morgens ein vollständiges Paar Strümpfe zu finden. Identische Strümpfe an beiden Füßen zu tragen ist für Laura ein Zeichen von Extremismus. Sie lehnt es nicht ab, nein, es ist für sie eher eine Laune des Zufalls. Diesen Zufall jeden Morgen mit hohem Aufwand immer wieder künstlich herbeizuführen ist für Laura eine Zumutung. Geradezu widernatürlich.

Ihr Zimmer ist wirklich ein Kunstwerk mit den höchsten Ansprüchen an den Betrachter. Wer vermutet schon eine Pfanne mit den Resten von gebratenen Stampfkartoffeln auf dem Radio und einen Toaster hinter dem Sofa? Ein Blick in den halboffenen Schrank zeigt ihre Verliebtheit in das Ordnungsprinzip Zufall. Ich gebe zu, bei mir liegen die Pullover auf Kante. Ich schäme mich etwas für diesen »Extremismus«. Wenn Laura bei mir ist, achte ich immer sorgsam darauf, dass mein Schrank zu ist.

»Irgendwie ist das doch alles total nebensächlich, meinst du nicht auch, Laura?«, lüge ich.

»Genau, sag ich doch. Obwohl ich glaube, wer immer genau weiß, wo alles ist, ist wenig kreativ, ein armer Wurm. Es kann gar nicht schaden, mal was zu finden, was man gar nicht gesucht hat.«

»Das sieht deine Mutter bestimmt ganz anders«, versuche ich abzulenken.

»Worauf du einen lassen kannst.«

»Du kannst ja wieder lachen, Laura.«

Lauras Lachen ist unbeschreiblich. Ich glaube, ich hab mich verliebt, als ich zum ersten Mal dieses Lachen hörte. Ich kannte natürlich schon Mädchen vor ihr. Aber keines hat so gelacht wie Laura. Aber kennen, was heißt schon kennen?

Eigentlich hab ich mich immer vor ihnen gefürchtet. Sie sind ja doch irgendwie anders als wir. Als wir Jungens, meine ich. Aber man kann ihnen ja gar nicht aus dem Weg gehen. Ständig siehst du welche. Du musst dich mit ihnen auseinandersetzen.

Irgendwie machen einen die Mädchen natürlich schon neugierig. Vielleicht sind's ja auch gar nicht die Mädchen selbst, sondern die anderen Jungs mit ihrem dauernden Gelaber: »Habt ihr die gesehen?« oder »Mensch, hat die Dinger!« und so. Da gibt's richtige Hitlisten. Die Vanessa aus der 11b ist, soweit ich weiß, gerade auf Platz eins. So 'n Schwachsinn. Dicke Dinger kannst du dir jederzeit im Internet ansehen, so lange, bis du rote Augen hast.

Und nicht nur das. Die meisten der Jungs denken doch, sie müssten das alles nachmachen, was sie da so sehen, um mitreden zu können. Irgendwie frustrierend, alles zum Greifen nah und doch unerreichbar.

Und diese Unsicherheit, werde ich bei ihr landen? Was, wenn ich mich wie ein Volltrottel anstelle und sie schon alles weiß? Der totale Stress. Wie sie aussehen, die Mädels, das weiß ich. Aber wie sie sich wirklich anfühlen, ich meine so richtig, das weiß ich noch nicht. Dabei hatte ich ja schon mein »erstes Mal«. Okay, nur so beinahe. Tatsächlich ging's voll daneben, in die Hose sozusagen.

Es war beim Schüleraustausch in Schottland. Ich hatte mir fest vorgenommen, mit 'ner Geschichte, einem echten Erlebnisbericht, zurückzukommen. Ich dachte, wenn ich mich bei 'ner Schottin blamiere, dann ist es nicht so schlimm. Die Mädels reden doch dauernd nur über Jungs, wie man so hört. Da wäre so 'n Reinfall in der Schule schnell rum. Das war mir viel zu riskant. Das mit dem ersten Mal musste unbedingt klappen, und wenn nicht, sollte es zumindest niemand mitkriegen. Schottland war also ideal für das Projekt.

Es war Sommer und sie war fünfzehn, also etwas jünger als ich. Sie hieß Amy und war die Schwester von Ryan, der im letzten Jahr bei uns war. Wir waren alle in Gastfamilien untergebracht und ich war eben bei Ryan gelandet. Ryan und Amy leben zusammen mit ihren Eltern in Oban, an der Westküste.

Irgendwann war ich mit Amy allein. Allein auf dem McCaig's Tower, von dem man einen geilen Blick über die Stadt und auf die Bucht bis hinüber zur Insel Kerrera hat. Da hab ich den gnadenlos kitschigsten Sonnenuntergang aller Zeiten erlebt und eben Amy. Es stellte sich bald heraus, dass sie so einen ähnlichen Plan wie ich gehabt haben muss.

Amy hatte feuerrote Haare und hellblaue Augen. Das ganze Gesicht voller Sommersprossen. Amy sah ständig so aus, als wäre sie gerade Letzte beim Motocross geworden. Dabei hielt sie ihren Kopf immer zur Seite geneigt, wenn sie einen ansah, und begann jeden Satz mit einem tiefen Seufzer. Es war nur eine Frage der Zeit. Irgendwann hatte sie mich erwischt.

Es ging blitzschnell. Sie hielt mich fest wie ihren Teddybären. Ich bekam kaum Luft. Ihre beiden hellblauen Augen verschmolzen vor meinem Gesicht zu einem einzigen Zyklopenauge und dann mit all den Sommersprossen zu einer einzigen grauen Wand. Ich muss so nach Luft geschnappt haben, dass mein Mund weit offen stand. Ich hatte keine Chance. Wie Morrigan, die kampfeslustige keltische Göttin der Verführung und Fruchtbarkeit, ist sie über mich hergefallen und hat sich mit ihrem Mund meine Zunge geschnappt. Sie hat mit solcher Kraft daran gesogen, dass ich befürchtete, sie wollte sie mir aus dem Hals reißen. Das war kein Spaß. Dabei ist mir das Zungenbändchen gerissen, von dessen Existenz ich bis dahin nichts ahnte, an das ich aber für den Rest meines Aufenthaltes in Schottland schmerzlich erinnert werden sollte. Ich traute mich natürlich nicht, was zu sagen. Wie hätte ich auch, ich war nicht mehr Herr meiner Zunge. Aber ich hab mich auch nicht sonderlich gewehrt, obwohl ich schon den Geschmack von Blut wahrnahm. Ich dachte wohl, dass das normal und ich mal wieder der einzige Depp sei, der sich nicht auskannte.

So plötzlich, wie's angefangen hatte, war's dann auch wieder vorbei. Amy ließ mich unvermittelt los, legte ihren Kopf zur Seite und seufzte. In der folgenden Nacht hab ich kaum schlafen können.

Ich hatte davon geträumt, wie Amy mich auffraß, mit Haut und Haaren, wobei zuerst die Zunge dran war. Sie hat sie mir abgeschnitten und in einen großen Topf geworfen. Darin kochte schon eine ganze Reihe weiterer Zungen vor sich hin. Da hatte ich also meine Geschichte. Toll! Nur, dass sie ganz anders ausgegangen war, als erhofft.

Noch in Schottland beschloss ich, über die Geschehnisse auf dem McCaig's Tower Stillschweigen zu wahren, bis ich vor meinen Schöpfer trete. Niemand würde die Geschichte jemals von mir hören. Auch Berni nicht. Außerdem beschloss ich, zunächst einmal die Finger von den Mädels zu lassen und abzuwarten. Ich hatte ja das Internet. »Fünf gegen Willi« schien mir bedeutend ungefährlicher, als sich noch einmal einem Kampf mit einer keltischen Göttin zu stellen.

Unvorstellbar, wenn die Dinger da in dem großen Topf nicht Zungen, sondern ... Ich hab mir also gedacht, hey, du bist jung, du hast Zeit. Bis, ja bis ich dieses Lachen hörte. Laura lacht mit den Engeln, einfach so, ohne Grund. Dann zeigt sie mir ihre Seele.

»... einfach nur mit meinen Freundinnen zusammen Musik gehört. Hab auf dem Rücken gelegen wie jetzt. Dann fühle ich meine Haare, spüre, dass ich da bin. Lukas! Hallo! ...«

»Äh, was?«

»Lukas, wo bist du denn? Du träumst ja. Die Musik, verstehst du nicht?«

»Doch, doch. Klar, die Musik.«

»Das war der Wahnsinn. Wann hat man schon die Gelegenheit, die ganzen Bands auf einem Haufen zu haben?«

»Welche ganzen Bands?«

»Lukas, hab ich doch gerade erzählt. Du bist nicht bei der Sache. Nun mach dir doch nicht so viele Gedanken wegen Berni. Das wird schon wieder. Der taucht schon wieder auf. Wirst sehen.«

»Na klar. Welche Bands denn?«

»Na, alle eben. Am Wochenende, Rock im Park, du weißt schon.«

»Ach so, ja. Und, wie war's?«

»Der helle Wahnsinn. So geil. Bin mit Carolin und Alina von Bühne zu Bühne gezogen.«

»Mit Alina? Doch nicht die ...«

»Bitte Lukas, sag nichts gegen Alina. Ich sag ja auch nichts gegen Berni, okay?«

Schleierhaft, was Laura an der findet. Muss jeder selbst wissen.

»Gleich am Anfang haben wir ›Die Ärzte‹ gehört. Sind einfach Kult. Machen gute Musik und das Drumherum ist toll und so. Aber bei den Texten denkst du dir dann irgendwann nur noch: ›Hm, waren die high, als die das geschrieben haben?‹ Aber mit viel Phantasie ist das 'ne geile Band.«

»Ich hätte mir vielleicht ›Revolverheld‹ reingezogen.«

»Nee, von 'ner komischen Schülerband zu tollen Superhelden? Glaubst du doch selbst nicht. Komisch bleibt komisch. Da waren ›Wir sind Helden‹ schon eher die Helden. Geniale Texte, die im Kopf bleiben.«

»Okay, nur die Musik stört bei denen etwas.«

»Ha, ha, sehr witzig.«

»Hast du dir auch ›The Kooks‹ angehört?«

»Na logisch. Da musst du einfach mitrocken. Das ist ansteckend. Bei denen war die beste Stimmung an dem Tag. Und dann wollte Caro noch unbedingt zu ›Mia‹.«

»Mia? Kenn ich nicht.«

»Hast du nichts verpasst. Die singt von tanzenden Molekülen, hallo? Und ihre Bühnenshow besteht aus Psychogelaber von Musik, die unsere Herzen verbindet, und so 'n Zeug. Nein, danke, nicht mein Fall.«

»Und ›Sunrise Avenue‹?«

»Ja, da waren wir auch. Aber man muss Finn Rock mögen, wie Alina. Und wenn man ihn mag, dann rockt's. Am nächsten Tag sind wir dann gleich zu ›Linkin Park‹. Wir, das heißt nur Caro und ich. Alina durfte nicht. Hatte Stress zu Hause. Die muss sich am Abend zuvor noch irgendwas reingezogen haben. Ihr Vater hat wohl was gemerkt und ist völlig ausgerastet.«

»Sag ich doch ...«

»Linkin Park ist einfach perfekt. Ein ganz netter Mix eben. Von sinnlichen Texte bis zu ganz ansehnlichen Bandmitgliedern. Toll! Aber der Hammer war ja wohl ›Billy Talent‹. Ich dachte, die müssten gut rüberkommen. Hab schon Tracks von denen gehört, eigentlich ganz geil. Aber live, grottenschlecht! Ist was für zwölfjährige Möchtegernpunks.«

»Berni schwärmt ja für ›The Used‹.«

»Genau, die waren ja auch da. Das glaub ich sofort, dass die was für Berni sind. Einfach krasse Kacke! Wenn du die Musik hörst, haut's dich um. Aber wenn du den Sänger siehst, läufst du vor Angst und Schrecken weg.«

»Der Frontmann von denen, na sag schon ...«

»Du meinst McCracken ...«

»Genau. Der kotzt doch schon mal gerne auf die Bühne.«

»Hätte nicht viel gefehlt und ich hätte gekotzt.«

»War der nicht mal mit Kelly Osbourne zusammen?«

»Ich glaub schon. Da würde mir aber auch schlecht. Egal, auf jeden Fall gab's danach das totale Kontrastprogramm. Ich sage nur: ›My Chemical Romance‹, yeah!«

»Ja, die sind echt geil. MCR supporten doch auf dem Konzert in Dresden jetzt die ›Red Hot Chili Peppers‹.«

»Lukas, du bist ja voll informed. Respekt! Auf jeden Fall fand ich die neue Single ›I don't love you‹ von MCR super. Ich kannte die vorher ja gar nicht. Aber in der Sekunde, in der du die live hörst, bist du süchtig nach mehr. Geniale Emo-Band. Die Texte treffen voll ins Schwarze, sag ich dir. Caro wollte dann noch unbedingt zu ›Jan Delay & Disko No. 1‹. Die waren echt nicht mein Ding.«

»Gute-Laune-Musik, eben.«

»Kann schon sein. Wenn du die ganzen Leute da rumhüpfen siehst, machst du automatisch mit. Aber trotzdem ...«

»Warst du dann am Sonntag auch noch mal da?«

»Na klar, da wollte ich doch noch unbedingt zu ›Slayer‹. Meine Reli-Lehrerin missbraucht doch deren CD-Covers immer für den Unterricht, wenn's um Satan, Hölle und Verderben geht.«

»Und?«

»Nicht mein Ding. Trash-Metall. Da bin ich ganz schnell wieder weggegangen.«

»Immerhin haben die in diesem Jahr einen Grammy abgeräumt.«

»Kann schon sein. Trotzdem nicht mein Ding. Bin dann zur Erholung zu ›Mando Diao‹ gegangen. Die spielten gerade auf 'ner anderen Bühne. Richtig was zum Abhängen. Nach drei Tagen Rock im Park bist du ganz schön fertig. Ich wollte nur noch ins Bett.«

»Toll. Wäre gerne dabei gewesen, echt. Vielleicht klappt's ja im nächsten Jahr.«

»Wer weiß, was in einem Jahr so alles passiert?«

»Weiß man nicht. Auf jeden Fall muss ich bis dahin Berni gefunden haben. Der muss dann unbedingt mitkommen.«

»Machen wir Lukas. Aber so lange wird's nicht dauern.«

»Was?«

»Na, bis wir Berni finden.«

Dieses Lachen.

Der Sensenmann

»Du und deine Schwester also?«

»Natürlich würde sie heute alles abstreiten, deine Tante Irene.«

»Bin schon ganz gespannt. Na, leg schon los, Papa.«

»Wo ist denn Lena, die wollte sich das doch auch anhören, oder nicht?«

»Nee, interessiert sich nicht für Geschichten mit Tante Irene, hat sie mir gesagt. Und außerdem ist sie im Stress wegen der Physikarbeit morgen.«

»Da kann man nichts machen. Deine Tante Irene, also meine Schwester, und ich waren damals unzertrennlich, musst du wissen. Hingen viel zusammen ab, würdest du wohl sagen.«

»Echt lernfähig, Mann. Du solltest es trotzdem lieber lassen, Papa.«

»Da fällt mir ein, weißt du eigentlich, dass es zwei Arten von Dummheiten gibt, die man in seinem Leben begehen kann?«

»Nee, welche?«

»Die einen macht man, um sie dann sein ganzes Leben lang zu bereuen.«

»Schon klar. Und die anderen?«

»Die anderen muss man begehen, um nicht sein Leben lang daran zu denken, was man so alles verpasst hat.«

»Und du hast natürlich nur solche Dummheiten aus der zweiten Kategorie begangen, willst du mir sagen?«

»Du bist ein helles Köpfchen, Lukas. Ganz der Vater. Du hast's erfasst, genau so war's.«

»Ich glaub's dir beinahe. Wollen mal sehen, ob's stimmt. Also los!«

»Versprich dir nicht zu viel. Es war an sich ganz harmlos …«

»Frau Kümmerlein meint, dass so die wahren Horrorgeschichten anfangen.«

»Wer ist Frau Kümmerlein?«

»Vergiss es!«

»Wieso? Ich meine, es war nichts Dramatisches. Lustig halt.«

»Lustig für wen?«

»Für uns natürlich.«

»Und für wen nicht?«

»Das wollte ich ja gerade erzählen. Ich war vielleicht so sechzehn und Tante Irene knapp fünfzehn Jahre alt. Zu der Zeit gab es auf der anderen Straßenseite bei Oma & Opa noch keine Häuser. Nichts, nur ein großes freies Feld mit einem Zaun drum herum. Vielleicht so groß wie ein Fußballfeld. Auf diesem Feld gab's nur Gras, sonst nichts. Und auf dieser Wiese stand, so ziemlich in der Mitte, eine riesige einzelne uralte Eiche. Das war natürlich ein idealer Spielplatz für uns. Im Herbst durften wir da immer unser Kartoffelfeuer machen. Meine ersten selbst gebauten Drachen habe ich da steigen lassen ...«

»Muss ja ein Mordsspaß gewesen sein, wenn die auch bloß so lange in der Luft waren wie die, die du immer mit uns gebastelt hast.«

»... wenn das Gras hoch stand, konnte man sich prima darin verstecken und alles genau beobachten, ohne selbst gesehen zu werden. Auf der anderen Seite der Wiese kam dann der Wald, so, wie er heute noch da steht. Nur sieht man ihn eben nicht mehr wegen der vielen Häuser, die jetzt auf der ehemaligen Wiese stehen. Damals hatte man allerdings noch einen freien Blick und auf der Straße vor unserem Haus fuhr nur alle paar Stunden mal ein Auto vorbei. Das ist jetzt natürlich ganz anders, wie du weißt. Wir durften da schon als kleine Kinder immer frei spielen, so, wie es uns gefiel, besonders, weil deine Oma uns von dem Küchenfenster aus ganz gut beobachten konnte, gut im Blick hatte, wie sie immer sagte. Zumindest glaubte sie das. So hatten wir eigentlich bald das Gefühl, dass das ganz und gar unsere Wiese war, auf der niemand sonst etwas verloren hatte. Und dann das Baumhaus. Lukas, wenn du …«

»Bitte Papa, nicht! Nicht schon wieder das Baumhaus. Davon hast du mir schon hundertmal erzählt. Ich könnte es nachbauen, echt.«

»Schon gut, schon gut. Es gehört ja auch gar nicht zu dieser Geschichte. Ich wollte es nur nicht unerwähnt lassen. Es ist nur, weil es das größte …«

»Papa, ich weiß, es war das größte Baumhaus weit und breit, das größte der ganzen westlichen Hemisphäre. Und es hatte eine Strickleiter, die man von oben hochziehen konnte …«

»Genau. Aber vor allen Dingen …«

»Papa!«

»Du bist unfair, Lukas. Aber gut, das war also unser Reich. Bis, ja bis eines Tages zwei Pferde darauf standen. Wir sahen aus dem Küchenfenster und trauten unseren Augen nicht. Zwei riesige schwarze Gäule auf unserer Wiese. Und fraßen unser Gras. Du kannst dir vielleicht unsere Empörung vorstellen. Es hat sich dann bald herausgestellt, dass der Bauer die bis dahin von ihm niemals wirklich genutzte Wiese durch seine beiden Pferde beweiden ließ. Von dem Augenblick an haben wir, das heißt Irene und ich, uns nicht mehr dahin getraut. Das konnten wir diesem Bauern natürlich nicht durchgehen lassen …«

Hat Berni nicht gestern so was Ähnliches über den Gattermann gemurmelt?

»… wir fanden die beiden Gäule von Anfang an blöd. Besonders, weil sie bei entsprechender Gelegenheit sowohl die Hochzeitskutsche als auch den Leichenwagen durch die Stadt zogen. Das fanden wir irgendwie unpassend. Einmal hatten die blöden Gäule also weiße Schleifen um und dann wieder schwarze …«

»Papa, da fällt mir ein, was ist der Unterschied zwischen einer Hochzeit und einem Trauerfall?«

»Na, was schon?«

»Bei der Hochzeit trägt der Mann eine weiße Krawatte!«

»Na ja.«

»Nicht witzig?«

»Zu realistisch, weißt du?«

»Ha, ha. Also, wie geht's weiter? Habt ihr die blöden Gäule weiß angestrichen oder was?«

»Natürlich nicht. Irgendwann konnten wir beobachten, wie der Bauer die Gäule wieder von der Wiese wegführte. Wir machten schon Freudensprünge und bereiteten uns auf die Wiederinbesitznahme unserer Wiese vor. Aber es sollte anders kommen.

Der Bauer kam zurück. Und dann fing er an, das hohe Gras auf unserer Wiese zu schneiden. Wir trauten unseren Augen nicht. Der Bauer schnitt das Gras nicht etwa mit irgendeiner Maschine. Nein, er machte das mit einer echten Sense. Die führte er in weiten Schwüngen vor sich her, während er langsam über die Wiese ging. In bestimmten Abständen blieb er immer mal wieder stehen, um die Schneide seiner Sense nachzuschleifen. Das machte er mit einem Schleifstein, den er jedes Mal aus seinem Gürtel zog und mit geübten Bewegungen über die Schneide gleiten ließ. Immer abwechselnd links und rechts, links und rechts. Dabei stand er ganz gebückt und alt. Und dann lief er auch schon wieder los, um die Sense gemächlich vor sich hin und her zu schwingen. Man konnte den Eindruck haben, dass er sein ganzes langes Leben lang nichts anderes getan hatte. Mit jedem seiner Schwünge starb ein Stück unserer Wiese, redeten wir uns ein. Insgeheim fürchteten wir uns vor diesem Sensenmann, der da mit unerbittlichen Schwüngen unsere schöne Wiese niedermachte. Vielleicht macht er das Heu für seine blöden Gäule, versuchten wir uns zu beruhigen.

Wir verfolgten das Geschehen gespannt vom Küchenfenster aus. Es muss ein Samstag gewesen sein. Sonst wären wir noch in der Schule gewesen. Der alte Mann ließ sich Zeit. Das Sterben der

Wiese war lang. Irgendwann war er fertig. Wir hatten inzwischen zu Mittag gegessen. Irene und ich konnten natürlich nicht schnell genug wieder unsere Position am Fenster einnehmen, um weiterzubeobachten, was da mit unserer Wiese geschah. Jetzt hatte der alte Bauer einen Holzrechen hergenommen und damit begonnen, das geschnittene Gras zusammenzuharken. Es kamen riesige Mengen Gras zutage. Bald war ein erster großen Haufen angelegt, und der alte Mann ging dazu über, einen neuen Haufen anzulegen, vielleicht so zwanzig Meter von dem ersten entfernt. Alles vollzog sich mit langsamen, gleichmäßigen Bewegungen. Alles lief ab wie ein Uhrwerk, unaufhaltsam.

Ich glaube, dass wir die Idee gemeinsam hatten. Wir waren ja nicht blöd wie seine Gäule und alt genug, um zu begreifen, was da ablief. Und vor allem, dass es nicht aufzuhalten war. Wir hatten beide das Gefühl, irgendwas unternehmen zu müssen. Noch wussten wir nicht, dass dort auf unserer Wiese bald eine riesige Baustelle entstehen würde. Wir begannen aber wohl zu ahnen, dass wir von diesem Spielplatz unserer Kindertage Abschied nehmen mussten. Aber so ohne Weiteres wollten wir ihn dann doch nicht hergeben.

Was haben wir da nicht alles erlebt. Ich erinnere mich noch gut an mein erstes eigenes naturwissenschaftliches Experiment. Das hatte mitten auf der Wiese stattgefunden. Das hat damals sogar bei uns in der Zeitung gestanden. Da war ich vielleicht vierzehn Jahre alt. Hier, auf dieser Wiese, habe ich dem Drang nachgegeben, die in der Schule gewonnenen theoretischen Kenntnisse im Fach Chemie einer praktischen Prüfung zu unterziehen. Es gab eine Riesenexplosion. Auf jeden Fall mehr als nur ein Knall. Der Krater war noch lange zu sehen, und Opa hat sich eine ganze Zeit lang gewundert, warum sein Vorrat an Düngemitteln so zurückgegangen war. Und in unserer Stadt entbrannte daraufhin eine erhitzte Debatte über Sinn und Zweck einer Vermittlung naturwissenschaftlicher Kenntnisse an Gymnasien.«

»Vielleicht eine von den Dummheiten, die man sein ganzes Leben lang bereut?«

»Wer weiß? Auf jeden Fall war unsere Wiese gewissermaßen heiliger Boden. Und so ohne Weiteres wollten wir sie nicht hergeben. Unser Zorn und unsere Trauer über diesen Frevel musste irgendwie bewältigt werden. Wir gingen also zum Angriff über.«

»Papa, du hättest zum Theater gehen sollen!«

»Er war gerade bei seinem vierten Haufen, als wir seinen ersten umwarfen. Als der alte Bauer dann mit seinem vierten Haufen fertig war, gab es also nur noch drei und wir hockten schon hinter seinem zweiten, in sicherem Abstand. Du wirst es nicht glauben, er hat nichts bemerkt. Er begann also mit seinem fünften Haufen, mit dem Rücken zu uns. Da fiel auch schon der zweite Haufen und wir hockten hinter seinem dritten. Als der alte Mann dann endlich mit seinem fünften Haufen fertig war, gab es wieder nur drei. Unser Zorn und unsere Trauer waren längst verflogen. War das ein Spaß. Der alte Trottel merkte einfach nichts. Und tatsächlich, jetzt fing er mit seinem sechsten Haufen an. Das geschieht ihm recht, dachten wir, und weg war der dritte Haufen. Wir hockten jetzt hinter seinem vierten Haufen, und der alte Bauer arbeitete fleißig an seinem sechsten Haufen, der doch, wie nur wir wussten, wieder erst der dritte war.

Wir tuschelten und stellten uns vor, wie der alte Sensenmann bis in alle Ewigkeit an seinem dritten Haufen arbeitete. Deine Tante Irene wäre beinahe geplatzt. Mit beiden Händen musste sie sich den Mund zuhalten, um nicht laut loszulachen. Als der alte Mann dann endlich mit seinem sechsten Haufen fertig war, wir hatten uns schon für die Zerstörung des vierten Haufens bereit gemacht, war's plötzlich vorbei mit der Ewigkeit. Wir konnten aus der Deckung heraus beobachten, wie der alte Mann dastand und in unsere Richtung sah. Er hatte seine Mütze abgenommen und kratzte sich am Kopf, ganz langsam. Ich sagte so was wie: ›Sieh nur, der gräbt nach seinem Verstand.‹ Das war für Tante Irene zu viel. Sie fiel nach hinten ins Heu und kreischte wie am Spieß vor Vergnügen. Den alten Mann hätte fast der Schlag getroffen, so hat der sich erschrocken.

Ich bin bis heute davon überzeugt, dass diese Schrecksekunde unser Leben gerettet hat. Zumindest meins. Der Irene hätte er wohl nichts angetan, aber mich, davon war ich überzeugt, hätte er umgebracht. Wir liefen wie die Hasen. Er ist dann noch eine ganze Weile hinter uns hergelaufen, wobei er wild mit dem Holzrechen in der Luft herumfuchtelte. Wir liefen um unser Leben und machten uns fast in die Hosen. Es war längst dunkel geworden, als wir uns nach Hause trauten. Es hätte ja sein können, dass der Alte immer noch in der Nähe war. Er durfte doch auf keinen Fall mitbekommen, dass wir direkt an seiner Wiese wohnten.«

»Die Tante Irene, ich fasse es nicht. Da hat Lena aber echt was verpasst. Und Oma & Opa? Was haben die gesagt, als ihr so spät nach Hause gekommen seid?«

»Das war das Größte. Die haben nämlich von Anfang an alles mitangesehen, vom Küchenfenster aus. Die müssen sich köstlich amüsiert haben. Das hab ich allerdings erst viel später erfahren. An dem gleichen Abend hat Opa nur ernst geschaut und gemeint, dass sie, also Oma und er, sich schon Sorgen gemacht hätten.«

»Das sieht ihm ähnlich.«

»Jetzt bist du aber dran, Lukas.«

»Dran? Womit?«

»Na, mit deinen Dummheiten. Hatten wir das nicht so ausgemacht?«

»Seit der Kaufhaussache war nichts mehr.«

»Wer's glaubt. Und davor?«

»Du, Papa, jetzt mach mal keinen Stress. Ich hab auch überhaupt keine Zeit mehr. Deine Geschichte war echt toll, wirklich. Aber jetzt muss ich definitiv los!«

»Lukas, ...«

»Also, ich bin dann mal weg, Papa. Ciao!«

1. Dezember

DAS ELFTE GEBOT

Um die Situation der Pubertisten und die Bedeutung der Pubertät in der Moderne besser zu verstehen, muss man der Frage nachgehen, welche ursprüngliche biologische Funktion die Pubertät bei den frühen Menschen hatte.

Wozu ist die Pubertät eigentlich erfunden worden? Oder anders gefragt, worin lag der Vorteil einer solchen Strategie für den frühen Menschen? Und schließlich: Welchen Zweck erfüllt die Pubertät noch in der modernen Gesellschaft? Ist der Pubertist von heute vielleicht sogar überflüssig geworden?

Die Erfindung der typisch menschlichen Form der Pubertät, also im Besonderen die vom Gehirn gesteuerte Verzögerung des Eintritts der Geschlechtsreife, kann als ein Ergebnis des Selektionsdrucks eines zunehmenden Kulturwissens und seiner Bedeutung für das Überleben der frühen Menschen verstanden werden.

Eine an sich riskante biologische Strategie, verschiebt sie doch das Kerngeschäft der Arterhaltung, nämlich die Fortpflanzungstätigkeit auf einen ungewissen späteren Zeitpunkt. Zu diesem Zeitpunkt beginnt ein Prozess einer »Befreiung« der menschlichen Evolution von seinen biologischen und ökologischen Bedingungen, ein Prozess, der zugleich mit einer wachsenden Abhängigkeit von kulturellen Bedingungen einherging.

Dieser Wandel in der Qualität der Selektionsbedingungen markiert also die Geburtsstunde der menschlichen Pubertät.

Wie war die Situation unserer Vorfahren in den weiten Steppen Afrikas, als sie feststellten, dass sie geschlechtsreif wurden? Sie werden kaum alte Leute im heutigen Sinne gesehen haben. Ihre Eltern waren vielleicht gerade einmal doppelt so alt wie sie. Die werden Glück gehabt haben, wenn sie noch über genügend Zähne verfügten, um ihre Nahrung selbst zu zerbeißen. Die wenigen wirklich Alten, Dreißig- bis Vierzigjährigen, werden mehr oder weniger zahnlos und unter Arthrose in den Kniegelenken leidend umhergetragen worden sein. Unsere jungen geschlechtsreifen Vorfahren werden keine Gedanken an ihren weiteren Ausbildungsweg verschwendet haben. Ihre Aufgabe wird darin bestanden haben, möglichst schnell die frei werdenden Stellen der Alten zu besetzen, das heißt, sich einen Geschlechtspartner zu suchen, sich fortzupflanzen und eine Führungsrolle in der Gruppe zu übernehmen oder sich einem Führer anzuschließen, wobei dieser, wenn überhaupt, nur unwesentlich älter als sie selbst gewesen sein dürfte.

Gerade in den Anfängen, also beim Homo habilis, wird das Leben nicht leicht gewesen sein. Das Geschäft mit der Jagd wird besonders am Anfang nicht immer optimal gelaufen sein. Oft gab es nur wenig zu essen. Man musste sich weiterhin mit den Raubtieren um die Beute prügeln.

Obwohl die Menschen früh die Vorteile eines Lebens in sozialer Gemeinschaft erkannt haben, wird es echte soziale Hängematten nicht gegeben haben. Den Stärkeren und Pfiffigeren unter ihnen wird es auch schon zu den Anfängen der Menschheitsgeschichte immer etwas besser gegangen sein als ihren anderen Artgenossen, die etwas schwächer und weniger problemlösungsorientiert durch die Graslandschaft liefen.

Eine den damaligen Lebensbedingungen, in den Gründerjahren der Menschheit, gut angepasste Verhaltensstrategie war über weite Strecken durch Mut und Risikobereitschaft, gepaart mit sozialer Kompetenz und Umsicht, gekennzeichnet. Wenn auch nicht jedes Mitglied in der Gruppe über alle diese Eigenschaften in gleichem Maße verfügt hat, so werden sie in der Gruppe verteilt gewesen sein.

Man stelle sich eine Gruppe von Menschen vor, die jagend und von Feinden bedroht, die ihnen körperlich haushoch überlegen waren, durch die Grassteppe zogen. Nach heutigem Verständnis eine Bande von Jugendlichen, die sich bald von den Alten nicht mehr viel sagen ließen. Die Alten werden auch gut daran getan haben, nicht darauf zu bestehen. Der alttestamentarische Aufruf an die Menschen, ihre Väter und Mütter zu ehren, rührt vielleicht aus einer lang gehegten uralten Erfahrung, dass es bei der Machtübernahme durch die Jungen nicht immer ganz zimperlich zugegangen ist. Die Bereitschaft der Gruppenmitglieder zu hochriskantem Verhalten, ja Brutalität, Gefolgschaft, Leichtsinn, aber eben auch Umsicht und Lernbereitschaft machten so eine Gruppe extrem gefährlich und nahezu unschlagbar. Ohne die Erfolgsgeschichte des Stirnhirns wäre dies schon in den Anfängen nicht gelungen.

Die mit der Geschlechtsreife eintretenden Umbaumaßnahmen im Stirnhirn stellen eine optimale Anpassung an die frühen Lebensbedingungen des Menschen dar und sind eine konsequente Weiterentwicklung des letztlich durch den aufrechten Gang ausgelösten Prinzips einer verzögerten nachgeburtlichen Entwicklung des Gehirns. Diese durch das Stirnhirn gewährleistete Bereitschaft zu hochriskantem Verhalten, zu zügelloser Begeisterungsfähigkeit, unüberlegter Schwärmerei bis zur Selbstaufgabe, dieser Leichtsinn waren für den Einzelnen natürlich mit großen Gefahren verbunden, für die Gruppe insgesamt aber von größtem Nutzen. Alles, was am Verhalten heutiger Jugendlicher oft als störend, peinlich, gefährlich, unreif, eben als »pubertär« empfunden wird, war in den Anfängen der Menschheitsgeschichte Teil einer optimal angepassten Strategie, mit der es den Menschen über die Hunderttausende von Jahren gelungen ist, ihre kulturellen Fertigkeiten unablässig zu mehren und zu verbessern.

Biologisch gesehen bieten die im Stirnhirn von Jugendlichen ablaufenden Umbaumaßnahmen die besten Voraussetzungen für ein erfolgreiches Explorationsverhalten und Bedingungen für eine extrem hohe Anpassungsfähigkeit an verschiedene Lebensbedingungen. Es waren Jugendliche, denen es gelang, den Gebrauch des Feuers zu kultivieren. Es waren Jugendliche, die dann mutig genug waren, aufzubrechen, um in einer ersten Welle nach Asien und Europa auszuwandern.

Während sich die Netzwerke des Stirnhirns des Jugendlichen neu formieren, wie ein Schwamm alle Erfahrungen aufnehmen und sich mit ihren Eigenschaften darauf einstellen, entstehen neue, den neuen Bedingungen angepasste Bereitschaften und Fähigkeiten, die den Schatz der kulturellen Mittel ständig erweitern und verbessern. Zugleich ist das zunächst insofern noch wenig entwickelte Stirnhirn eine notwendige Voraussetzung dafür, dass die gut entwickelte Gefühlswelt des Pubertisten gewissermaßen ein Eigenleben führen kann. Der Zugang in die Welt der Gefühle ist noch einfach, die Kontrolle des Stirnhirns über das limbische System noch lückenhaft. Situationen, die starke Gefühle hervorrufen, werden aktiv gesucht und herbeigesehnt. Dieses Suchverhalten ist der Schlüssel zu einem biologisch erfolgreichen Explorieren. Dieses Erkunden und Erfahren der Welt mit allen Herausforderungen und Gefahren ist dann wieder Futter für den Gestaltungsprozess der Nervenzellnetze im Stirnhirn.

Von der Erfindung der Pubertät bis zum modernen Menschen, wahrscheinlich bis weit nach dem Sesshaftwerden des Menschen, bis hinein in die Neuzeit, also über etwa zwei Millionen Jahre hinweg, waren die Pubertisten aktive Gestalter des kulturellen Fortschritts. Sie kämpften unter hohen Verlusten an vorderster Front der Kulturentwicklung. Wahre Helden der menschlichen Kulturevolution.

Die menschliche Pubertät ist das Ergebnis einer Entwicklungsstrategie des Gehirns und als solche eine Anpassung an die Bedingungen der Kulturevolution. Gleichzeitig fiel dem Pubertisten die Rolle eines aktiven Gestalters der Kulturentwicklung zu. Die Pubertät und damit das Stirnhirn waren der Schlüssel zu dem einzigartigen Erfolg der Menschheitsentwicklung.

Vor mehr als achtzigtausend Generationen, als Homo habilis die ersten Werkzeuge anfertigte und anfing, auf die Jagd zu gehen, waren die Jugendlichen die Chefs der weiten Grassteppen Ostafrikas. Bis weit in die Neuzeit hinein standen die Jugendlichen an der Schwelle zur nächsten Generation.

Seit Jahrmillionen hat es einen echten Generationenwechsel gegeben, der im Wesentlichen durch die relativ niedrige Lebenserwartung bestimmt wurde. Es hat natürlich auch immer schon Ältere gegeben, aber die wirkliche Macht besaßen die Jungen. Sobald die jungen Pubertisten in der Lage waren, die nächste Generation zu begründen, strebten sie auch an die Macht. Sie hatten über zwei Millionen Jahren das Sagen. Sie waren der Motor des kulturellen Fortschritts. Die wahren Helden waren jung. Und das blieben sie noch lange, nachdem sie vor etwa vierhundert Generationen sesshaft geworden waren und vor etwa zweihundertvierzig Generationen die ersten Städte gebaut hatten.

Alexander der Große lebte vor etwa fünfundneunzig Generationen und wurde nur dreiunddreißig Jahre alt. Im Alter von zwanzig Jahren bestieg er den Thron seines Vaters. Den Verdacht, dass er an der Ermordung seines Vaters beteiligt war, ist er nie ganz losgeworden. So zögerte er nicht, unmittelbar nach seiner Thronbesteigung jeden hinrichten zu lassen, der im Verdacht stand, dieses zu behaupten. Ein klassischer Generationenwechsel. Alexander hatte ja auch rein statistisch gesehen nicht mehr viel Zeit. Die durchschnittliche Lebenserwartung betrug in seiner Zeit zwanzig bis dreißig Jahre. Der Rest ist bekannt, eine wahre Heldengeschichte eben.

Über mehr als zwei Millionen Jahre war die Strategie der menschlichen Pubertät eine echte Erfolgsgeschichte. Aber mit dem Erfolg kamen auch die ersten Probleme. In dem Maße, wie das kulturelle Wissen zunahm und die Strukturen der menschlichen Gesellschaften, im Besonderen nach der urbanen Revolution vor etwa zweihundertvierzig Generationen, immer komplexer wurden, gerieten die ursprünglich biologische Strategie der Pubertät und damit der Pubertist selbst immer mehr in Bedrängnis.

Er fand zunehmend gefestigte komplexe Strukturen vor, die von den Älteren eisern verteidigt wurden. Ein Leben außerhalb dieser städtisch beherrschten Machtstrukturen wurde immer schwieriger. Die Pubertät kam zunächst wohl gesellschaftlich und dann in der Neuzeit auch familiär in Bedrängnis. Mit Beginn der industriellen Revolution vor etwa zweihundertfünfzig Jahren, also vor nur etwa zehn Generationen, kam die Pubertät als biologische Strategie endgültig in die Krise.

Ein Grund ist die seither sprunghaft angestiegene Lebenserwartung. Ein Trend, der bis heute ungebrochen ist. Die allgemeinen Lebensbedingungen der Menschen verbesserten sich, zumindest in Europa, anhaltend. Die Zunahme des Kulturwissens erlebt seitdem eine enorme Beschleunigung. Mit seiner Vermittlung kann nicht mehr Schritt gehalten werden.

Der Pubertist fand sich relativ unvermittelt in einer Situation wieder, die es während der gesamten Menschheitsgeschichte so noch nicht gegeben hatte. Seit mehr als zwei Millionen Jahren hat er an vorderster Front der Kulturentwicklung gestanden und den Verlauf der Menschheitsentwicklung wesentlich geprägt. Im Verlauf der Vor- und Frühgeschichte dann, also längst als moderner Mensch in Städten lebend, spürte er zunehmend die Einbindung in die bestehenden und immer starrer werdenden kulturellen Strukturen. Der Druck nahm zu, sich an gefestigte Gesellschaftsstrukturen anzupassen.

Die industrielle Revolution war ein echter Kultursprung und brachte dann auch eine echte entwicklungsbiologische Revolution hervor. Die Lebenserwartung steigt seither dramatisch an. Mit einem Mal war etwas verschwunden, was über zwei Millionen Jahren für die menschliche Entwicklung so prägend gewesen war, der Generationenwechsel. Die Pubertät kam in die Sinnkrise, oder besser gesagt, in die Zweckkrise. Die Menschen wurden sehr schnell immer älter. Generationen wechseln nicht mehr ab, sie bestehen nebeneinander.

Der Pubertist sieht auf und erkennt jede Menge alter Leute, Omas und Opas, ja sogar Uromas und Uropas und Eltern ohne Arthrose und dank eines hervorragenden Gesundheitssystems noch mit allen Zähnen ausgestattet. Machtübernahme? Führungsposition? Keine gute Idee mehr. Die Alten rühren sich nicht von der Stelle, machen keinen Platz. Sie sind stark und mächtig geworden und machen keine Anstalten, ihre Positionen zu räumen.

Wenn man bedenkt, dass diese Situation völlig neu ist, nicht älter als vielleicht zehn Generationen, erahnt man die ungewohnte Machtlosigkeit der Pubertisten. Damit nicht genug, erfanden die Alten zu Beginn des achtzehnten Jahrhunderts in Preußen, wo auch sonst, unter Friedrich Wilhelm I. die allgemeine Schulpflicht. Nach anfänglichen nicht unerheblichen Schwierigkeiten bei der Umsetzung dieser Idee wurden dann im Jahre 1802 zunächst in Bayern eine sechsjährige Schulpflicht und 1835 in Sachsen eine achtjährige Schulpflicht gesetzlich vorgeschrieben. Zu Beginn des zwanzigsten Jahrhunderts galt die allgemeine Schulpflicht für ganz Deutschland.

Die Helden von einst, und damit das Gehirn selbst, sind zu Opfern ihrer eigenen Erfolgsgeschichte geworden. Der Pubertist sitzt in der Kulturfalle. Entmachtet und ausgemustert von den Alten, die es ohne die lange Geschichte erfolgreich für die Kulturentwicklung gelebter Pubertäten heute gar nicht gäbe.

Der Pubertist ist kaltgestellt, all seiner Einflussmöglichkeiten beraubt. Sein so lange erfolgreicher Gestaltungsdrang wird unterdrückt. Zugleich wird die Schere zwischen dem Eintritt der Geschlechtsreife und dem von der modernen Gesellschaft akzeptierten Erwachsensein immer größer. Ein geradezu tragischer »Prinz Charles«-Effekt. Die einstigen Erfolgsmerkmale der Pubertisten werden kriminalisiert oder gar pathologisiert. Um Romeo und Julia würden sich heute in Deutschland das Jugendamt und in Großbritannien die Strafverfolgungsbehörde kümmern. Sexualität wird zu einem Problem.

Die Alten entdecken die Jugend als Forschungsobjekt und erfinden den Begriff »Devianz«, »Aufmerksamkeitsdefizit-/Hyperaktivitätsstörung«, »Störung des Sozialverhaltens«. Wo stünde der »Gelehrte« von heute ohne die Risikobereitschaft der ungezählten jugendlichen Homo habilis, Homo erectus und der frühen Homo sapiens? Der einstige Held der weiten Grassteppen hat sich selbst außer Gefecht gesetzt. Da hockt er also in der Schule, auf der Lehrstelle, vor sich eine ewig lange Ausbildung, während er, längst geschlechtsreif, nach Möglichkeiten sucht, auszubrechen, seinem Gefängnis zu entfliehen.

Der Pubertist wird zum Problemfall. Die Alten beginnen, sich Sorgen zu machen. Sie schreiben Bücher zur Entwicklungspsychologie des Jugendalters, wollen vielleicht ehrlich verstehen, warum sie so anders sind als sie. Die Jugend verkommt zum Objekt der Fürsorge. Es entstehen ungezählte Ratgeber, die alle versuchen, den Alten das Leben mit diesen ausgemusterten Helden halbwegs erträglich zu machen. Doch wer sucht nach Wegen, ihnen ihre Würde zurückzugeben? Wenn Moses noch einmal auf den Berg Sinai gerufen würde, wer weiß, vielleicht brächte er heute ein weiteres Gebot von dort herunter:

»Du sollst deinen Sohn und deine Tochter ehren,
auf dass du lange lebst in dem Lande, das dir der
Herr, dein Gott, gibt.«

Biologisch gesehen steckt der Mensch in einer tiefen Krise, vielleicht einer Sackgasse. Zum Opfer seines eigenen überwältigenden Erfolgs geworden, ist er dabei, sich der gestalterischen Kraft seiner Jugendlichen zu berauben. Den regulierenden Kräften der biologischen Selektionsmechanismen seit langem entflohen, ist er nun gezwungen, in den von ihm selbst geschaffenen Kulturbezügen nach Auswegen zu suchen.

Wir werden gar nicht anders können, als uns der besonderen gestalterischen Kraft der Pubertät neu zu besinnen und die Jungen wieder mitmachen zu lassen. Wir müssen die Jugendlichen aus der Kulturfalle befreien. Wie immer das aussehen mag, die Alten werden von ihrer Macht abgeben müssen. Die Frage ist also nicht, ob der Pubertist von heute überflüssig geworden ist, sondern wie es uns gelingen kann, seine ganze gestalterische Kraft und damit unser Stirnhirn selbst wieder vollständig zu rehabilitieren. Jugendliche werden in die wirklichen Gesellschaftsprozesse wieder voll und ganz eingesetzt werden müssen. Und zwar nicht modellhaft, so zum Spaß, sondern mit vollem Einsatz, so, wie sie es gewohnt sind, seit jenen Tagen in Afrika. *FL*

Bernis letzter Auftritt

Berni ist erst nach drei Tagen wieder aufgetaucht. Er lag nicht weit von der Stelle, an der wir uns zuletzt gesehen hatten, im hohen Gras. Dabei hatte ich doch alles abgesucht. Aber vielleicht war er ja auch bloß mal kurz weggegangen und dann später wiedergekommen.

Auf dem Rücken, die Arme ausgebreitet, mit ausgestreckten Beinen. Ganz entspannt hat er dagelegen. So haben wir als Kinder immer im Schnee den Engel gemacht. Nur, dass er jetzt seine Flügel nicht mehr bewegte. Den Blick zum Himmel. Mit offenen Augen. So wollte er in den Himmel eintauchen, hatte er immer gesagt. Mit offenen Augen. Bloß nichts verpassen auf der Achterbahn. Und jetzt hat er das ganze Leben verpasst, der Vollidiot. Sich einfach so davonzumachen, der Feigling. Wenn er wenigstens vom Bus überfahren worden wäre, dann könnte ich trauern. Aber so?

Die Spritze hing noch in seiner Vene, als man ihn fand. Es musste schnell gegangen sein, sagen die Ärzte. Ich will gar nicht wissen, was er genommen hat. Ist doch Scheiße. Jetzt hat er also seinen finalen Flash gehabt, von dem er immer geträumt hat.

Wir haben das alle nicht wirklich ernst genommen. Dieses ewige Gelaber vom Fliegen. Er war der Clown. Musste auf alles noch was draufsetzen. Nach dem Motto: Seht her, was ich kann! Dabei haben ihn doch alle gemocht. Hätte er gar nicht nötig gehabt. So ein Scheiß. Verdammter Spinner!

Zum Beispiel unsere Mühlbach-Sprünge. Wir waren in der siebten Klasse oder so. Wir hingen alle am Mühlbach rum. Das war unser Treffpunkt, toter Briefkasten, alles. Unser Mühlbach eben.

Irgendwann hatte Berni die Idee. Der Mühlbach war ja nicht

wirklich breit. Vielleicht so drei oder vier Meter, höchstens. Und tief war er auch nicht gerade. Man konnte einfach so durchlaufen. An der tiefsten Stelle ging uns das Wasser vielleicht bis zu den Knien. Einmal haben wir es geschafft, ihn aufzustauen. Einen Mordsstaudamm haben wir gebaut. Hat einen ganzen Tag gedauert. Dann reichte uns das Wasser bis an die Schultern und wir konnten richtig schwimmen in unserem Mühlbach. Der Spaß hat aber nicht lange angehalten. Hatten Stress mit irgend so einem Öko-Fuzzi bekommen. Der hat uns bei der Umweltbehörde angezeigt. Das ginge gar nicht. Unerlaubter Eingriff in ein geschütztes Biotop und so ein Bla. Mann, ist der uns auf den Sack gegangen. Auf jeden Fall mussten wir alles wieder fein säuberlich zurückbauen.

Schützenswertes Biotop, so ein Scheiß. Und wer schützt uns? Wer hat Berni beschützt, als er sich hier im Biotop die Nadel setzte? Scheiße!

Der Bach fließt aus einem Wäldchen auf die Lichtung, beschreibt dann einen gemütlichen Bogen, um danach in dem gegenüberliegenden Wäldchen wieder zu verschwinden. Wir hatten Schatten, wenn's so richtig heiß war. Wir konnten uns am Ufer ins Gras legen und unsere Beine ins Wasser legen. War immer saukalt. Aber nicht zu toppen: rücklings im Gras, die Füße im Wasser. Die ideale Grundstellung für unsere philosophischen Ausschweifungen. Unschlagbar, ein toller Platz.

Irgendwann sprang Berni wie vom wilden Affen gebissen hoch und rief so was wie: »Los, wir entern jetzt das gegnerische Ufer.« Nach kurzer Zeit waren wir alle auf der Suche nach irgendwelchen Stecken, mit denen wir über den Bach springen wollten. Berni machte es uns allen vor, natürlich. Mit einem Mordsgeschrei und wilder Drohgebärde lief er die Wiese hinunter auf den Bach zu. »Wir kriegen euch alle!«, schrie er, »ihr werdet schon sehen.« Mit dem Stecken hoch über dem Kopf rannte er auf die Uferböschung zu, stieß ihn in die Mittel des Bachbettes, hob ab und flog in hohem Bogen über den Stecken auf das andere Ufer zu. Dabei machte es gar nichts, dass er nicht drüben ankam. Im Gegenteil. Unter unserem lauten Gejohle platschte Berni ins Wasser. Eine akkurate Arschbombe. Vom Feinsten. »Citius, altius, fortius![10]«, grölte Stefan mit hoch erhobenem Stecken, und wir rannten alle zusammen auf den Bach zu, um das gleiche Schicksal wie Berni zu erleiden. Es war ein Riesenspaß.

Aber Berni wäre nicht Berni gewesen, wenn er sich den Ruf von Stefan nicht zu Herzen genommen hätte. Einmal mit trockenem Fell auf der anderen Seite landen. Also hat es nicht lange gedauert, bis Berni mit einem mordslangen Stecken aus dem Wald gelaufen kam. Diesmal sollte es klappen. Berni setzte ganz nach Art eines Stabhochspringers an. Die Menge tobte. Berni schwang sich nach einem mächtigen Anlauf, der über die ganze Lichtung ging, hoch. Es war wie in Zeitlupe. Er hing in der Luft, wurde für einen Moment ganz langsam. Schon ahnten wir, es würde wieder nichts werden aus der trockenen Überquerung. Keine Hand rührte sich. Schweigen im Wald. Berni im Zenit seines Flugs. In diese gespannte Stille hinein brach der morsche Stecken und Berni sauste wie eine reife Birne in die Tiefe. War das eine Gaudi. Glanzleistung. Wir johlten und schrien und führten afrikanische Fruchtbarkeitstänze auf der Lichtung auf, mit unseren Stecken hoch über den Köpfen.

Wir hatten es erst gar nicht bemerkt vor lauter Gejohle. Berni hatte sich regelrecht aufgespießt, so unglücklich war er auf den unteren Teil des abgebrochenen Steckens gefallen. Aber er hatte Glück. Die im Krankenhaus hatten seinen Eltern später gesagt, es grenze an ein Wunder, dass keine überlebenswichtigen Organe verletzt worden seien. So nach vier Wochen war er dann wieder in der Schule. Unser Berni war natürlich der Größte. Wahre Helden überleben nämlich, Berni. Diesmal bist du zu hoch gesprungen, du Volltrottel. Du hast uns nicht einmal die Chance gegeben, dir zu helfen.

Die ganze Klasse ist da. Und natürlich alle aus unserer Clique. Ich weiß nicht mehr, wann ich das letzte Mal in der Kirche war. Muss lange her gewesen sein. Aber ich hab immer noch alles drauf. Wenn du mal Ministrant gewesen bis, dann sitzt das wie's Fahrradfahren. Geht alles ganz automatisch. Beim Radeln denke ich ja auch nicht ans Radeln, sondern vielleicht an Laura oder so. Ob sie ihn auch vermisst?

>>*Wir sind hier zusammengekommen, um Abschied zu nehmen von ...*<<

Irgendwas an der Stimme des Pfarrers stört mich. Es ist mir nicht sofort aufgefallen. Aber es durchzieht sein Reden wie eine nervige Störung im Radio.

>>*... barmherziger Vater, lebendiger Gott, wir tragen heute Bernhard Klotzek zu Grabe ...*<<

Ich hab's! Es ist dieser beschwingte Unterton, der mich stört. Kaum vernehmlich, aber erkennbar. Ja, der Ton ist beschwingt. Ich hab lang genug am Altar gedient, um aus dem Schlusssegen herauszuhören, ob die Haushälterin gerade das Lieblingsessen des Pfarrers zubereitete. Ich hab plötzlich den Eindruck, dass der Pfarrer an Bernis Beerdigung noch einen seiner Lieblingstermine hat und nicht ganz bei der Sache ist.

>>*... der Tod von Bernhard hat uns alle schockiert ...*<<

Warum glaube ich ihm das nicht?

>>*... wir alle haben Bernhard als netten, zuvorkommenden und stets hilfreichen Jungen in Erinnerung ...*<<

Wenn ihr wüsstet, was wir zusammen für einen Scheiß gebaut haben. Ich sage bloß, Laternenaustreten. Alleine wird's mir keinen Spaß mehr machen.

»... aus tiefer Verzweiflung schreie ich zu dir, Herr...«

Gut, dass Laura da ist. Ohne sie wär's echt schwer für mich. Sie hält meine Hand. In der ersten Reihe sitzen Bernis Eltern. Ich sehe keine Tränen. Vielleicht haben sie ja keine mehr. Daneben seine ältere Schwester. Sie hat noch welche.

»... und vergib uns unsere Schuld, wie auch wir...«

Wer hat Schuld an Bernis Tod? Muss es immer einen Schuldigen geben? Oder passieren die Dinge einfach so? Vielleicht ist alles nur ein großer Spaß und wir nehmen das Leben und vor allem den Tod viel zu wichtig. Vielleicht hätten wir uns mehr um ihn kümmern sollen. Ich fühle mich mies. Ich will ins Bett. Wer denkt denn schon an so was? Sich einfach mitten auf der Wiese die Nadel zu geben. Auf unserer Lichtung. Dieses Riesenarschloch!

Ich werfe Berni einen kleinen Stecken ins Grab. »War 'ne Riesennummer, Berni«, flüstere ich ihm zu, »damit du mich nicht vergisst, da, wo du jetzt bist.«

»Es segne und behüte euch der allmächtige und...«

Laura steht schon etwas abseits.

»Lukas, mir ist so kalt.«

»Komm!«

Ich nehme Laura in meine Arme. So bleiben wir eine ganze Weile und sagen nichts. Bis ich kein Weinen mehr in mir spüre. Auch Laura ist jetzt vollkommen ruhig. Kein Beben mehr. Hat Berni das denn nie gespürt? Laura nimmt meine Hand und wir gehen zu ihr nach Hause. Ohne ein Wort. Lauras Eltern sind auf der Arbeit. Für Bernis letzten Auftritt haben sie sich nicht freigenommen.

Das Tulu

Ich weiß nicht mehr, wie oft ich mit Laura nun schon unser Iglu gebaut habe. Es ist Mitte Dezember und unser Iglu steht wieder. Nicht irgendein Iglu. Es ist ein ganz besonderes Iglu. Ein solches Iglu gibt's mit Sicherheit in der ganzen Arktis nicht. Wir nennen es unser »Tulu«.

Die Eskimos würden sich wegwerfen, wenn sie es jemals sehen würden. Wir bauen es immer um den Stamm meines Tulpenbaums herum. Unser Tulpenbaum-Iglu, kurz Tulu. Richtiges Eis steht uns ja nicht zur Verfügung. Das braucht es ja eigentlich für ein richtiges Iglu. Aber wir haben im Winter immer reichlich Schnee. Ganz selten, dass er mal ausbleibt. Den klopfen wir dann in handlichen Portionen fest und lassen ihn, in Eimern mit Wasser vermischt, zu Bausteinen gefrieren. Das dauert natürlich seine Zeit und geht nicht an einem Tag. Und dann immer die Sorge, ob die Frostperiode auch lange genug anhält.

Wenn das Tulu einmal steht, dann ist es nicht mehr so problematisch. Ein paar wärmere Tage hält es ganz gut aus. Im Gegenteil, es wird eigentlich nur noch stabiler dadurch. Vorausgesetzt, es friert dann wieder.

Der Clou an unserem Tulu ist ja der Tulpenbaum. Dieser verleiht der ganzen Konstruktion die nötige Stabilität, die sich bei einem gewöhnlichen Iglu erst durch das obere mittlere letzte Abschlussstück ergibt. So wie durch den Schlussstein in einem Bogengewölbe. Die stabilisierende Funktion des Schlusssteins übernimmt bei unserem Tulu also der Stamm meines Tulpenbaums. Das ist unsere Erfindung. Und vor allem hat unsere Technik immer funktioniert. Es hat bisher immer gehalten, ist uns niemals zusammengebrochen. Selbst dann nicht, wenn's wieder auf den Frühling zuging und es wärmer wurde. Dazu ist es einfach viel zu stabil. Was dann abgeht, ist eher eine Art natürlicher Rückbau. Zuerst löst sich der Griff um den Stamm. Wir stellen uns vor, wie der Winter den Baum wieder freigibt, ihn aus seiner Umklammerung entlässt. Es entsteht zunächst eine ringförmige Öffnung in der Decke, um den Stamm herum. Eine kritische Phase. Das Ganze stabilisiert sich dann während des nächsten Nachtfrostes wieder. Mit jedem Sonnenstrahl wird die Öffnung größer. Die gefährliche Phase des Rückbaus ist überwunden, wenn die Öffnung so groß geworden ist, dass von oben nichts mehr einbrechen kann, die Decke quasi weg und nur noch die kreisförmige Seitenwand übrig ist. Aber so weit ist es jetzt noch lange nicht. Das Tulu steht. Heute ist mein siebzehnter Geburtstag!

»Noch ein Jahr und du darfst wählen«, hat mein Vater beim Frühstück gemeint. Toll! Wie die Welt wohl aussähe, wenn ich schon vor vier Jahren hätte wählen können. Politiker! Vielleicht wäre Berni noch am Leben. Er hat für sich keine Wahl gesehen. Mein erster Geburtstag ohne Berni. Mir kommt's vor, als hätten ihn schon alle vergessen.

Die Bude ist gerammelt voll. Party bei Luhmers. Der Keller quillt über und es ist ein Höllenlärm. Die Anlage am Limit. Jogi ist auch gekommen. Der hat doch tatsächlich eine Kiste Karotten mitgebracht. Stefan hat keine Chance. Sein jedem Neuankömmling mit hoch über dem Kopf erhobener Karotte zugebrülltes »Introite, nam et hic dii sunt!«[11] geht mit Dani California unter. Der ganze Keller ein einziger Soundtrack. RHCP aus fünfundvierzig Kehlen:

... California rest in peace
Simultaneous release
California show your teeth
She's my priestess, I'm your priest,
Yeah, yeah ...

Was für ein Song. Er umfängt mich, wiegt mich hin und her. Hin und her … rest in peace … hin und her … show your teeth … hin und her … I'm your priest …

Laura hat ihre Arme von hinten um meinen Bauch geschlungen und brüllt mir irgendwas ins Ohr. Nichts. Im Ohr nur »California rest in peace«. Sie nimmt meine Hand. Von ihren Lippen lese ich so was wie »… raus hier«. In ihrer anderen Hand hält sie eine von Jogis Karotten. Mit der deutet sie senkrecht nach oben.

Wir sitzen allein in unserem Tulu. So etwa zehn Meter vom Haus entfernt hat die Musik aus unserem Keller jetzt angenehme Zimmerlautstärke. Laura hat eine Decke um den Baumstamm herum auf dem Boden aus festgetrampeltem Schnee ausgelegt. Wir hocken nebeneinander mit dem Rücken gegen den Stamm gelehnt. Draußen ist es stockdunkel und kalt wie Sau. Aber wir frieren nicht.

»Echt geile Party, Lukas.«

»Danke. Aber einer ist nicht gekommen.«

»Ich weiß, Lukas.«

Laura nimmt mich in ihre Arme wie Dani California. Und wir wiegen uns hin und her … California … hin und her. Wir lieben uns hin und her … Rest in Peace … hin und her, bis zum … Simultaneous release! She is my priestess and I'm her priest. Yeah, yeah! Was für ein Geburtstag.

»Mensch, Laura!«

»Lukas …«

»Unser erstes Mal. Und dann auch noch in unserem Tulu. Mann, war das heiß. Hoffentlich schmilzt das jetzt nicht.«

»Lukas, ich muss dir was sagen.«

»Hab ich was falsch gemacht?«

»Nein, nein. Hast alles richtig gemacht. Ich wollte es dir schon vor der Party gesagt haben.«

»Nun, mach's nicht so spannend. Ich glaub, wir müssen mal wieder rein …«

»Lukas, wir ziehen weg.«

»Was? Wie, ihr zieht weg? Ich meine ...«

»Lukas, jetzt hör doch mal zu. Es ist schon in zwei Wochen. Es geht alles ganz schnell.«

»Warum? Aber das geht doch gar nicht. Ich meine, wir haben doch gerade ...«

»Wir ziehen um, Lukas. Was heißt umziehen, wir wandern aus. Vermont ...«

»Vermont? Aber Laura, in die USA?«

»Ich kann nichts tun. Mein Vater, weißt du ...«

»Dein Vater interessiert mich nicht. Du interessierst mich. Sag mir nicht, wieso dein Vater wegzieht. Der ist mir scheißegal. Wieso ziehst du weg?«

»Aber Lukas, ich muss doch mit ...«

»So 'n Scheiß! Und die Schule?«

»Ist alles längst geregelt. Nach den Winterferien fange ich schon in der Burlington High School an.«

»Und ich? Ich meine, wir beide ...«

»Lukas, ich kann nicht so einfach ... Es sind doch meine Eltern.«

»Ich glaub's nicht.«

»Ich ja auch noch nicht so wirklich, Lukas. Kam völlig überraschend für mich. Es ist alles so aufregend, weißt du?«

»Aufregend? Wenn du weggehst?«

Laura hat mir ihre Hand auf den Mund gelegt. Ich weiß eh nicht, was ich noch sagen soll. Laura in meinen Armen. Was für ein Geschenk. Mein siebzehnter Geburtstag. Mein erster Geburtstag ohne Berni. Mein letzter mit Laura? Was für ein Geburtstagsgeschenk. Das werde ich wohl nie vergessen.

Laura ist schon vor einer Stunde abgeholt worden. Und ich sitze immer noch in unserem Tulu. Lauras Wärme ist noch hier und lässt die Eiswand glänzen. Die meisten Menschen verbrauchen ihr ganzes Leben auf der Suche nach dem Glück. Und übersehen es doch so oft. War Laura mein Glück? Reicht das für ein ganzes Leben? Glück soll ja nur ein flüchtiger Moment sein, eine Erfahrung, kein Zustand. Aber die Liebe? Auch nur ein Moment? Hab ich schon alles gefunden? Muss ich mein Glück jetzt nicht mehr suchen? Bin ich jetzt schon wirklich frei? Was für ein Geschenk.

Ich fühle den Stamm meines alten Freundes. Ob er wohl wieder blühen wird, wenn das Tulu geschmolzen ist? Ich lege meine Arme um ihn. Wie oft hat er mir schon Halt gegeben. Wir bleiben hier, mein Alter. Vom Haus kommt Musik herüber. Sie sind wieder am Limit. Ich höre Gerard Way der ganzen Welt entgegenrufen, wie es nur der wahre Rocker kann:

I am not afraid to keep on living.
I am not afraid to walk this world alone ...

Es ist Zeit aufzubrechen. Mit Lauras Lachen im Gepäck.

Anmerkungen

1 *lateinisch »Tag des Zorns«*; die ersten Worte einer mittelalterlichen Hymne auf das Jüngste Gericht; seit dem 13. Jahrhundert Bestandteil der Totenmesse.

2 Urbanus Bomm: Lateinisch-deutsches Volksmessbuch, Einsiedeln: Benziger 11. Auflage. 1956/57, 1410–1412.

3 *lateinisch »Ich spreche dich los von deinen Sünden im Namen des Vaters und des Sohnes und des Hl. Geistes«*; vollständig: »Ego te absolvo a peccatis tuis in nomine Patris et Filii et Spiritus Sancti«; Abschluss des Bußsakraments; Vergebung der Sünden durch den Priester.

4 *lateinisch »Sei gegrüßt Kaiser! Die Todgeweihten grüßen dich«*; Gruß der römischen Gladiatoren an den Kaiser nach ihrem Einzug in die Arena.

5 *lateinisch »Wehe den Besiegten!«*; Gallierführer Brennus nach der Eroberung Roms im 4. Jahrhundert v. Chr.

6 *lateinisch »Mehr zu tun, als er kann, ist niemand verpflichtet«*; auf den Juristen Celsus zurückgehendes Sprichwort.

7 *lateinisch »mit vereinten Kräften«*

8 *lateinisch »mit vereinten Kräften«*

9 *lateinisch »Der Tod ist gewiss, ungewiss seine Stunde«*

10 *lateinisch »schneller, höher, stärker«*; Motto der Olympischen Spiele.

11 *lateinisch »Tretet ein, denn auch hier sind Götter«*

Glossar

Albatros: mehrdeutig; *zum einen*: größter Vogel der Hochsee; seine Flügel erreichen Spannweiten von dreieinhalb Metern; dynamischer Segelflieger; kann stundenlang fliegen, ohne einmal mit seinen Flügeln zu schlagen; nutzt dazu die Luftströmungen über der Meeresoberfläche; legt gewaltige Entfernungen zurück; *zum anderen*: Begriff aus dem Golferlatein; bezeichnet das durchaus seltene Glück, den Ball mit drei Schlägen unter Par einzulochen; wer möchte da nicht einmal Albatros sein?

Alexander VI.: Papst von 1492–1503; als Rodrigo Borgia am 1. Januar 1430 geboren; unter anderem Vater von Cesare und Lucrezia Borgia; eigentlich kein guter Name für einen Golfball, nicht einmal für einen Papst; aber was sollte Frank Luhmer machen, er hatte halt mit Alexander dem Großen angefangen und dann einfach weitergezählt.

Alexander VII.: Papst von 1655–1667; als Fabio Chigi am 13. Februar 1599 geboren; was für ein Kontrast zu Nummer VI; sein Name ist eine Zierde für jeden Golfball; versuchte sich als Dichter und galt als Bewunderer und Freund von Kunst und Wissenschaft; gut für ein »Hole-in-One«.

am Start haben: Jugendsprache; etwas Neues, Tolles, Trendiges haben.

angepasst: Vorgänge im Gehirn betreffend, die auf eine möglichst optimale Anpassung an Umweltbedingungen ausgerichtet sind.

angepisst sein: Jugendsprache; verärgert sein.

Antizipation: Erwartung; gedankliche Vorwegnahme eines Geschehens.

auf Pumpe sein: Jugendsprache; Heroin spritzen.

Australopithecus: tauchte vor rund vier Millionen Jahren in Ostafrika auf; mit ihm begann die Geschichte der Menschheit.

Axon: Fortsatz der Nervenzelle, über den Erregungen weitergeleitet werden.

bei Grün gehen: Jugendsprache; entspannt bleiben; locker bleiben.

Bergkirchweih: sagenhaftes mittelfränkisches Volksfest; den »Berg-Countdown« in Tagen, Stunden, Minuten und Sekunden bis zum nächsten Anstich gibt es unter www.der-berg-ruft.de; seit über 250 Jahren folgen die Erlanger treu diesem Ruf und pilgern zu Pfingsten auf ihren heiligen »Berch«, um den schier unerschöpflichen Vorräten fränkischen Bieres ihre Reverenz zu erweisen.

Blastozyste: menschlicher Keim zwischen dem dritten Tag nach der Befruchtung und dem Beginn des Einnistens in die Gebärmutterschleimhaut der Mutter etwa am Ende des sechsten Tages; der äußere Teil der Blastozyste entwickelt sich zusammen mit Teilen der mütterlichen Schleimhaut zur »All-inclusive«-Versorgungseinrichtung für den späteren Embryo; dieser entwickelt sich allein aus dem inneren Teil der Blastozyste, dem Embryoblasten; die Blastozyste beendet also die Wandertage, der Mensch wird zum ersten Mal sesshaft.

Brackets: Befestigungselemente für Zahnspangen; werden direkt auf die Vorderseiten der Zähne zementiert; so sind sie gut zu sehen; für manchen Spangenträger der reine Horror und für von derlei Folterinstrumenten verschont gebliebenen Altersgenossen Quelle für Spott und Hohn; gelten Zahnspangen doch als »Kussbremsen« und »Nuschelgeneratoren«; Spangenträger mit ausgeprägtem Selbstbewusstsein kümmert das wenig; sie unterstreichen ihr öffentliches Bekenntnis für eine zukunftsorientierte kieferorthopädische Therapie durch Verwenden von trendy Funstyle Brackets in Neonfarben.

BRB: Jugendsprache; Abkürzung für *»Be Right Back«*, was so viel heißt wie: »Bin gleich wieder da.«

Camouflage: Tarnung; Täuschung; ursprünglich »Tarnung von Befestigungsanlagen«, oder »Tarnung von politischen Absichten«.

Checker: Jugendsprache; Experte; die Extreme sind der Superchecker (oder Oberschlau) und der Nullchecker (begreift nix).

Counterstrike: nein, nicht das Computerspiel CounterStrike, sondern »Gegenschlag«.

Cyberbullying: besonders fiese Variante des Mobbings; Erstellen von herabwürdigenden Videos, die anschließend im Internet veröffentlicht werden; die Opfer sind meist Lehrer oder Mitschüler.

David: berühmte Skulptur von Michelangelo; ein echtes Meisterwerk der Renaissance; gemeißelt und poliert zwischen 1501 und 1504 in Florenz; ziemlich lässiger und cooler Pubertist; man könnte ihn beschreiben, man muss aber nicht; besser, man fährt hin und sieht ihn sich selbst an; aber lassen Sie sich nicht täuschen, es gibt nur einen Echten und der steht in der Galleria dell' Accademia zu Florenz.

Dendriten: stark verzweigter Bereich der Nervenzellen; können baumartige Verzweigungsmuster ausbilden; hier befinden sich die meisten Kontakte mit vorgeschalteten anderen Nervenzellen.

Devianz: von der Norm abweichendes Verhalten; Begriff aus der Soziologie; wird in der gängigen soziologischen und entwicklungspsychologischen Behandlung üblicherweise als irgendwie problematisch angesehen; wir empfehlen eine positive Umdeutung von abweichendem Verhalten; Devianz als Motor des Fortschritts, getreu dem Motto:

> »Willst du neue Wege gehen,
> sei charmant und deviant,
> die Welt soll dich als Helden sehn,
> nicht normal und ausgebrannt!«

einen Kreis machen: Jugendsprache; zuhören.

Eltern: riskanter Lebensformtyp; gekennzeichnet durch Unwiderruflichkeit und Vielfalt; es gibt Pflegeeltern, Heimeltern, Ersatzeltern, Doktoreltern, leibliche und beleibte Eltern, Adoptiveltern, Großeltern (aber keine Kleineltern); juristisch: Vater und Mutter im Verhältnis zum Kind; politisch: wichtiges Modul in sozialen Gemeinschaften; genetisch: Spender von Ei- und Samenzelle; biologisch: Mann und Frau, ein auf natürlichem Wege selbst lustvoll gezeugtes und empfangenes Kind liebevoll umsorgend; vielfältig: zum Beispiel Mann und Mann oder Frau und Frau jeweils gemeinsam oder Mann oder Frau, jeweils alleine ein Kind liebevoll umsorgend.

Embryo: Bezeichnung für einen Menschen in der Entwicklung bis zum Alter von etwa acht Wochen nach der Befruchtung.

Embryoblast: Teil der Blastozyste, aus dem sich der Embryo entwickelt.

Embryogenese: Entwicklung des Embryos.

emergente Struktur: ein Phänomen, das auf einer übergeordneten Ebene eines selbstorganisierenden Systems durch das Zusammenspiel von gleichen Elementen einer untergeordneten Ebene »erscheint«; dabei ist dieses Erscheinen aus den Eigenschaften der Teile nicht zu erklären; schon Aristoteles hat es gewusst, als er sagte: »*Das Ganze ist mehr als die Summe seiner Teile*«; Emergenz ist die Schöpfung von Neuem; dabei wirkt die durch das Zusammenspiel der Teile erscheinende Struktur auf die Teile zurück.

emotional: das Gefühlsleben betreffend.

Evolution: kontinuierliche Entwicklung; biologisches Konzept für die allmähliche Veränderung der Organismen; beschreibt die Entwicklung der Lebewesen und die Entstehung neuer Arten im Laufe der Entwicklungsgeschichte durch Anpassung und Auslese; die Gesetze der Evolution belohnen jedes Merkmal, das einem Organismus einen Vorteil verschafft; eine ziemlich opportunistische Veranstaltung; dabei scheint dem Ganzen kein Plan zugrunde zu liegen; alle Entscheidungen werden quasi ad hoc getroffen; Eigenschaften, die heute noch cool sind, können morgen schon überholt sein; wenn man nicht aufpasst, ist man schnell aus dem Geschäft.

Explorationsverhalten: Erkundungsverhalten; auf den Menschen bezogen auch »Neugierverhalten«; bewusstes Aufsuchen neuer und unbekannter Situationen; für die menschliche Entwicklung grundlegend wichtig; verspricht hohen Lustgewinn und trainiert zudem den Umgang mit Frustrationen; Verhaltensstrategie mit einem gewissen Risikopotenzial; dabei kann man sich schon einmal die Finger verbrennen.

Fairway: Golferlatein; gemähte Grasfläche; stellt die eigentliche Spielbahn beim Golfen dar.

Fötus: Bezeichnung für einen Menschen in der Entwicklung ab einem Alter von etwa acht Wochen nach der Befruchtung bis zur Geburt.

Frankie: nicht zu verwechseln mit Frank Iero von MCR (genannt Frankie); obwohl sein Blick die Namensfindung beeinflusst haben könnte; Nachfahre des berühmten Rauhaardackels und erfolgreichen Jägers Enzo; obwohl hochintelligent, macht er diesem nicht immer alle Ehre; wird nicht gerne an seine Herkunft als Jäger erinnert; neigt zu pazifistischer Gesinnung; verfolgt Katzen nur, wenn er sicher ist, dass sie ihm entkommen; ist froh, bei einem der Autoren zu wohnen.

Fünf gegen Willi: Jugendsprache; Synonym für Onanie; hier geschlechtliche Selbstbefriedigung des Mannes; nur einer von Millionen Ausdrücken aus der Sparte Masturbation und Autosexualität; auf wenigen anderen Gebieten scheint die menschliche Phantasie so aus- und gelegentlich abzuschweifen.

G2G: Jugendsprache; Abkürzung für »*(I've) Got To Go*«, was so viel heißt wie »Musste weg«.

Genesis: das erste Buch der Bibel; die jüdisch-christliche Schöpfungsgeschichte.

Gliazellen: neben den Nervenzellen zweiter Zelltyp des Nervengewebes; das menschliche Gehirn besteht zu etwa neunzig Prozent aus Gliazellen und nur zu etwa zehn Prozent aus den eigentlichen Nervenzellen; Gliazellen spielen eine wichtige Rolle bei der Ernährung und gegenseitigen Isolation der Nervenzellen.

Gravitation: schlecht für jeden, der in der Luft ist und nicht fliegen kann; gut für jeden, der am Boden ist und da bleiben will.

Großhirnrinde: beim Menschen besonders groß entwickelte äußere Struktur des Großhirns, die in Bereiche mit unterschiedlichen Funktionen (zum Beispiel Hörrinde und Sehrinde) unterteilt werden kann; beherbergt die in Schichten angeordneten Nervenzellkörper (schätzungsweise zehn Milliarden); die Großhirnrinde hat eine Dicke von ungefähr vier Millimeter und bedeckt fast die gesamte Hirnoberfläche (ungefähr zweitausendvierhundert Kubikzentimeter).

Handschuhträger: Frank Luhmers Lieblingsbezeichnung für die Protagonisten eines ersten, meist klinisch institutionalisierten Hautkontaktes eines Neugeborenen mit einem anderen Menschen.

Hirnanhangsdrüse: Hypophyse; die Hypophyse bildet eine Art Anhängsel des Hypothalamus; wird daher auch als Hirnanhangsdrüse bezeichnet; Hypothalamus und Hypophyse arbeiten als eine Funktionseinheit des Hormonsystems Hand in Hand.

Hirnstamm: verbindet das Gehirn mit dem Rückenmark und umfasst Bereiche des Mittel- und Hinterhirns und des verlängerten Rückenmarks; im Hirnstamm liegen lebenswichtige Zentren, die unter anderem die Herzfrequenz, den Blutdruck und die Atmung kontrollieren.

Homo erectus: tauchte vor etwa 1,8 Millionen Jahren in Ostafrika auf; gilt als Erfinder der Schweißdrüse; ihm schulden die Fabrikanten von Deo-Rollern (ein Muss für jeden Pubertisten) bis heute nachhaltigen Dank; lernte das Feuer zu kultivieren; ohne ihn gäbe es keine Grillpartys und keine Kamingespräche; huldigte einem ausgeprägten Wandertrieb, der ihn in alle Welt führte; durch den Verlust seines Körperfells sah er sich veranlasst, Kleidungsstücke zum Schutz gegen Kälte und witterungsbedingte Widrigkeiten anzufertigen; seither leben nicht wenige seiner Nachfahren ihren angestammten Wandertrieb zwischen Prêt-à-porter und Haute Couture auf den Laufstegen der Welt aus.

Homo habilis: tauchte vor etwa 2 Millionen Jahren in Ostafrika auf; gilt als Erfinder der Jagd und des Handwerks; ganz wichtig für alle Schüler und Pubertisten unserer Tage: Er gilt als Erfinder der Pubertät; die damit einhergehende Verlängerung der Kindheit wurde zur Vermittlung und Aneignung des ständig anwachsenden Kulturwissens genutzt.

Homo sapiens: tauchte vor etwa 130.000 Jahren in Ostafrika auf; gilt als Erfinder der Symbolsprache; trat aus dem biologischen Selektionsbetrieb aus und trieb die Kulturentwicklung auf die Spitze; von Pfeil und Bogen zur Wasserstoffbombe; wird immer noch als extrem erfolgreich bezeichnet, obwohl er gerade dabei ist, sich seiner eigenen Lebensgrundlagen zu berauben; aber das ist eine andere Geschichte; wird immer älter und hat Strukturen geschaffen, mit denen er die nachwachsenden Generationen in Schach hält; böse Zungen behaupten, er sei dabei, das Opfer seines überwältigenden Erfolges zu werden; aber urteilen Sie selbst.

HONK: ursprüngliche Bedeutung: »*Hauptschüler ohne nennenswerte Kenntnisse*«; wegen ihres eindeutig diskriminierenden Charakters distanzieren sich die Autoren des vorliegenden Buches ausdrücklich von dieser Bezeichnung; ein typisches Gymnasiasten-Schimpfwort; bezeichnet jedoch im täglichen Gebrauch den Trottel im Allgemeinen, der, wie wir alle wissen, gelegentlich auch ein Gymnasiast sein kann; dem Leser ist daher freigestellt, in dem »H;« den Anfangsbuchstaben von Hochschullehrer, Heiratsschwindler, Honigdieb etc. zu erkennen.

Hormone: Signalstoffe im Dienste des körpereigenen Kommunikationssystems; die Hormone stellen keine Informationen zur Verfügung, sondern dienen als Signalgeber für bestimmte Zielzellen, die dann gegebenenfalls selbst in die Steuerung bestimmter Körperfunktionen eingreifen können oder ihre Funktionen verändern; Teil komplexer Regelsysteme zur Aufrechterhaltung vitaler Körperfunktionen.

Hypothalamus: Der Hypothalamus ist die oberste Steuerungszentrale des Hormonsystems; bildet eine Art Schnittstelle zwischen dem zentralen Nervensystem und dem restlichen Körper des Menschen; hier greifen die beiden großen Kommunikationssysteme des Menschen, das Nervensystem und das Hormonsystem, funktional ineinander; von zentraler und lebenswichtiger Bedeutung für zahllose psychische und körperliche Funktionen.

ICQ: Instant-Messaging-Programm; gleich lautend mit »*I seek you*«, also »Ich suche dich«.

Infusion: Einleiten von Flüssigkeiten in den Körper unter Umgehung des Magen-Darm-Traktes; meist über eine Venenkanüle; sehr effektiv; erspart lästiges Schlucken.

Initiation: Aufnahme eines Neulings in eine Gemeinschaft; meist feierlicher Ritus.

Instant-Messaging: Internetdienst für eine Kommunikation in Echtzeit mit einem bekannten Teilnehmer; System mit Zukunft; hat für viele Nutzer schon jetzt eine ähnliche Bedeutung wie Telefon und E-Mail.

Keim: zusammenfassende Bezeichnung für die frühen Entwicklungsstadien des Menschen bis zur vierten Entwicklungswoche.

Kind: Bezeichnung für einen Menschen, der sich in der Lebensphase der Kindheit befindet; entsprechend der Kinderrechtskonvention der UNO Menschen, die das achtzehnte Lebensjahr noch nicht vollendet haben; im Kinder- und Jugendhilfegesetz steht: Ein Kind ist, wer noch nicht vierzehn Jahre alt ist ... Jugendlicher, wer vierzehn, aber noch nicht achtzehn Jahre alt ist; biologisch gesehen würde man das Ende der Kindheit mit dem Einsetzen der Pubertät gleichsetzen (siehe Romeo und Julia); zur Erinnerung: Ein männliches Kind einer Person heißt Sohn, ein weibliches Kind einer Person heißt Tochter.

Kleeblatt: mehrdeutig; *zum einen*: Blatt der Kleepflanze (Trifolium); häufige Arten sind Weißklee und Wiesenklee oder Rotklee; Letzterer findet in der Frauenheilkunde zur Linderung von Problemen Verwendung, die im Zusammenhang mit den Wechseljahren in Erscheinung treten kön-

nen; in vierblättriger Form wird das Kleeblatt als Glücksbringer eingesetzt; *zum anderen*: fränkischer Traditionsfußballverein mit ruhmrei-
cher Vergangenheit (Deutscher Meister 1914, 1926 und 1929); bedauerli-
cher Weise verfügt das Kleeblatt, das der fränkische Traditionsverein in
seinem Wappen führt, nur über drei Blätter; das mag vielleicht seine
Funktion als Glücksbringer einschränken, verfehlt jedoch nicht seine
Wirkung auf den Hormonhaushalt der weiblichen und männlichen Fans;
einer der Autoren sagt dem Verein eine große Zukunft voraus.

Kleinhirn: zentrale Struktur der Bewegungskoordination, die größtenteils
unbewusst abläuft.

kognitiv: Vorgänge im Gehirn betreffend, die Leistungen wie Wahrnehmen, Empfinden, Erinnern, Denken, Entscheiden, Planen und Bewerten
umfassen.

Krippenplatz: unklarer Begriff mit zweifelhafter Herkunft; setzt sich aus
»Krippe« und »Platz« zusammen; »Krippe« bezeichnet im ursprünglichen Sinne einen Futtertrog für Nutztiere, auch Futterkrippe genannt;
steht meist in einem Stall oder irgendwo im Wald herum; was man in eine Krippe legt, wirft man also für gewöhnlich den Tieren zum Fraß vor;
das ursprüngliche Nutzungsprofil einer solchen Krippe ist allerdings der
Not gehorchend auch schon mal etwas variiert worden; so konnte es
sein, dass Kinder armer Leute hier ihren ersten Schlummerplatz fanden;
dabei befanden sie sich in guter Gesellschaft, haben doch auch Maria
und Josef, nachdem ihnen eine anständige Herberge verwehrt worden
war, das Jesuskind in eine solche Krippe betten müssen; seither versteht
man unter Krippe auch eine figürliche Darstellung der frühesten Kinder-
stube Jesu in einem Stall bei Bethlehem; etwas einfacher erscheint
zunächst die Zuordnung des zweiten Teilwortes »Platz«; unter einem
Platz versteht man im Allgemeinen einen Ort, eine Stelle, oder eine Position; in Befehlsform ausgesprochen nährt »Platz!« die Hoffnung des
Hundehalters, dass sein treuer Freund einen solchen augenblicklich einnehmen möge; fügt man nun die beiden Begriffe wieder zusammen,
dann könnte man auf die naheliegende Idee kommen, dass der Krippenplatz die Stelle im Wald bezeichnet, an der die Futterkrippe steht, oder
die Stelle im Haus meint, an der die Krippe gemäß der Familientradition
alljährlich zu Weihnachten aufgestellt wird; leider werden solche Assoziationen bei modernen Eltern immer seltener geweckt; diese denken
immer häufiger zunächst an Einrichtungen zur außerhäuslichen Ver-
wahrung von Säuglingen und Kleinkindern, die im Idealfall durch die folgenden Merkmale gekennzeichnet sind: niedrige Kosten, Nähe zum eigenen Wohnplatz und tägliche Öffnungszeiten von vierundzwanzig

Stunden; denkt man an die Qualität von Krippen, dann kommen einem schon eher wieder Ochs und Esel in den Sinn.

Kurzzeitgedächtnis: auch als Arbeitsgedächtnis bezeichnet; hier werden Informationen festgehalten und bewusst verarbeitet; das Kurzzeitgedächtnis dient der Steuerung von Handlungen; hier finden Denkprozesse statt, in die sowohl Informationen aus den aktuellen Wahrnehmungsvorgängen als auch aus dem Langzeitgedächtnis einfließen können; als zentraler Ort des Arbeitsgedächtnisses wird vor allem das Stirnhirn angesehen.

Langzeitgedächtnis: Wissensspeicher eines Menschen mit praktisch unbegrenzter Kapazität; man unterscheidet zwischen dem aktiven und dem passiven Gedächtnis; die Inhalte des aktiven Langzeitgedächtnisses können sprachlich wiedergeben werden (deklaratives Gedächtnis), während dies für die Inhalte des passiven Langzeitgedächtnisses nicht möglich ist (nicht deklaratives Gedächtnis); das passive Langzeitgedächtnis umfasst zum Beispiel die erlernten Steuerroutinen für die unbewussten motorischen aber auch kognitiven Fähigkeiten des Menschen.

Leverkusen: Aspirin-Stadt, oder AS-City, wie unsere transatlantischen Freunde anerkennend sagen; die kleine Pille aus Leverkusen hat die Welt erobert; das Gleiche versuchen nun die Kicker von »Bayer Leverkusen«, die sich als Werkself aus einem Haufen Pillendrehern zu einer ebenso sympathischen wie schlagkräftigen Mannschaft mit Charme und Tradition gemausert haben; steht für: großer Fußball in kleinem Stadion.

limbisches System: komplexe Gruppe von Strukturen; liegt in der Tiefe des Gehirns verborgen und umfasst Teile aller Hirnlappen, zum Beispiel den Hippocampus und den Mandelkern, die mit der Steuerung von Bedürfnissen, Affekten, Stimmungen und Gefühlen zu tun haben.

Logistik: bezeichnete ursprünglich alle Vorkehrungen und Maßnahmen im Zusammenhang mit einer Versorgung von Soldaten im Krieg; so gesehen stand die Mutter Courage als Marketenderin im Dienste der Logistik; die Versorgung von leitenden Angestellten, nicht nur in der Automobilindustrie, mit solchen Diensten, die heute von professionellen Prostituierten erbracht werden, kann daher durchaus als Teil einer innerbetrieblichen Logistik verstanden werden; denn Logistik ist heute ein Begriff aus der Wirtschaft; darunter versteht man alles Planen, Ausführen und Steuern von Material-, Informations-, Personen- und Energieflüssen eines Unternehmens. »Planen«, »Ausführen« und »Steuern«: echte Stirnhirnaufgaben eben.

Longsleeve: T-Shirt mit langen Ärmeln.

Lucrezia: Tochter aus schillerndem Hause mit üblem Leumund; ihr Papa war Rodrigo Borgia, der spätere Papst Alexander VI. an ihr scheiden sich die Geister; sie wird des inzestuösen Umgangs mit ihm und ihren Brüdern beschuldigt; alles üble Nachrede, rufen die einen; die anderen sehen in ihr eine skrupellose Giftmischerin; wie dem auch sei, für Victor Hugo Stoff genug, um ein echtes Drama draus zu machen.

Mandelkern: Kerngebiet an der Spitze des Schläfenlappens; spielt entscheidende Rolle bei der Entstehung und Steuerung von Gefühlen; wird als das Zentrum für angstgesteuertes Verhalten angesehen; außerdem an Lernprozessen und der Gedächtnisbildung beteiligt.

Mathe-Ex: »Ex« steht für »Extemporale«; zuvor nicht angekündigte kurze schriftliche oder mündliche Prüfung; Stegreifaufgabe; manche Schüler sind überzeugt, dass sich Extemporale von »Extempore« (spontaner Einfall eines Schauspielers) ableitet; hier also eine Stegreifaufgabe in Mathematik.

McCaig's Tower: Versuch einer Kopie des Kolosseums in Rom aus dem späten neunzehnten Jahrhundert; liegt oberhalb des Städtchens Oban in Schottland; hat ein Bankier als Arbeitsbeschaffungsmaßnahme bauen lassen; blieb zum Glück unvollendet, weil den McCaigs schließlich das Geld ausging; passt dort eigentlich gar nicht hin; interessanter und zudem viel älter ist die »Oban Distillery«, aber das ist eine andere Geschichte.

McKotz: Wortschöpfung von eingefleischten Slowfood-Anhängern; diffamiert eine weltumspannende ziemlich erfolgreiche Kette von sogenannten Schnellrestaurants; die Anhänger dieser notorisch auf gesunde und ausgewogene Ernährung erpichten Minderheit erkennen das einzig Schnelle an Fastfood in der Geschwindigkeit, mit der sich der Brechreiz einstellt.

MCR: Abkürzung für »*My Chemical Romance*«; total angesagte Rockband aus Newark; seit 2001 am Start.

megamäßig abgespaced: Jugendsprache; mehr als verrückt.

meißeln: Jugendsprache; im Unterricht mitschreiben.

Metamorphose: Verwandlung, Umgestaltung; bei Tieren: Umwandlung von der Larvenform in das geschlechtsreife Tier; besonders dramatisch als vollständige Metamorphose der Insekten; der Vorgang umfasst eine nahezu vollständige Auflösung der Larve und eine nachfolgende Neugestaltung des Tieres in der Puppe; grundlegender Gestaltwandel; Goethe war hingerissen: »... Denn alles muss in nichts zerfallen, wenn es im Sein beharren will« [*Eins und Alles*].

Morrigan: keltische Göttin des Kampfes, Unheils, Streits, der Zerstörung, aber auch der Verführung und der Fruchtbarkeit; armer Lukas!; wenn ihm Amy schon bei seiner ersten echten Gelegenheit zu einem heterosexuellen Kontakt solche Assoziationen beschert hat, was soll da aus ihm werden?; wir sollten ihn im Auge behalten.

motorisch: Vorgänge im Gehirn betreffend, die der Bewegung dienen.

Myelinscheiden: von speziellen Gliazellen gebildete Umhüllungen der Axone; Voraussetzung für eine schnelle Erregungsweiterleitung durch die Nervenzelle.

Nervenzelle: wissenschaftlich als Neuron bezeichnet; elementarer Bestandteil des Nervengewebes; extrem kommunikative Zelle, die sich mit anderen Nervenzellen zu komplexen Netzwerken zusammenschließt; Nervenzellen empfangen an ihren Dendriten Signale von anderen Nervenzellen, verrechnen diese und senden elektrische Impulse über das Axon an andere Nervenzellen.

Netzwerke: Zusammenschluss von Nervenzellen zu komplexen Netzen.

Neuralrohr: entwickelt sich zwischen dem zwanzigsten und dreißigsten Tag nach der Befruchtung aus der Neuralplatte, die sich der Länge nach zusammenfaltet und so zuerst zur Neuralrinne und dann zum Neuralrohr wird, das sich in den Körper des Embryos absenkt; aus dem Neuralrohr entwickelt sich dann das gesamte zentrale Nervensystem (Gehirn und Rückenmark).

neuronal: die Nervenzellen betreffend.

Oszillator: selbsttätiger Schwingungserzeuger.

Outsourcen: Ausgliederung von Produktionsschritten oder Dienstleistungen an externe Unternehmen; Begriff aus der Ökonomie.

Par: Golferlatein; für jede Spielbahn angegebene Durchschnittszahl von Schlägen, mit denen der Golfball vom Abschlag in das Loch gespielt werden kann.

Päpstin: Papst Johannes im neunten Jahrhundert; der Legende nach »Päpstin Johanna«, die während einer Prozession in Rom bei der Geburt ihres Kindes starb; tolle Geschichte, aber historisch nicht belegt.

peilen: Jugendsprache; verstehen oder nichts verstehen, wenn man »null Peilung« hat.

Plakode: Verdickung der äußeren Zellschichten eines Embryos in Form einer Zellplatte; erste äußere Anzeichen für eine Organdifferenzierung.

Pubertist: Bezeichnung für einen Menschen, der sich in der Lebensphase der Pubertät befindet; in einem Alter irgendwo zwischen zehn und zwanzig Jahren; nicht abwertend gemeint, im Gegenteil; kommt eigentlich von Aktivist; gelegentlich hört man schon den Schlachtruf: »*Egal wer du bist, Hauptsache Pubertist!*«

Rabbit: Golferlatein; blutiger Anfänger.

Reflex: Reiz-Reaktions-Kette; ein in der Regel willentlich nicht steuerbarer Prozess des Zentralnervensystems.

RHCP: Abkürzung für »*Red Hot Chili Peppers*«; total angesagte Funkband aus Kalifornien; seit 1983 am Start.

ROFL: Jugendsprache; Abkürzung für »*Rolling On (The) Floor Laughing*«; zu Deutsch: »Ich roll (kringel mich) lachend auf dem Boden.«

Rock im Park: großes Musikfestival; findet seit 1993 zeitgleich mit »Rock am Ring« statt; seit 1997 in Nürnberg.

sekundäre Geschlechtsmerkmale: umfassen alle körperlichen Merkmale, die ein Mädchen zur Frau und einen Jungen zum Mann werden lassen; die jungen Pubertisten stellen die Veränderungen an sich als Erste fest; da bleibt nichts unbeachtet; die Reaktionen reichen von Erstaunen über Verunsicherung bis hin zu Stolz; dient alles dem einen Zweck: Einrichtung der notwendigen Voraussetzungen für ein erfolgreiches und im günstigsten Fall auch lustvolles Sexualverhalten; na dann, viel Erfolg!

Selektion: Auswahl; biologisches Konzept für die natürliche Auslese von Organismen einer Art; es werden diejenigen belohnt, die den gegebenen Bedingungen durch das zufällige Besitzen bestimmter Eigenschaften am besten angepasst sind; die Evolution als erfolgreicher Arbeitgeber; je vielfältiger und flexibler das Angebot einzelner Arten, umso größer ihre Chancen, weiter im Spiel zu bleiben.

sensorisch: Vorgänge im Gehirn betreffend, die der Sinneswahrnehmung dienen.

Sinnessysteme: Systeme, die unsere Sinneseindrücke, wie zum Beispiel Tasten, Riechen, Schmecken, Hören und Sehen, verarbeiten; dazu gehören jeweils alle für den Empfang eines Sinneseindrucks erforderlichen Organe, wie zum Beispiel das Auge bis hin zu den entsprechenden Nervennetzen im Gehirn.

soziale Kompetenz: Summe der Fähigkeiten eines Menschen, sein Verhalten in der sozialen Gruppe angemessen zu strukturieren; wichtige Schlüsselqualifikation des Menschen.

Stammzellen: undifferenzierte Zellen, die imstande sind, durch Teilung ständig neue Vorläuferzellen hervorzubringen, die sich dann zu den jeweiligen organspezifischen Zellen entwickeln; sind oft in Keimlagern angeordnet; die aus solchen Stammzellen hervorgehenden Nervenzellen sind Endzellen, die sich ausdifferenzieren und nicht mehr teilen können.

Stirnhirn: vorderster, direkt hinter der Stirn liegender Bereich des Gehirns; hier hat das Arbeitsgedächtnis seinen Sitz und hier finden die

Aufmerksamkeitssteuerung, sowie die Planung und Durchführung von komplexen Handlungen statt; hier werden Sinneswahrnehmungen zeitlich und räumlich strukturiert, kontextgerechtes Handeln und Sprechen sowie Verhalten geplant, gesteuert und konkret ausgeführt.

Synapse: Kontaktstruktur zwischen zwei Nervenzellen; besteht aus der Präsynapse (Teil der vorgeschalteten Nervenzelle) und der Postsynapse (Teil der nachgeschalteten Nervenzelle); die Synapse ist der Ort, an dem Signale von einer zur anderen Nervenzelle übermittelt werden.

Synaptogenese: Vorgang der Synapsenbildung; Verknüpfung von Nervenzellen zu Nervenzellnetzen.

Tulu: Wortschöpfung aus Tulpenbaum und Iglu; man nehme die ersten beiden Buchstaben von Tulpenbaum und die letzten beiden Buchstaben von Iglu und erhält: Tulu; das Tulu ist eine, wenn auch nicht patentrechtlich geschützte, Erfindung von Lukas und Laura; es bezeichnet ein um einen Tulpenbaum herum erbautes Iglu.

Tee: Golferlatein; mehrdeutig; *zum einen*: Rasenfläche, von der ein Spieler abschlägt; Abschlagbereich eines Loches; *zum anderen*: kleiner Stift aus Holz oder Plastik; dient als Abschlaghilfe; hat etwa die Form eines Nagels; die Spitze drückt man in den Boden und oben legt man dann den Ball drauf; so kann man den Ball beim Abschlagen ideal treffen; *ärgerlich*: Das Tee darf nur am Tee verwendet werden.

Tracks: Musikstücke; Songs.

Tulpenbaum: Magnolie; benannt nach dem französischen Botaniker Pierre Magnol (1638–1715); ursprünglich in Ostasien und Nordamerika beheimatet; sieht sehr nobel aus, weshalb die alten Chinesen auch hin und weg waren; doch leider war die Magnolie zunächst nur den Kaisern vorbehalten; das hat sich inzwischen zum Glück geändert; Mitte des achtzehnten Jahrhunderts tauchte der Baum erstmals in Europa auf; wird bis zu acht Metern hoch; zählt in unseren Breiten zu den ersten Frühlingsboten; die Blütenpracht im März ist kaum zu beschreiben; die alten Chinesen hatten Geschmack.

Umwelt: wird im weitesten Sinne als Summe aller Rahmenbedingungen verstanden, die mit einem biologischen System, zum Beispiel einer Zelle oder einem Gehirn, interagieren können; so ist für eine Zelle ein erkanntes Botenstoffmolekül, das von einer anderen Zelle abgegeben wurde, ein Signal aus ihrer Umwelt, so, wie ein akustisches Signal, das über das Ohr an die Hörrinde des Gehirns vermittelt wird, ein Signal aus der sozialen Umwelt eines Menschen sein kann.

urbane Revolution: markiert durch den Zeitpunkt der beruflichen Weiterentwicklung des Menschen vom Jäger und Sammler zum sesshaften

Vollerwerbslandwirt vor etwa sechstausend Jahren; tatsächlich der Anfang eines lange währenden Prozesses; also doch eher eine urbane Evolution; heute lebt etwa die Hälfte der Weltbevölkerung in Städten; der Mensch verstädtert; das bleibt nicht ohne Folgen; so kann es kommen, dass Menschen die Herkunft der Bestandteile eines Big Mac ein Rätsel ist; in den Städten wachsen Menschen heute in eine naturferne Welt mit neuen Geheimnissen hinein: Kommt die Milch aus Atlanta?

Usquebaugh: keltischen Ursprungs; bedeutet »*Wasser des Lebens*« und meint Whisky; in seiner edelsten Form als Single Malt; diesem Wasser werden magische Kräfte zugesprochen; von seiner Umwelt auf einzigartige Weise über Jahrzehnte geprägt, steckt es voller Weisheit und Reichtum; wenn Sie mehr darüber erfahren wollen, fragen Sie Frank Luhmer, er wird Ihnen so einiges darüber erzählen können.

Vorderhirn: das vordere der drei ursprünglichen Hirnbläschen (von hinten nach vorne: Rautenhirn, dann das Mittelhirn und schließlich das Vorderhirn); aus diesem gehen die beiden vorne liegenden seitlichen Endhirnbläschen und das Zwischenhirn hervor.

YouTube: Internetdienst; hier können Nutzer kostenlos Videos ins Netz stellen und ansehen; inzwischen gibt es eine ganze Reihe solcher Videoportale.

Zaiteki: Begriff aus dem »Kyudo«, der hohen Kunst des ritualisierten japanischen Bogenschießens; Kyudo ist ein hochkomplexer Vorgang; man unterscheidet drei Stufen: »Toteki« (*der Pfeil trifft das Ziel*), »Kanteki« (*der Pfeil durchbohrt das Ziel*) und »Zaiteki« (*der Pfeil existiert im Ziel*); in der dritten Stufe, dem »Zaiteki« wird der höchste Grad des Kyudo erreicht; der Schütze konzentriert sich nicht länger auf das Ziel, sondern nur noch auf die Qualität seiner Gedanken, so lange, bis es zwischen ihm und dem Ziel keine Distanz mehr gibt; der Schütze befindet sich dann in einem Zustand vollkommener Harmonie mit dem Universum; in diesem Moment existiert der Pfeil im Ziel, bevor er abgeschossen wird; dort hinzufliegen kann er sich jetzt eigentlich sparen.

Zünfte: vermeintlich ausgestorbene mittelalterliche Verwaltungsstrukturen; böse Zungen behaupten jedoch, dass sie überlebt haben; und so sind nicht wenige Schüler überzeugt, auf verschiedenen Ebenen der öffentlichen Verwaltung »zünftige« Strukturen ausgemacht zu haben.

Zwangsräumung: kapazitätsbedingte Entmietung nach Ablauf von neun Monaten oder einfach: Geburt.

Zygote: Produkt der Verschmelzung der weiblichen Eizelle mit der männlichen Samenzelle; der Mensch in seinem frühesten Entwicklungsstadium; für eine kurze Zeit ist jeder von uns also einmal ein solcher Einzeller; ausgestattet mit allen Optionen, um sich zu einem tapferen Pubertisten und darüber hinaus zu entwickeln; kurz: Es gibt keinen auf natürlichem Wege entstandenen Menschen, der nicht auch mal Zygote war, wenn auch nur für etwa vierundzwanzig Stunden; danach ist es mit der Ruhe vorbei, wir gehen auf Reisen und beginnen uns zu teilen.